The Last Lecture
마지막 강의 영한 대역

LAST LECTURE by Randy Pausch
Copyright © 2008 Randy Pausch
All rights reserved.
Originally published in the United States and Canada by Hyperion as THE LAST LECTURE. All imagery courtesy of the author, with the exception of the photographs on pp. 18 and 358, by Kristi A. Rines for Hobbs Studio, Chesapeake, Virginia.
Back cover photograph by Laura O'malley Duzyk.
Jacket design and illustration by Phil Rose.
The Korean and English bilingual edition © 2011 by Sallim Publishing Co., Ltd.
This bilingual edition published by arrangement with Hyperion through EYA.

이 책의 한국어판 저작권은 EYA(Eric Yang Agency)를 통한 Hyperion사와의 독점계약으로 (주)살림출판사가 소유합니다. 저작권법에 의하여 한국 내에서 보호를 받는 저작물이므로 무단전재와 복제를 금합니다.

The Last Lecture
마지막 강의 영한 대역

랜디 포시(카네기멜론대학 교수)
제프리 재슬로 | **심은우** 옮김
정상(前 YBM e4u 토익대표강사) 감수

일러두기

1. 원문에서 알아두어야 할 단어는 별색으로 표시했습니다.
2. 영어 단어의 난이도가 대학생 수준 이상인 경우 *표시를 했습니다.
3. 중고등학생이 꼭 알아야 할 문법이 나오는 경우 원문에 바탕색을 넣어 표시하고 문법 설명을 추가했습니다.

With thanks to my parents who allowed me to dream,
and with hopes for the dreams my children will have.

나에게 꿈을 꿀 수 있게 해준 부모님께 감사드리며,
나의 자녀들이 꾸게 될 꿈에 희망을 품으며.

Contents

Introduction 서문	8
I. THE LAST LECTURE 마지막 강의	13
II. REALLY ACHIEVING YOUR CHILDHOOD DREAMS 당신의 어릴 적 꿈을 진짜로 이루기	43
III. ADVENTURES...AND LESSONS LEARNED 모험······ 그리고 교훈	109
IV. ENABLING THE DREAMS OF OTHERS 다른 사람의 꿈을 이루게 도와주기	191
V. IT'S ABOUT HOW TO LIVE YOUR LIFE 당신의 인생을 사는 방법	233
VI. FINAL REMARKS 마지막 한마디	349
Acknowledgments 감사의 말	378

Introduction

I HAVE AN engineering problem.
While for the most part I'm in terrific physical shape, I have ten tumors in my liver and I have only a few months left to live.
I am a father of three young children, and married to the woman of my dreams. While I could easily feel sorry for myself, that wouldn't do them, or me, any good.
So, how to spend my very limited time?
The obvious part is being with, and taking care of, my family.
While I still can, I embrace every moment with them, and do the logistical things necessary to ease their path into a life without me.
The less obvious part is how to teach my children what I would have taught them over the next twenty years. They are too young now to have those conversations. All parents want to teach their children right from wrong, what we think is important, and how to deal with the challenges life will bring.
We also want them to know some stories from our own lives, often as a way to teach them how to lead theirs. My desire to do that led me to give a "last lecture" at Carnegie Mellon University.
These lectures are routinely videotaped. I knew what I was doing that day. Under the ruse* of giving an academic lecture, I was trying to put myself in a bottle that would one day wash up on the beach for

서문

내 몸은 지금 문제가 좀 있다.

대체로 좋은 건강상태를 유지하고 있지만, 간에는 열 개의 종양이 있고 살날은 몇 달밖에 남지 않았다.

나는 세 자녀를 둔 아버지이며 이상형의 여자와 결혼해 잘 살고 있다. 내가 처한 상황에 낙담할 수도 있겠으나 그것은 나나 가족에게 아무런 도움도 되지 않는다.

자, 이제부터 내게 주어진 한정된 시간을 어떻게 쓸 것인가?

반드시 해야 할 일은 가족과 남은 시간을 보내며 그들을 보살피는 것이다. 몸을 움직일 수 있을 때 가족과의 순간순간을 소중하게 갈무리하고 내가 없더라도 당황하지 않도록 앞날의 계획을 세워야 한다.

그리고 중요한 문제가 하나 있다. 앞으로 20년은 더 살면서 아이들에게 가르쳐야 할 수많은 것을 다 어떻게 전하냐는 것이다. 지금 우리 아이들은 너무 어려서 대화를 통해 전할 수도 없다. 모든 부모는 자식에게 옳고 그름에 대해, 현명함에 대해, 그리고 살면서 겪게 될 시련을 헤쳐 가는 방법에 대해 가르쳐주고 싶어 한다.

또 부모는 행여 자식의 삶에 나침반이 될 수 있을까 하여 자신이 살아온 이야기를 들려주고 싶어 한다. 부모로서의 그런 욕망이 카네기멜론대학에서 '마지막 강의'를 하게 만들었다.

강의는 모두 녹화되었다. 그날 내가 무엇을 했는지 잘 안다. 교양강의라는 명목 아래 나는 나 자신을 병 속에 넣었다. 이 병은 미래의 어느 날, 바닷가로 떠내려와

Vocab.
tumor 종양 embrace 받아들이다, 포용하다 logistical 병참의, 수송의 ruse* 계략, 책략, 술수

my children. If I were a painter, I would have painted for them. If I were a musician, I would have composed music. But I am a lecturer. So I lectured.

I lectured about the joy of life, about how much I appreciated life, even with so little of my own left. I talked about honesty, integrity, gratitude, and other things I hold dear. And I tried very hard not to be boring.

This book is a way for me to continue what I began on stage. Because time is precious, and I want to spend all that I can with my kids, I asked Jeffrey Zaslow for help. Each day, I ride my bike around my neighborhood, getting exercise crucial for my health. On fifty-three long bike rides, I spoke to Jeff on my cell-phone headset. He then spent countless hours helping to turn my stories—I suppose we could call them fifty-three "lectures"—into the book that follows.

We knew right from the start: None of this is a replacement for a living parent. But engineering isn't about perfect solutions; it's about doing the best you can with limited resources. Both the lecture and this book are my attempts to do exactly that.

내 아이들에게 닿을 것이다. 내가 화가라면 아이들을 위해 그림을 그렸을 것이고 음악가라면 작곡을 했을 것이다. 그러나 나는 교수다. 그래서 강의를 했다.

비록 내 삶은 얼마 남지 않았어도, 그날 나는 인생의 즐거움에 대해, 그리고 인생의 가치에 대해 많은 이야기를 했다. 정직함, 고결함, 감사할 줄 아는 마음과 평소 내가 귀중히 여기는 것에 대해서도 이야기했다. 듣는 이들이 지루하지 않도록 최대한 노력하면서.

이 책은 내가 강의에서 시작한 이야기를 이어가기 위해 썼다. 가능한 한 남겨진 귀중한 시간을 아이들과 함께 보내기 위해 나는 제프리 재슬로에게 도움을 청했다. 건강을 위해 매일 자전거를 타고 동네를 한 바퀴씩 돌면서 나는 제프리와 휴대전화 헤드셋으로 이야기했다. 쉰세 번의 긴 자전거 여행 동안 들려준 나의 이야기를─우리는 이것을 쉰세 번의 강의라고 부를 수도 있을 것이다─책으로 펴내기 위해 제프리는 수많은 시간을 쏟아부었다.

제프리와 나는 이미 알고 있었다. 그 어떤 것도 살아서 곁을 지켜주는 부모를 대신할 수 없다는 것을. 하지만 원래 엔지니어링이란 것이 완벽한 해결책은 아니다. 그것은 제한된 자원으로 최선을 다함을 의미할 뿐이다. 강의와 이 책, 두 가지 다 바로 제한된 시간으로 최선을 다하려는 나의 시도였다.

Vocab.
integrity 성실, 정직, 고결, 본래의 모습 gratitude 감사, 보은의 마음 crucial 결정적인, 중대한; 엄격한;(시기·문제 등이) 어려운 replacement 대체, 교체 attempt 시도

Grammar
※ 혼합가정법: if절은 가정법 과거, 주절은 가정법 과거완료의 형태. "(지금)~라면, ~였을 텐데."라고 현재의 일을 가정하여 과거의 일을 상상할 때 쓰임.

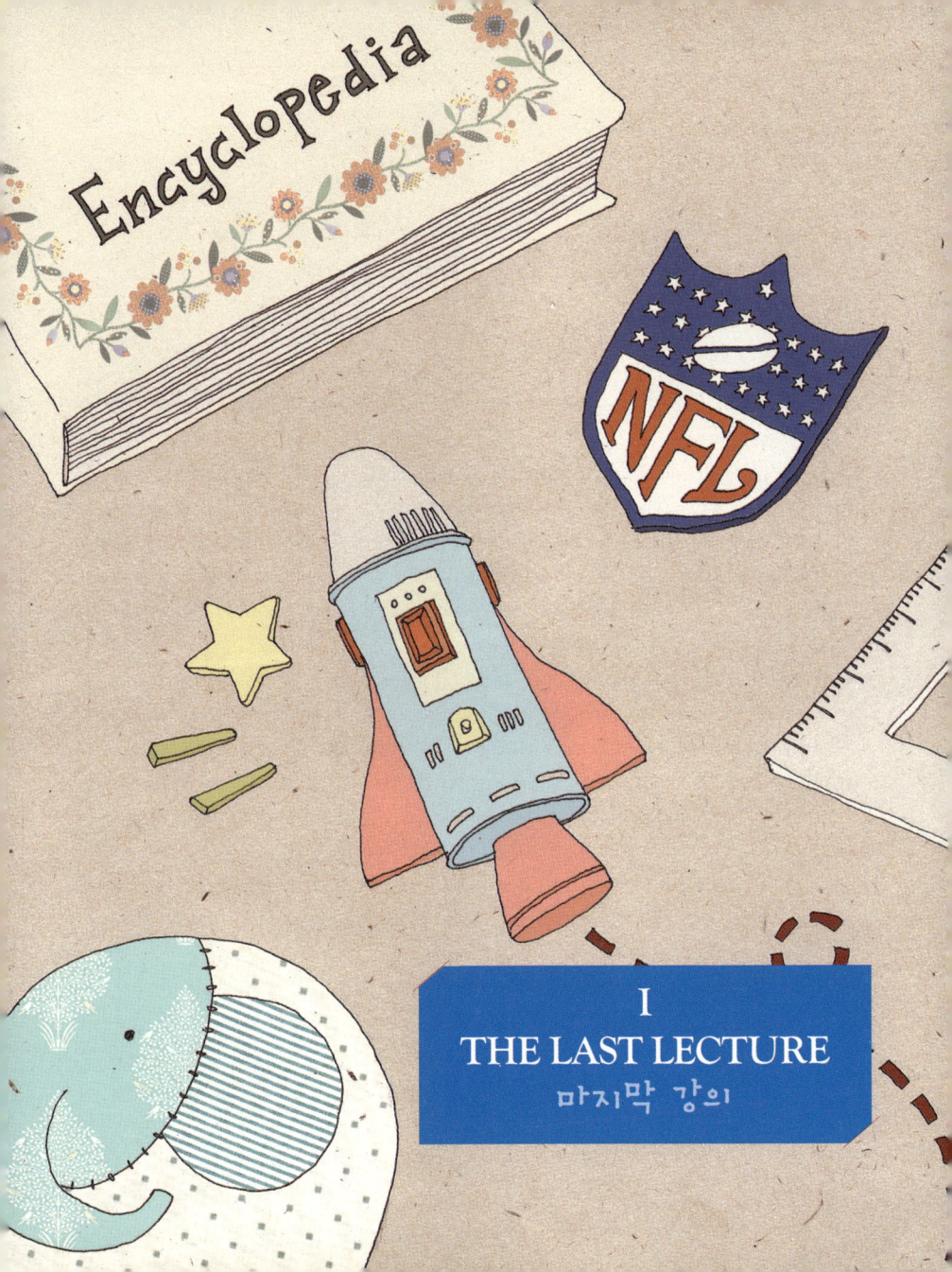

1
An Injured Lion Still Wants to Roar

A LOT OF professors give talks titled "The Last Lecture." Maybe you've seen one.

It has become a common exercise on college campuses. Professors are asked to consider their demise and to ruminate on what matters most to them. And while they speak, audiences can't help but mull the same question: What wisdom would we impart to the world if we knew it was our last chance? If we had to vanish tomorrow, what would we want as our legacy?

For years, Carnegie Mellon had a "Last Lecture Series." But by the time organizers got around to asking me to do it, they'd renamed their series "Journeys," asking selected professors "to offer reflections on their personal and professional journeys." It wasn't the most exciting description, but I agreed to go with it. I was given the September slot.

At the time, I already had been diagnosed with pancreatic cancer*, but I was optimistic. Maybe I'd be among the lucky ones who'd survive.

While I went through treatment, those running the lecture series kept sending me emails. "What will you be talking about?" they asked. "Please provide an abstract." There's a formality in academia that can't be ignored, even if a man is busy with other things, like try-

1
부상당한 사자도 으르렁대고 싶다

많은 교수들이 '마지막 강의'라는 제목으로 강연을 한다. 여러분도 한 번쯤은 접했으리라.

마지막 강의는 대학 캠퍼스 내에서 흔한 행사로 자리 잡았다. 강단을 떠나는 교수들은 퇴임에 대해 숙고하고 지난 생애를 반추할 것을 부탁받는다. 강의를 듣는 동안 청중도 어쩔 수 없이 하나의 같은 질문을 떠올리게 된다. 만약 지금이 마지막 기회라면 나는 어떤 지혜를 세상에 나누어줄 수 있을까? 내가 만약 내일 당장 사라지게 된다면 나는 무엇을 유산으로 남길 것인가?

수년 동안 카네기멜론대학은 '마지막 강의 시리즈'를 행하고 있었다. 그러나 내가 부탁을 받은 바로 그 무렵에 대학은 이 시리즈의 이름을 '여정'으로 바꾸고 엄선된 교수들에게 그들의 '개인적인 삶과 직업적인 삶의 여정에 대한 감상'을 들려달라고 요청했다. 대학 측의 설명이 썩 흥미로운 것은 아니었지만 어쨌든 나는 동의했다. 나의 강의는 9월로 예정되었다.

그때 이미 췌장암 진단을 받은 상태였지만 심각하게 생각하지 않았다. 어쩌면 내가 살아남는 행운아 중 하나가 될 수도 있을 테니까.

치료를 받는 동안 강의를 주관하는 쪽에서 계속해서 이메일을 보냈다. 강의 주제가 무엇인지 알려달라는 것이다. "개요를 제출하시오." 아무리 다른 일로 바쁘더라도–가령 암으로 죽지 않기 위해 노력하고 있더라도–대학의 이런 일에는 형식상

Vocab.
demise (기관, 사상, 기업 등의) 종말, 사망 ruminate 심사숙고하다 mull 숙고하다 impart 나누어주다 vanish 사라지다, 없어지다 by the time 그때까지 slot 홈, 가늘고 긴 구멍 diagnose 진단하다 pancreatic cancer* 췌장암 abstract 개요, 추상화 formality 형식상의 절차, 격식 academia 학계

ing not to die. By mid-August, I was told that a poster for the lecture had to be printed, so I'd have to decide on a topic.

That very week, however, I got the news: My most recent treatment hadn't worked. I had just months to live.

I knew I could cancel the lecture. Everyone would understand. Suddenly, there were so many other things to be done. I had to deal with my own grief and the sadness of those who loved me. I had to throw myself into getting my family's affairs in order. And yet, despite everything, I couldn't shake the idea of giving the talk. I was energized by the idea of delivering a last lecture that really was a last lecture. What could I say? How would it be received? Could I even get through it?

"They'll let me back out," I told my wife, Jai, "but I really want to do it."

Jai had always been my cheerleader. When I was enthusiastic, so was she. But she was leery of this whole last-lecture idea. We had just moved from Pittsburgh to Southeastern Virginia so that after my death, Jai and the kids could be near her family.

Jai felt that I ought to be spending my precious time with our kids, or unpacking our new house, rather than devoting my hours to writing the lecture and then traveling back to Pittsburgh to deliver it.

"Call me selfish," Jai told me. "But I want all of you. Any time you'll spend working on this lecture is lost time, because it's time away from the kids and from me."

I understood where she was coming from. From the time I'd gotten sick, I had made a pledge to myself to defer to Jai and honor her wishes. I saw it as my mission to do all I could to lessen the burdens in her life brought on by my illness. That's why I spent many of my waking hours making arrangements for my family's future without me. Still, I couldn't let go of my urge to give this last lecture.

의 절차라는 게 있다. 8월 중순까지는 강의 포스터를 인쇄해야 했기 때문에 주제를 정하는 일을 미룰 수가 없었다.

하지만 바로 그 주에 나는 유쾌하지 않은 통보를 받았다. 최근에 받았던 치료가 실패했다는 것이다. 나는 졸지에 시한부 인생을 선고받았다.

강의를 취소할 수도 있었다. 모두 이해할 것이었다. 갑자기 정리해야 할 일도 많아졌다. 내가 느끼는 비통함뿐 아니라 나를 사랑하는 이들의 슬픔에도 대처해야 했다. 무엇보다 가족의 미래를 위한 여러 일을 처리하기 위해 정신없이 바빠질 것이다. 그렇지만 이 모든 상황에도 불구하고 강의에 대한 생각을 떨쳐낼 수가 없었다. 나는 마지막 강의가 말 그대로 내 생의 '마지막' 강의가 된다는 생각에 골몰하고 있었다. 내가 할 수 있는 말은 무엇일까. 사람들은 어떻게 받아들일까. 과연 제대로 끝낼 수는 있을까. 나는 아내에게 말했다.

"철회할 수 있어. 학교도 허락할 거야. 그런데 정말 하고 싶어."

재이는 언제나 나의 치어리더였다. 내가 열광하면 재이도 그랬다. 그렇지만 이 마지막 강의는 경계했다. 내가 죽고 나면 우리 가족이 처갓집 곁에 있을 수 있도록 우리는 대학이 있는 피츠버그에서 버지니아 남동부로 막 이사를 한 참이었다.

재이는 내가 강의 준비에 남은 귀중한 시간을 바치고 강의하러 피츠버그로 돌아가는 대신 아이들과 시간을 보내거나 이삿짐을 푸는 것이 마땅하다고 여겼다.

"이기적이라 해도 좋아요." 재이가 말했다. "그렇지만 난 당신의 모든 것을 원해요. 당신이 강의를 위해 쓰는 시간은 모두 잃어버린 시간이에요. 그 시간은 아이들과 나에게서 빼앗아간 것이니까요."

물론 그 마음을 잘 알고 있었다. 병이 난 후 나는 가능한 재이의 의견에 따르고 원하는 것은 다 들어주자고 나 자신에게 맹세했다. 그것은 나 때문에 무거워진 재이 인생의 짐을 덜어주기 위한 의무라고 생각했다. 깨어 있는 시간에는 가족의 미래를 준비하는 데 할애했지만 여전히 '마지막 강의'에 대한 충동은 누르기 힘들었다.

Vocab.
in order 적법한, 유효한, 제대로 despite ~에도 불구하고 leery ~을 미심쩍어 하는 from the time ~할 때부터 pledge 약속, 맹세 defer 미루다, 연기하다 burden 무거운 짐 let go of 쥐고 있던 것을 놓다 urge 욕구, 충동

Grammar
※ So do I: 나도 그래. 앞 문장이 조동사면 조동사로, be동사면 be동사로, 나머지 일반동사는 do로 받고 도치하면 된다. 앞에 언급한 사람 외에 다른 이도 그렇다는 뜻을 표현.
ex) He can do it. → So can she. (그녀도 할 수 있어.) He was boring. → So was she. (그녀도 지루했어.)
He drove so fast. → So did she. (그녀도 빨리 몰았어.)

Throughout my academic career, I'd given some pretty good talks. But being considered the best speaker in a computer science department is like being known as the tallest of the Seven Dwarfs. And right then, I had the feeling that I had more in me, that if I gave it my all, I might be able to offer people something special. "Wisdom" is a strong word, but maybe that was it.

Jai still wasn't happy about it. We eventually took the issue to Michele Reiss, the psychotherapist we'd begun seeing a few months earlier. She specializes in helping families when one member is confronting a terminal illness.

"I know Randy," Jai told Dr. Reiss. "He's a workaholic. I know just what he'll be like when he starts putting the lecture together. It'll be all-consuming." The lecture, she argued, would be an unnecessary diversion from the overwhelming issues we were grappling* with in our lives.

Logan, Chloe, Jai, myself, and Dylan.

대학에 몸담았던 동안 나는 제법 좋은 강의를 했다고 자부한다. 그러나 만약 내가 컴퓨터공학 부문의 최고 교수라 한들 그것은 기껏해야 일곱 난쟁이 중에 가장 키가 큰 것에 불과하다. 나는 내 안에 다른 무엇이 더 남아 있다는 것을 알았고, 최선을 다하면 사람들에게 그 특별한 것을 전할 수 있겠다는 느낌이 들었다. '지혜'는 강력한 힘을 가지고 있고, 내 안에 있는 무언가가 바로 그것일지도 몰랐다.

 재이는 여전히 동의하지 않았다. 결국 우리는 상담을 받기 위해 미셸 리스 박사를 찾아갔다. 우리 부부는 몇 개월 전부터 박사의 진찰실을 다녔는데 그녀는 시한부 환자를 둔 가족을 주로 상담했다.

 "난 랜디를 잘 알아요." 재이가 입을 열었다. "일중독이잖아요. 강의를 하겠다고 마음을 먹으면 이 사람이 어떤 식으로 일할지 뻔해요. 그는 남은 힘을 모두 강의에 쏟아버리고 말걸요." 지금도 감당하기 어려울 만큼 일이 많은데 거기에 강의까지 하게 되면 손실이 크다고 재이는 주장했다.

[사진 캡션: 로건, 클로이, 재이, 나 그리고 딜런]

Vocab.
psychotherapist 심리요법의사 confront 닥치다, 맞서다 workaholic 일중독자, 일벌레 all-consuming 온통 마음을 다 빼앗는 diversion 방향 전환 grapple* 붙잡고 싸우다, 격투 끝에 붙잡다

Another matter upsetting Jai: To give the talk as scheduled, I would have to fly to Pittsburgh the day before, which was Jai's forty-first birthday.

"This is my last birthday we'll celebrate together," she told me. "You're actually going to leave me on my birthday?"

Certainly, the thought of leaving Jai that day was painful to me. And yet, I couldn't let go of the idea of the lecture. I had come to see it as the last moment of my career, as a way to say goodbye to my "work family." I also found myself fantasizing about giving a last lecture that would be the oratorical equivalent of a retiring baseball slugger driving one last ball into the upper deck. I had always liked the final scene in *The Natural*, when the aging, bleeding ballplayer Roy Hobbs miraculously hits that towering home run.

Dr. Reiss listened to Jai and to me. In Jai, she said, she saw a strong, loving woman who had intended to spend decades building a full life with a husband, raising children to adulthood. Now our lives together had to be squeezed into a few months. In me, Dr. Reiss saw a man not yet ready to fully retreat to his home life, and certainly not yet ready to climb into his deathbed. "This lecture will be the last time many people I care about will see me in the flesh," I told her flatly. "I have a chance here to really think about what matters most to me, to cement how people will remember me, and to do whatever good I can on the way out."

More than once, Dr. Reiss had watched Jai and me sit together on her office couch, holding tightly to each other, both of us in tears.

She told us she could see the great respect between us, and she was often viscerally* moved by our commitment to getting our final time together right. But she said it wasn't her role to weigh in on whether or not I gave the lecture. "You'll have to decide that on your own,"

재이를 화나게 하는 일은 또 있었다. 예정된 날짜에 강의를 하려면 전날 피츠버그로 출발해야 하는데, 그날이 하필 재이의 마흔 번째 생일이었다.

"우리가 함께 보내는 마지막 내 생일이라고요. 그날 나를 두고 강의를 하러 가겠다는 말이잖아요."

물론 재이의 생일에 피츠버그로 가겠다고 결정한 것은 쉽지 않은 일이었다. 하지만 그만큼이나 강의를 포기하는 일도 쉽지 않았다. 그 강의는 '학교 식구들'에게 행하는 작별 의식이며 동시에 교수 경력의 마침표를 찍는 중요한 순간이었다. 은퇴경기를 치르는 왕년의 야구선수가 관중석 깊숙이 마지막 볼을 쳐내는 것처럼 내 마지막 강의도 그러해야 된다는 상상은 내게 활력이 되었다. 나는 영화 〈내추럴(The Natural)〉에서 늙고 부상당한 로이 홉스가 기적처럼 엄청난 홈런을 쳐내는 마지막 장면을 볼 때마다 열광했다.

리스 박사는 우리의 말을 경청했다. 그녀는 재이에게서 남편과 오랫동안 함께 아이들을 키우며 충만한 인생을 꾸려갈 것으로 믿었던 강하고 사랑이 많은 여자의 모습을 보았다고 했다. 그런데 이제 남편과 함께할 시간은 고작 몇 달에 불과한 현실과 마주치게 되었다. 리스 박사는 나에게선 완전히 가정으로 돌아올 준비가 되어 있지 않거니와 임종을 맞을 준비는 더더욱 되지 않은 한 남자가 보인다고 했다.

"이 강의는 내가 아끼는 많은 사람들이 나를 살아 있는 사람으로 보게 될 마지막 시간이에요." 나는 단호했다. "나한테 진정 중요한 게 무엇인지 생각하고, 사람들이 날 어떤 식으로 기억하게 될지, 그리고 인생을 마감하면서 좋은 일을 할 수 있는 마지막 기회라고요."

재이와 나는 여러 번 눈물을 흘리며 서로를 껴안았다.

그런 모습을 관찰하던 리스 박사는 우리가 서로를 깊이 존중하고 있는 것을 느낄 수 있다고 말했다. 그녀는 남겨진 마지막 시간을 함께, 그리고 올바른 방법으로 보내기 위해 책임을 다하는 우리의 모습에 진심으로 감동했다고 말했다. 하지만 강의를 할지 말지에 관해서는 해줄 말이 없다고 했다. "당신 스스로 결정해야 할 문제지요."

Vocab.
oratorical 연설의, 웅변의 equivalent 동등한, 맞먹는 slugger (야구) 강타자, 강타의 권투 선수 retreat 후퇴하다, 철수하다 deathbed 임종 in the flesh 실물로, 살아서 flatly 단호히, 딱 잘라서 cement A and B A와 B를 결속시키다, A와 B의 관계를 강화하다 viscerally* 본능적으로

she said, and encouraged us to really listen to each other, so we could make the right decision for both of us.

Given Jai's reticence, I knew I had to look honestly at my motivations. Why was this talk so important to me? Was it a way to remind me and everyone else that I was still very much alive? To prove I still had the fortitude to perform? Was it a limelight*-lover's urge to show off one last time? The answer was yes on all fronts. "An injured lion wants to know if he can still roar," I told Jai. "It's about dignity and self-esteem, which isn't quite the same as vanity."

There was something else at work here, too. I had started to view the talk as a vehicle for me to ride into the future I would never see.

I reminded Jai of the kids' ages: five, two and one. "Look," I said. "At five, I suppose that Dylan will grow up to have a few memories of me. But how much will he really remember? What do you and I even remember from when we were five? Will Dylan remember how I played with him, or what he and I laughed about? It may be hazy* at best.

"And how about Logan and Chloe? They may have no memories at all. Nothing. Especially Chloe. And I can tell you this: When the kids are older, they're going to go through this phase where they absolutely, achingly need to know: 'Who was my dad? What was he like?' This lecture could help give them an answer to that."

I told Jai I'd make sure Carnegie Mellon would record the lecture. "I'll get you a DVD. When the kids are older, you can show it to them. It'll help them understand who I was and what I cared about."

Jai heard me out, then asked the obvious question. "If you have things you want to say to the kids, or advice you want to give them, why not just put a video camera on a tripod and tape it here in the living room?"

Maybe she had me there. Or maybe not. Like that lion in the

리스 박사는 서로의 말에 귀 기울이며 좋은 결정을 내리기를 바란다고 격려했다.

재이는 말을 아꼈으므로 그토록 마지막 강의를 포기할 수 없는 이유가 도대체 무엇인지 우선 나 자신부터 정직하게 들여다봐야 했다.

왜 이 강의가 그렇게 중요한가. 나 자신에게나 주변사람들에게 난 여전히 잘 살아 있다고 증명하기 위해서가 아닐까? 강의를 해낼 만큼 강인하다는 걸 보여주려고? 마지막으로 한 번 더 과시하려는, 주목받기 좋아하는 사람의 충동이 아닐까? 모든 질문의 답은 "예스"였다.

난 재이에게 호소했다. "다친 사자도 여전히 으르렁거릴 수 있는지 알고 싶어. 자만심과는 다른, 인간에 대한 존엄성, 자부심 같은 거야."

다른 이유도 있었다. 나는 이 강의가 내가 보지 못하게 될 미래로 가는 한 방법이라고 여기게 되었다.

나는 재이에게 아이들의 나이를 상기시켰다. 다섯 살, 두 살 그리고 한 살. "생각해봐." 난 입을 열었다. "아마 딜런은 아버지에 관한 몇 개의 기억을 지니고 성장하겠지. 그렇지만 그게 얼마나 갈 수 있겠어. 우리를 봐. 다섯 살 때 기억이 남아 있기는 해? 내가 딜런과 어떻게 놀았는지, 무엇을 두고 같이 웃었는지, 그런 것을 먼 훗날 딜런이 기억해줄까? 흐릿하게나마 남아 있다면 그나마 다행이지.

로건과 클로이는 어떨까? 아무것도 기억 못할 확률이 더 높지. 특히 클로이는 더욱! 이것만은 분명하게 말해줄 수 있어. 아이들이 더 자란 후에 분명 한 번쯤은 아버지란 존재에 대해 마음 시리도록 절절하게 돌아보는 시간이 오게 될 거야. '나의 아버지는 누구였을까? 어떤 사람이었을까?' 이 강의가 어쩌면 아이들에게 답이 되어줄 수도 있어." 난 재이에게 카네기멜론대학에 강의 녹화를 책임지우겠다고 말했다. "DVD로 가져다줄게. 아이들이 더 크면 당신이 보여줘. 그러면 아이들은 내가 누구였고 어떤 것에 관심을 가졌는지 알 수 있을 거야."

재이는 모든 이야기를 다 듣고 난 후, 너무나 당연한 질문을 던졌다. "만약 당신이 아이들에게 하고 싶은 말이나 충고가 있다면, 여기 거실에다 삼각대를 세우고 카메라를 설치한 다음 녹화해도 되잖아요."

어쩌면 이쯤에서 그녀가 이긴 것인지도 모른다. 혹은 져주기로 한 것일지도. 정

Vocab.
reticence 과묵함, 말수가 적음 fortitude 불굴의 용기 limelight* 각광, 세상의 이목 dignity 위엄, 존엄성 self-esteem 자부심 vanity 자만심, 허영심 hazy* 흐릿한, 안개가 낀 achingly 아프게, 성가시게

1. THE LAST LECTURE   23

jungle, my natural habitat was still on a college campus, in front of students. "One thing I've learned," I told Jai, "is that when parents tell children things, it doesn't hurt to get some external validation. If I can get an audience to laugh and clap at the right time, maybe that would add gravitas* to what I'm telling the kids."

Jai smiled at me, her dying showman, and finally relented. She knew I'd been yearning to find ways to leave a legacy for the kids. OK.

Perhaps this lecture could be an avenue for that.

And so, with Jai's green light, I had a challenge before me.

How could I turn this academic talk into something that would resonate with our kids a decade or more up the road?

I knew for sure that I didn't want the lecture to focus on my cancer. My medical saga was what it was, and I'd already been over it and over it. I had little interest in giving a discourse on, say, my insights into how I coped with the disease, or how it gave me new perspectives. Many people might expect the talk to be about dying. But it had to be about *living*.

* * *

"What makes me unique?"

That was the question I felt compelled to address. Maybe answering that would help me figure out what to say. I was sitting with Jai in a doctor's waiting room at Johns Hopkins, awaiting yet another pathology report, and I was bouncing my thoughts off her.

"Cancer doesn't make me unique," I said. There was no arguing that. More than 37,000 Americans a year are diagnosed with pancreatic cancer alone.

글에서 사는 사자처럼 나의 활동 근거지는 누가 뭐래도 대학 캠퍼스였고 학생들 앞이었다. 내 설명이 이어졌다. "내가 배운 것이 하나 있다면, 부모가 아이들을 가르칠 때 가족 이외의 다른 사람들이 인정하는 것도 나쁘지 않다는 거야. 만약 내가 적재적소에서 청중의 웃음과 박수를 유도할 수 있다면 아이들에게 하려는 내 말에 더 무게가 실릴 수도 있지 않겠어?"

졌다는 신호로 재이는 나를 보고 웃으며 마침내 마음을 누그러뜨렸다. 그녀는 내가 아이들에게 유산을 남겨줄 방법을 찾는 일에 열중하고 있다는 것을 잘 알고 있었다. 오케이.

아마도 이 강의가 그 길이 되어줄 수도 있을 것이었다.

재이의 허락이 떨어짐과 동시에 도전할 것이 생겼다.

어떻게 하면 이 학문적 강의가 오래도록 아이들에게 상기되도록 만들 것인가.

나는 이 강의를 내게 닥친 불행, 즉 암에 초점을 맞추는 것을 원치 않았다. 내 의학적 무용담은 무용담일 뿐인 데다가 그 이야기는 이미 여러 번 했다. 내가 어떻게 병을 견뎌왔고, 또 이 병이 나에게 어떤 새로운 관점을 심어주었는지 등에 관한 강의에는 흥미가 없었다. 대다수 사람들은 내가 '죽음'에 관한 이야기를 할 거라고 예상했을 것이다. 그러나 나의 강의는 절대 '삶'에 관한 것이어야만 했다.

* * *

"무엇이 날 유일무이한 사람으로 만들까?"

이것이 내가 꼭 대답해야 할 질문이었다. 이것에 대한 답을 찾는다면 강의에서 무슨 말을 해야 할지 알 수 있을 것 같았다. 재이와 함께 존스홉킨스병원 대기실에 앉아 치료 보고서를 기다리면서 그녀에게 내 생각을 두서없이 늘어놓았다.

"암이 날 개성 있게 만들지는 않아." 거기에 이의를 제기할 사람은 없다. 미국에서 한 해에 췌장암으로 진단받은 사람만 3만 7,000명이다.

<u>Vocab.</u>
habitat 서식지 validation 확인, 비준 gravitas* 진지함 relent 동의하다, 수그러들다 resonate 울려 퍼지다, 반향을 불러일으키다 saga 영웅 전설, 대하소설 cope with ~에 대처하다 be compelled to 할 수 없이 ~하다 pathology 병리학 bounce off ~에 대한 반응을 살피다

<u>Grammar</u>
※ help+목적어+(to)동사원형: '목적어'가 '(to)동사원형'하도록 돕다. 5형식 구조이며, 이때 목적보어에 to를 써도 되고 안 써도 된다. 한편 'help+동사원형' 같은 3형식도 있는데 역시 to는 자주 생략됨.

I thought hard about how I defined myself: as a teacher, a computer scientist, a husband, a father, a son, a friend, a brother, a mentor to my students. Those were all roles I valued. But did any of those roles really set me apart?

Though I've always had a healthy sense of self, I knew this lecture needed more than just bravado. I asked myself: "What do I, alone, truly have to offer?"

And then, there in that waiting room, I suddenly knew exactly what it was. It came to me in a flash: Whatever my accomplishments, all of the things I loved were rooted in the dreams and goals I had as a child…and in the ways I had managed to fulfill almost all of them. My uniqueness, I realized, came in the specifics of all the dreams — from incredibly meaningful to decidedly quirky — that defined my forty-six years of life. Sitting there, I knew that despite the cancer, I truly believed I was a lucky man because I had lived out these dreams. And I had lived out my dreams, in great measure, because of things I was taught by all sorts of extraordinary people along the way. If I was able to tell my story with the passion I felt, my lecture might help others find a path to fulfilling their own dreams.

I had my laptop with me in that waiting room, and fueled by this epiphany*, I quickly tapped out an email to the lecture organizers. I told them I finally had a title for them. "My apologies for the delay," I wrote. "Let's call it: 'Really Achieving Your Childhood Dreams.'"

난 열심히 스스로에 대한 정의를 내려보았다. 대학교수, 컴퓨터과학자, 남편, 아버지, 친구, 형제, 학생의 멘토. 그것은 모두 내가 가치를 두는 역할이었다. 하지만 과연 이 중에 어떤 역할이 다른 사람과 나를 구별해줄 수 있을까.

 난 언제나 건강한 자부심을 지니고 있었지만 이 강의는 단순한 허세 그 이상이어야 한다는 걸 알고 있었다. 그래서 스스로에게 다시 물었다. '무엇을 내가, 나만이, 진실로 제공할 수 있을까?'

 그때 바로 그 대기실에서 갑자기 명료한 답이 떠올랐다. 눈 깜짝할 사이에 스치고 간 생각이었다. 지금까지 내가 이룬 모든 것과 내가 사랑하는 모든 것은 어린 시절 가졌던 꿈과 목표에 뿌리를 두고 있었다. 꿈을 이루기 위해 노력하는 과정에서 얻은 것이었다. 46년간 지녀온 그 모든 특별한 꿈이야말로－무척 의미심장한 것에서부터 지나치게 황당무계한 것까지－남과 다른 나만의 개성이 아니던가. 비록 암에 걸리기는 했지만 그 꿈을 거의 실현했다는 점에서 나는 대단한 행운아였다. 그리고 그 여정 동안 만난 각계각층의 비범한 사람들의 도움이 있었기에, 꿈을 이룰 수 있었다는 사실도 알게 되었다. 내가 살아오면서 느꼈던 열정을 사람들에게 제대로 전할 수만 있다면 내 강의는 그들이 꿈을 이루는 길을 찾는 데 도움이 될 것이었다.

 나는 대기실에 노트북을 가지고 갔는데, 이 깨달음에 자극을 받아 재빨리 강의 담당자에게 이메일을 쓰기 시작했다. "늦어져서 미안합니다." 이어서 덧붙였다. "내 마지막 강의의 제목을 이렇게 부릅시다. '당신의 어릴 적 꿈을 진짜로 이루기.'"

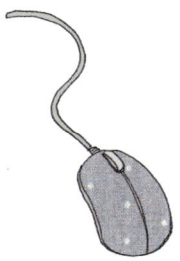

Vocab.

bravado 허세 accomplishment 업적, 공적 be rooted in ~에 원인이 있다, ~에 뿌리박고 있다 fulfill 수행하다, 지키다 quirky 꾀바른, 변덕스러운 extraordinary 기이한, 놀라운, 비범한 epiphany* 깨달음

2
My Life in a Laptop

How, EXACTLY, do you catalogue your childhood dreams? How do you get other people to reconnect with theirs? As a scientist, these weren't the questions I typically struggled with.

For four days, I sat at my computer in our new home in Virginia, scanning slides and photos as I built a PowerPoint presentation. I've always been a visual thinker, so I knew the talk would have no text — no word script. But I amassed 300 images of my family, students and colleagues, along with dozens of offbeat* illustrations that could make a point about childhood dreams. I put a few words on certain slides — bits of advice, sayings. Once I was on stage, those were supposed to remind me what to say.

As I worked on the talk, I'd rise from my chair every ninety minutes or so to interact with the kids. Jai saw me trying to remain engaged in family life, but she still thought I was spending way too much time on the talk, especially since we'd just arrived in the new house.

She, naturally, wanted me to deal with the boxes piled all over our house.

At first, Jai didn't plan to attend the lecture. She felt she needed to stay in Virginia with the kids to deal with the dozens of things that had to get done in the wake of our move. I kept saying, "I want you there." The truth was, I desperately needed her there. And so she

2
노트북 속의 삶

당신은 정확히 어떤 방법으로 어릴 적 꿈을 분류하는가. 당신은 어떻게 다른 사람들이 그들의 어릴 적 꿈과 다시 연결될 수 있게 돕는가. 과학자로서 이런 것은 평소에 씨름해왔던 질문이 아니었다.

나흘 동안 나는 버지니아의 새 집 컴퓨터 앞에 앉아 파워포인트 프레젠테이션을 만들어가며 슬라이드와 사진을 살펴보고 있었다. 나는 언제나 시각적으로 사고하는 사람이었기 때문에 강의에 텍스트, 즉 글로 된 스크립트는 넣지 않았다. 대신 어린 시절 꿈에 대한 논점을 분명히 해줄 수십 개의 엉뚱한 삽화와 함께 300개에 달하는 가족, 학생, 동료의 사진을 모았다. 어떤 슬라이드에는 조언이나 격언 등을 몇 마디 덧붙이기도 했다. 강단에 섰을 때 그것을 보면 무슨 말을 해야 할지 알 수 있을 것이다.

강의 준비를 하면서도 나는 아이들을 돌보기 위해 한 시간 반마다 의자에서 몸을 일으켰다. 재이도 내가 계속 가족과 함께하려고 노력하는 것은 알았지만 여전히 너무 많은 시간을 강의 준비에 쏟고 있다고 생각했다.

당연히 그녀는 내가 온 집 안에 쌓여 있는 상자들을 처리하기를 바랐다.

원래 재이는 강의에 참석할 계획이 없었다. 이사로 인해 처리해야 할 일이 많아서 아이들과 버지니아에 있는 생각이었다. 나는 여러 번 "같이 가면 좋을 텐데……"라고 이야기했다. 진실을 말하면, 절대적으로 재이가 강의장에 있기를 바랐다. 마침내 그녀는

Vocab.
amass 모으다, 축적하다 offbeat* 색다른 be supposed to ~할 예정이다, ~하도록 되어 있다 deal with (문제·과제 등을) 처리하다

eventually agreed to fly to Pittsburgh on the morning of the talk.

I had to get to Pittsburgh a day early, however, so at 1:30 p.m. on September 17, the day Jai turned fortyone, I kissed her and the kids goodbye, and drove to the airport. We had celebrated her birthday the day before with a small party at her brother's house. Still, my departure was an unpleasant reminder for Jai that she'd now be without me for this birthday and all the birthdays to come.

I landed in Pittsburgh and was met at the airport by my friend Steve Seabolt, who'd flown in from San Francisco. We had bonded years earlier, when I did a sabbatical at Electronic Arts, the videogame maker where Steve is an executive. We'd become as close as brothers.

Steve and I embraced, hired a rental car, and drove off together, trading gallows* humor. Steve said he'd just been to the dentist, and I bragged that I didn't need to go to the dentist anymore.

We pulled into a local diner to eat, and I put my laptop on the table. I flashed quickly through my slides, now trimmed to 280. "It's still way too long," Steve told me. "Everyone will be dead by the time you're through with the presentation."

The waitress, a pregnant woman in her thirties with dishwater-blond* hair, came to our table just as a photo of my children was on the screen. "Cute kids," she said, and asked for their names. I told her: "That's Dylan, Logan, Chloe..." The waitress said her daughter's name was Chloe, and we both smiled at the coincidence. Steve and I kept going through the PowerPoint, with Steve helping me focus.

When the waitress brought our meals, I congratulated her on her pregnancy. "You must be overjoyed," I said.

"Not exactly," she responded. "It was an accident."

As she walked away, I couldn't help but be struck by her frankness. Her casual remark was a reminder about the accidental elements that

강의가 있는 날 아침에 피츠버그로 오는 것에 동의했다.
 하지만 난 하루 전에 피츠버그에 도착해야 했기 때문에, 재이가 마흔하나가 된 9월 17일 오후 1시 30분에 아내와 아이들에게 작별키스를 하고 공항으로 출발했다. 그 전날 우리는 처남 집에서 조촐하게 재이의 생일파티를 열어 미리 생일을 축하했다. 하지만 여전히 나의 출발은 재이에게 이번 생일과, 그리고 앞으로의 모든 생일에 내가 없을 것이란 사실을 떠올리게 해주는 불쾌한 일이었다.
 피츠버그 공항에서 나는 샌프란시스코에서 날아와 준 친구 스티브 시볼트와 만났다. 우리는 몇 년 전 내가 스티브가 임원으로 있는 비디오 게임 회사 일렉트로닉 아츠에서 안식년을 지낼 때 만나 그때부터 형제처럼 가깝게 지내는 사이가 되었다.
 스티브와 나는 포옹을 하고 나서 렌터카를 빌려 출발했고 차 안에서는 상황에 맞지 않는 유머를 주고받으며 떠들었다. 스티브가 치과에 다녀왔다고 말하고 나는 더 이상 치과에 갈 필요가 없다고 자랑했다.
 뭘 좀 먹으러 어느 간이식당에 들어섰다. 나는 테이블 위에 노트북을 올려놓고 이제 280장 정도로 추려진 슬라이드를 스티브에게 보여주었다. "아직 너무 길어." 스티브가 얘기했다. "네가 강의를 끝낼 때쯤엔 사람들 다 죽어 있겠군."
 마침 노트북 화면에 아이들 사진이 떠 있을 때 짙은 색 금발 머리에 30대로 보이는 임신한 웨이트리스가 우리 테이블로 왔다. "귀여운 애들이네요." 그녀가 아이들 이름을 물었다. "얘는 딜런이고, 얘는 로건, 이 아기는 클로이예요." 웨이트리스는 자기 딸 이름도 클로이라고 했다. 우리는 둘 다 우연한 상황이 재밌어 미소를 지었다. 스티브는 내가 집중할 수 있도록 도와주며 같이 파워포인트를 훑어보았다.
 웨이트리스가 음식을 내오자 나는 임신을 축하해주었다. "무척 기쁘겠어요." 내가 말했다.
 "별로요." 그녀가 대답했다. "사고였어요."
 그녀가 사라진 후 나는 그 솔직함에 충격을 받지 않을 수 없었다. 그녀의 무심한 한마디는 삶으로의 도착 그리고 죽음으로의 출발에 관한 여러 우연적인 요소에 대

Vocab.
sabbatical 안식년, 안식 기간　gallows* 교수대　brag 심하게 자랑하다, 떠벌리다　dishwater-blond* 짙은 금발의　cannot help but do ~하지 않을 수 없다　frankness 솔직, 터놓음　a casual remark 무심코[되는대로] 한 말

play into both our arrival into life ... and our departure into death. Here was a woman, having a child by accident that she surely would come to love. As for me, through the accident of cancer I'd be leaving three children to grow up without my love.

An hour later, alone in my room at the hotel, my kids remained in my head as I continued to cut and rearrange images from the talk. The wireless internet access in the room was spotty, which was exasperating* because I was still combing the Web, looking for images. Making matters worse, I was starting to feel the effects of the chemo treatment I'd received days before. I had cramps, nausea and diarrhea.

I worked until midnight, fell asleep, and then woke up at 5 a.m. in a panic. A part of me doubted that my talk would work at all. I thought to myself: "This is exactly what you get when you try to tell your whole life story in an hour!"

I kept tinkering*, rethinking, reorganizing. By 11 a.m., I felt I had a better narrative arc; maybe it would work. I showered, got dressed. At noon, Jai arrived from the airport and joined me and Steve for lunch. It was a solemn conversation, with Steve vowing to help look after Jai and the kids.

At 1:30 p.m., the computer lab on campus where I spent much of my life was dedicated in my honor; I watched the unveiling of my name over the door. At 2:15 p.m., I was in my office, feeling awful again — completely exhausted, sick from the chemo, and wondering if I'd have to go on stage wearing the adult diaper I'd brought as a precaution.

Steve told me I should lie down on my office couch for a while, and I did, but I kept my laptop on my belly so I could continue to fiddle. I cut another sixty slides.

At 3:30 p.m., a few people had already begun lining up for my talk. At 4 p.m., I roused myself off the couch and started gathering my

해 일깨워주었다. 사고였지만 앞으로 분명히 사랑하게 될 아이를 임신한 한 여자가 여기 있다. 나로서는, 암이라는 우연으로 인해 내 사랑을 받지 못하고 자라게 될 세 아이를 남기고 떠나게 되었다.

한 시간 후 혼자 호텔 방에 앉아 강연에 쓸 사진을 자르고 재배치하기를 계속하면서도 머릿속으로는 아이들을 지울 수가 없었다. 방의 무선인터넷은 불규칙하게 끊겨서 아직도 웹에서 쓸 만한 이미지들을 찾고 있던 나를 몹시 화나게 했다.

게다가 며칠 전에 받은 화학요법의 후유증이 시작되면서 상황은 악화되었다. 복통과 구토 그리고 설사가 이어졌다.

자정까지 일하다가 잠이 들어버린 나는 새벽 5시, 돌연한 공포 속에 눈을 떴다. 내 속의 깊은 곳에서 이 강의 자체에 대한 강한 회의가 밀려들었다. 나는 스스로를 타일렀다. "한 시간 안에 인생 전체를 이야기하려고 하니까 이 고생을 하지!"

계속 고치고, 다시 생각하고, 새로 배치하는 일이 반복되었다. 오전 11시가 되자 이야기의 틀이 좀 잡혔고 어쩌면 괜찮을지도 모른다는 생각이 들기 시작했다. 샤워를 하고 옷을 입었다. 정오에 재이가 공항에 도착해, 스티브와의 점심식사에 합류했다. 스티브가 앞으로 재이와 아이들을 잘 돌봐주겠다고 맹세하듯 말했고 그래서 자리가 엄숙해져버렸다.

오후 1시 30분, 내 인생의 많은 부분을 함께했던 캠퍼스 내의 컴퓨터 실습실이 강의를 위해 준비되고 있었다. 문 위로 내 이름이 걸리는 것을 지켜보았다. 오후 2시 15분, 나는 다시금 지독한 기분이 되어 내 사무실에 앉아 있었다. 완전히 지쳤고 화학요법 때문에 통증이 심해져서 만약을 위해 가지고 온 성인용 기저귀를 차고 무대에 올라야 하나 생각하고 있었다.

스티브의 충고대로 사무실 소파에 잠시 눕기는 했지만 여전히 배 위에 노트북을 올려놓고 만지작거렸다. 나는 다시 60장의 슬라이드를 잘라냈다.

3시 30분, 몇몇 사람들이 강의를 듣기 위해 벌써 줄을 서기 시작했다. 4시, 몸을

Vocab.
spotty 질적으로 고르지 못한 exasperating* 정말 짜증나는, 화나는 comb 빗질하다, 빗질하여 제거하다, 샅샅이 뒤지다 cramp 경련 nausea 욕지기, 구토 diarrhea 설사 tinker* 서투르게 수선하다, 어설프게 만지다; 헛수고하다 solemn 침통한, 엄숙한 unveil 베일을 벗다, 정체를 드러내다, 밝히다 fiddle 만지작거리다

Grammar
※ I wonder if: ~인지 아닌지 궁금하다. 보통 if는 "~라면"이라는 부사절접속사지만 이렇게 타동사의 목적어 역할을 하는 명사절로 쓰이면 "~인지 아닌지"로 해석한다. 아예 저 예문을 통으로 외워두는 것이 좋다. 해석과 함께.

props for the walk across campus to the lecture hall. In less than an hour, I'd have to be on the stage.

소파에서 뜯어내다시피 해서 일어나 나의 '연장'을 챙겼다. 한 시간 후면 강단에 올라야 했다.

3

The Elephant in the Room

JAI WAS already in the hall—an unexpected full house of 400—and as I hopped on stage to check out the podium and get organized, she could see how nervous I was. While I busied myself arranging my props, Jai noticed that I was making eye contact with almost no one. She thought that I couldn't bring myself to look into the crowd, knowing I might see a friend or former student, and I'd be too overwhelmed by the emotion of that eye contact.

There was a rustling in the audience as I got myself ready. For those who came to see just what a man dying of pancreatic cancer looked like, surely there were questions: Was that my real hair? (Yes, I kept all my hair through chemotherapy.) Would they be able to sense how close to death I was as I spoke? (My answer: "Just watch!")

Even with the talk only minutes away, I continued puttering* at the podium, deleting some slides, rearranging others. I was still working at it when I was given the signal. "We're ready to go," someone told me.

* * *

I wasn't in a suit. I wore no tie. I wasn't going to get up there in some professorial tweed jacket with leather elbow patches. Instead, I had chosen to give my lecture wearing the most appropriate childhood-dream garb I could find in my closet.

3
방 안의 코끼리

 재이는 벌써 강당에 와 있었고 뜻밖에도 강당은 정원 400명이 꽉 찼다. 내가 무대로 껑충 뛰어올라 단상의 물건을 정리하는 동안 재이는 내가 얼마나 긴장했는지 아는 것 같았다. 내가 '연장'을 정렬하며 바쁜 척하는 사이, 재이는 내가 아무하고도 눈을 마주치지 못하고 있다는 사실을 알아차렸다. 내가 친구나 예전 학생을 발견하게 되면 그들과 눈이 마주치는 순간 감정이 격해질 것을 알았으리라. 그렇기 때문에 차마 청중을 바라보지 못하는 것 또한 짐작하고 있었던 것이다.

 준비를 하는 동안 청중 쪽에서는 조용하게 옷 스치는 소리만 들렸다. 췌장암에 걸려 죽어가는 사람은 어떻게 생겼는지 구경하러 온 사람들도 분명 있었을 것이다. 저것은 진짜 머리카락인가? (진짜다. 화학요법 중에도 계속 내 머리를 간직할 수 있었다.) 그들은 강의를 듣는 동안 내가 얼마나 죽음에 가깝게 다가갔는지 눈치챌 수 있을까? (나의 대답: "그냥 한번 보시라.")

 강의 직전까지도 나는 슬라이드를 지우고 다른 것으로 끼워 넣으며 꾸물댔다. 시작 신호를 줄 때까지 나는 계속 그랬다. 누군가 "준비됐어요."라고 말했다.

* * *

 그날 나는 양복을 입지 않았다. 넥타이도 없었다. 팔꿈치에 가죽을 덧댄, 교수 티를 내는 트위드 재킷 따위를 입고 강단에 올라가지는 않을 생각이었다. 대신에 나는 옷장에서 찾을 수 있는 것으로 최대한 적절하게 조합한 '유년스러운 꿈꾸는 복장'을 택했다.

Vocab.
podium 단, 지휘대 rustle 바스락거리다 putter* 꾸물거리며 일하다, 빈둥거리다

Grammar
※ 사람+be given+사물: '사람'에게 '사물'이 주어지다. 혹은 '사람'이 '사물'을 받다.

Granted, at first glance I looked like the guy who'd take your order at a fastfood drivethrough. But actually, the logo on my shortsleeved polo shirt was an emblem of honor because it's the one worn by Walt Disney Imagineers—the artists, writers and engineers who create themepark fantasies. In 1995, I spent a sixmonth sabbatical as an Imagineer. It was a highlight of my life, the fulfillment of a childhood dream. That's why I was also wearing the oval "Randy" name badge given to me when I worked at Disney. I was paying tribute to that life experience, and to Walt Disney himself, who famously had said, "If you can dream it, you can do it."

I thanked the audience for coming, cracked a few jokes, and then I said: "In case there's anybody who wandered in and doesn't know the back story, my dad always taught me that when there's an elephant in the room, introduce it. If you look at my CT scans, there are approximately ten tumors in my liver, and the doctors told me I have three to six months of good health left. That was a month ago, so you can do the math."

I flashed a giant image of the CT scans of my liver onto the screen. The slide was headlined "The Elephant in the Room," and I had helpfully inserted red arrows pointing to each of the individual tumors.

I let the slide linger, so the audience could follow the arrows and count my tumors. "All right," I said. "That is what it is. We can't change it. We just have to decide how we'll respond. We cannot change the cards we are dealt, just how we play the hand."

In that moment, I was definitely feeling healthy and whole, the Randy of old, powered no doubt by adrenaline and the thrill of a full house. I knew I looked pretty healthy, too, and that some people might have trouble reconciling that with the fact that I was near death. So I addressed it. "If I don't seem as depressed or morose* as I should be, sorry to disappoint you," I said, and after people laughed,

인정한다. 첫눈에 나는, 패스트푸드점 드라이브 스루에서 주문을 받을 법한 남자로 보였을 것이다. 하지만 사실 내 반팔 폴로셔츠에 새겨진 로고는 영광스런 상징이었다. 그 옷은 테마파크의 환상을 창조해내는 아티스트, 작가 그리고 엔지니어인 월트디즈니사의 '이매지니어'가 입는 옷이었다. 1995년 6월의 안식년 기간 동안 나는 디즈니에서 이매지니어로 일했다. 그 시절이 내 인생의 전성기이자 유년 시절의 꿈을 실현한 시간이었다. 그래서 난 디즈니에서 일할 때 받은 '랜디'라고 새긴 타원형 배지도 달았다. 그 소중한 경험과 더불어 "꿈을 꿀 수 있다면 이룰 수도 있다."라는 유명한 말을 남긴 월트 디즈니에게도 찬사를 표하고 있었다.

청중에게 고마움을 표시하고 몇 가지 농담을 던진 다음 나는 이야기를 시작했다. "혹시나 아무 내용도 모른 채 기웃거리다 우연히 들어온 사람들이 있을까 봐 하는 소린데 제 아버지는 항상 이렇게 말씀하셨지요. 방 안에 코끼리가 있으면 그 코끼리부터 소개하라고. 내 CT 촬영 사진을 보면 간에 약 열 개의 종양이 있고 의사들은 석 달에서 여섯 달 정도 살 수 있을 거라고 말하더군요. 그 말을 들은 지가 벌써 한 달이 되었으니 계산은 각자 알아서 하시길 바랍니다."

스크린 가득 나의 간 CT 촬영 사진이 떠올랐다. 그 슬라이드의 제목은 '방 안의 코끼리'였고 나는 친절하게도 각각의 종양에 빨간 화살표를 표시해 놓았다.

나는 청중이 화살표를 따라가며 종양의 수를 셀 수 있도록 그 슬라이드를 화면에 남겨 놓은 채 말을 이어갔다. "좋아요. 보이는 그대로입니다. 바꿀 수가 없어요. 이제 어떻게 대응해야 할지 선택하는 일만 남았어요. 이미 돌려진 카드의 패는 바꿀 수가 없으니 손에 쥐고 있는 카드로 승부를 걸어야 하겠지요."

그 순간만큼은 아드레날린이 치솟고, 꽉 찬 강의실이 주는 전율에 힘이 넘쳤던 예전의 랜디로 돌아가 건강하고 온전한 나 자신을 느꼈다. 실제로도 상당히 건강하게 보였으므로 몇몇 사람들은 내가 죽음에 가까웠다는 사실과 지금의 내 모습을 일치시키는 것이 힘들어보였다. 나는 이렇게 말했다. "여러분이 생각한 만큼 내가 낙담해 있거나 침울해 보이지 않는다면 실망시켜서 미안합니다." 사람들이 웃

Vocab.
granted 인정해(무엇이 옳음을 받아들이며 흔히 뒤에 다른 말을 덧붙일 때 씀) elephant in the room 모두가 알고 있지만 금기시되어 거론하지 않는 문제 linger 오래 머무르다 reconcile 화해시키다, 조정하다 morose* 침울한

Grammar
※ A, B, and C 구조: 등위접속사 and에 의해 A, B, C를 동일한 구조로 나열하는 형식. thanked, cracked, said라는 'I'에 걸리는 동사 3개가 나열됨. 마지막 I said에서, "내가" 말했다는 것을 정확히 강조하고자 'I'를 씀.

I added: "I assure you I am not in denial. It's not like I'm not aware of what's going on."

"My family—my three kids, my wife—we just decamped. We bought a lovely house in Virginia, and we're doing that because that's a better place for the family to be down the road." I showed a slide of the new suburban home we'd just purchased. Above the photo of the house was the heading: "I am not in denial."

My point: Jai and I had decided to uproot our family, and I had asked her to leave a home she loved and friends who cared about her. We had taken the kids away from their Pittsburgh playmates. We had packed up our lives, throwing ourselves into a tornado of our own making, when we could have just cocooned in Pittsburgh, waiting for me to die. And we had made this move because we knew that once I was gone, Jai and the kids would need to live in a place where her extended family could help them and love them.

I also wanted the audience to know that I looked good, and felt OK, in part because my body had started to recover from the debilitating chemotherapy and radiation my doctors had been giving me. I was now on the easiertoendure palliative* chemo. "I am in phenomenally good health right now," I said. "I mean, the greatest thing of cognitive dissonance you will ever see is that I am in really good shape. In fact, I am in better shape than most of you."

I moved sideways toward center stage. Hours earlier, I wasn't sure I'd have the strength to do what I was about to do, but now I felt emboldened and potent. I dropped to the floor and began doing pushups.

In the audience's laughter and surprised applause, it was almost as if I could hear everyone collectively exhaling their anxiety. It wasn't just some dying man. It was just me. I could begin.

었다. 이렇게 덧붙였다. "내가 처한 상황을 부인하는 것은 아닙니다. 지금 나한테 무슨 일이 일어나고 있는지 어리둥절한 것도 아니고요."

"우리 가족은 얼마 전 여기서 철수했어요. 버지니아에 자그마한 집을 한 채 샀거든요. 왜냐하면 그곳이 앞으로 내 가족이 살기에 더 나은 곳이라는 것을 아니까요." 그러고는 새로 산 버지니아 근교의 집을 슬라이드로 보여줬다. 그 슬라이드에는 이런 제목이 붙어 있었다. '난 부정하지 않아요.'

재이와 나는 생활의 터전을 옮기기로 결정했다. 그러는 바람에 재이는 그녀가 사랑했던 집과 친구를 떠나야만 했다. 아이들도 피츠버그에 있는 친구들과 헤어져야 했다. 이곳에 틀어박혀 내가 죽기를 기다릴 수도 있었지만 우리는 삶의 꾸러미를 싸들고 토네이도 속으로 뛰어드는 심정으로 결단을 내렸다. 그래야 했던 이유는 이미 말했듯 내가 사라지고 나면 가족을 사랑으로 돌봐줄 친척이라도 가까이 있는 것이 위로가 될 것이기 때문이었다.

그리고 나는 청중에게 겉모습이 건강해 보이고 실제로도 괜찮은 이유가 독한 화학요법과 방사선요법으로부터 회복중이기 때문이라고 말했다. 당시 나는 비교적 견디기 쉬운, 증상을 완화시키는 항암치료를 받고 있었다. "내 상태는 놀라울 정도로 양호합니다. 내 말은, 여러분은 아마 쉽게 믿어지지 않겠지만 건강한 체력을 가지고 있다는 것이지요. 어쩌면 여기 모인 대다수 사람들보다 힘이 좋을지도 모르지요."

나는 무대 중앙으로 나갔다. 몇 시간 전만 해도 지금 하려는 일이 가능할지 확신이 없었지만 이제 대담해지고 활력이 넘쳤다. 나는 바닥에 엎드려 팔굽혀펴기를 하기 시작했다.

청중 사이에서 웃음이 터져 나왔다. 탄성과 함께 박수갈채가 쏟아졌다. 그들 모두의 불안감이 일시에 사라지는 순간이었다. 나는 그들에게 죽어가는 남자가 아니었다. 그냥 나였다. 이제 나는 시작할 수 있었다.

Vocab.
decamp 캠프를 거두고 물러나다, 도주하다 uproot 뿌리째 뽑다, 근절시키다 cocoon (누에)고치, 안식처, ~을 싸서 보호하다 extended family 대가족 debilitate (사람·몸을) 쇠약하게 하다 palliative* 일시적인 처방, 임시방편 dissonance 불일치, 부조화; 불협화음 embolden 대담하게 하다, 용기를 주다 potent (사람의 심신에 미치는 영향이) 강한, (힘이) 센

I. THE LAST LECTURE

My Childhood Dreams

Being in zero gravity
Playing in the NFL
Authoring an article in the World Book encyclopedia
Being Captain Kirk
Winning stuffed animals
Being a Disney Imagineer

A slide from my talk...

나의 어릴 적 꿈들

무중력상태에 있어보기
NFL 선수 되기
『세계백과사전』에 내가 쓴 항목 등재하기
커크 선장 되기
봉제동물인형 따기
디즈니의 이매지니어 되기

강연 슬라이드 中

4

The Parent Lottery

I WON THE parent lottery.

I was born with the winning ticket, a major reason I was able to live out my childhood dreams.

My mother was a tough, old-school English teacher with nerves of titanium. She worked her students hard, enduring those parents who complained that she expected too much from kids. As her son, I knew a thing or two about her high expectations, and that became my good fortune.

My dad was a World War II medic who served in the Battle of the Bulge. He founded a nonprofit group to help immigrants' kids learn English. And for his livelihood, he ran a small business which sold auto insurance in inner-city Baltimore. His clients were mostly poor people with bad credit histories or few resources, and he'd find a way to get them insured and on the road. For a million reasons, my dad was my hero.

I grew up comfortably middle class in Columbia, Maryland.

Money was never an issue in our house, mostly because my parents never saw a need to spend much. They were frugal to a fault. We rarely went out to dinner. We'd see a movie maybe once or twice a year. "Watch TV," my parents would say. "It's free. Or better yet, go to the library. Get a book."

4
부모 제비뽑기

나는 부모 제비뽑기에서 승리했다.

나는 승리의 티켓을 쥐고 태어났고 그것이 내가 어린 시절의 꿈을 이룬 중대한 이유라고 믿는다.

내 어머니는 티타늄같이 강인한 담력을 지닌 완고한 구식 영어 교사였다. 아이들 한테 지나치게 많은 기대를 하는 교사라고 불평해대는 학부모들을 참아내며 학생들을 엄하게 가르쳤다. 아들로서 나는 어머니의 높은 기대치에 대해 익히 알고 있었고 그것은 나에겐 행운이었다.

아버지는 제2차세계대전 당시 발지 대전투에 위생병으로 참전했다. 그리고 이민자의 자녀에게 영어를 가르칠 수 있도록 비영리 단체를 설립했다. 생계를 위해 볼티모어 도심에서 자동차보험 판매회사를 운영하기도 했다. 고객은 신용불량이거나 가난한 사람이 대부분이었지만 아버지는 어떻게든 그들이 보험 가입 후에 운전을 할 수 있도록 배려했다. 수백만 가지의 이유로 아버지는 나의 우상이었다.

나는 메릴랜드 주의 컬럼비아에서 평범한 중산층 자녀로 자랐다. 한 번도 돈이 문제된 적이 없었는데 그 이유는 나의 부모님은 돈이 많이 필요가 없다고 생각했기 때문이었다. 그들은 진실로 검소했다. 외식을 하는 일은 거의 없었다. 잘하면 일 년에 한두 번 극장에 갈 수 있었다. "TV를 봐." 부모님이 으레 하는 말이었다. "공짜

Vocab.
nerves of titanium 강심장, 담력 *보통은 nerves of steel[iron]으로 쓰이는데 어머니의 강한 담력을 강조하기 위해 titanium을 썼다 to a fault 지나칠 정도로

Grammar
※ 관계대명사(relative pronoun): 문장과 문장을 '관계시켜준다'는 점에서 '접속사', 한편 앞의 선행명사를 대신 쓴 대명사(pronoun)란 점에서 '관계대명사'라 불린다. 형용사절 접속사의 한 종류이며, ①선행명사가 사람인지 사물인지 (who, which 선택), ②형용사절에 부족한 게 무엇인지(주격, 목적격, 완전하면 소유격)로 결정하여 골라 쓰면 된다.

When I was two years old and my sister was four, my mom took us to the circus. I wanted to go again when I was nine. "You don't need to go," my mom said. "You've already been to the circus."

It sounds oppressive by today's standards, but it was actually a magical childhood. I really do see myself as a guy who had this incredible leg up in life because I had a mother and a father who got so many things right.

We didn't buy much. But we thought about everything. That's because my dad had this infectious inquisitiveness* about current events, history, our lives. In fact, growing up, I thought there were two types of families:

1) Those who need a dictionary to get through dinner.
2) Those who don't.

We were No. 1. Most every night, we'd end up consulting the dictionary, which we kept on a shelf just six steps from the table. "If you have a question," my folks would say, "then find the answer."

The instinct in our house was never to sit around like slobs* and wonder. We knew a better way: Open the encyclopedia. Open the dictionary. Open your mind.

My dad was also an incredible storyteller, and he always said that stories should be told for a reason. He liked humorous anecdotes that turned into morality tales. He was a master at that kind of story, and I soaked up his techniques. That's why, when my sister, Tammy, watched my last lecture online, she saw my mouth moving, she heard a voice, but it wasn't mine. It was Dad's. She knew I was recycling more than a few of his choicest bits of wisdom. I won't deny that for a second. In fact, at times I felt like I was channeling my dad on stage.

잖아. 아니면 도서관에 가는 게 더 낫겠다. 책을 빌려 보렴."

내가 두 살이고 누나가 네 살이었을 때 어머니가 우리를 서커스에 데려간 일이 있었다. 내가 아홉 살이 되자 한 번 더 서커스 구경을 하고 싶었다. "그럴 필요 없어." 어머니는 확고했다. "넌 이미 서커스를 보았잖아."

요즘으로 치면 숨 막힐 일이지만 사실 나는 마술 같은 유년기를 보냈다. 어머니와 아버지는 올바른 일이 무엇인지 잘 알고 있었기에 나는 훌륭한 조력자 밑에서 자랐다고 믿는다.

우리 가족은 좀처럼 물건을 구입하지 않았다. 그렇지만 우리는 늘 모든 것에 대해 '생각'을 하면서 자랐다. 아버지가 시사, 역사 또는 인생살이의 다양한 호기심을 가족 모두에게 퍼트려 그것이 전염되곤 했기 때문이었다. 실제로 어린 시절에 나는 세상엔 두 종류의 가족이 존재한다고 생각했다.

1) 저녁식사를 마치기 위해 사전이 필요한 가족
2) 필요 없는 가족

우리는 단연 1번이었다. 매일 밤 결국은 식탁 옆에 놓인 사전을 가져다 펼쳐보곤 했다. 우리 부모님은 이렇게 말했다. "만약에 질문이 있다면 답을 찾아라."

우리 가족의 천성은 절대로 굼벵이처럼 앉아서 생각만 하는 쪽이 아니었다. 우리는 더 나은 방법을 알았다. 백과사전을 열어라. 사전을 열어라. 마음을 열어라.

아버지는 이야기를 재미있게 잘하는 사람이었는데 모든 이야기에는 타당한 동기가 있어야 한다고 말했다. 아버지는 특히 교훈이 담긴 유머러스한 일화를 언급하기를 좋아했다. 그는 그 방면의 대가였고 나는 그 기술을 그대로 전수받았다. 그래서 나의 누나 태미는 온라인으로 '마지막 강의'를 보았을 때 분명 내 입이 움직이는 것을 보면서도 나의 목소리가 아니라 아버지의 목소리를 듣는 것 같았다고 했다. 누나는 내가 아버지한테서 전수받은 지혜로운 이야기 중 엄선한 몇 가지를 재활용하고 있다는 것도 금방 알아차렸다. 나도 그 말에 절대적으로 동의한다. 사실 나 역시

Vocab.
oppressive 억압하는, 숨이 막힐 듯한, 후텁지근한 leg up 조력, 원조 inquisitiveness* 호기심 my folks 우리 가족(부모) slob* 진흙, 얼간이, 꾀죄죄한 사람 anecdote 일화, 기담 choice 질 좋은, 고급의 [choice< choicer < choicest] channeling 채널링, 영적인 교감

I quote my father to people almost every day. Part of that is because if you dispense your own wisdom, others often dismiss it; if you offer wisdom from a third party, it seems less arrogant and more acceptable. Of course, when you have someone like my dad in your back pocket, you can't help yourself. You quote him every chance you get.

My dad gave me advice on how to negotiate my way through life. He'd say things like: "Never make a decision until you have to." He'd also warn me that even if I was in a position of strength, whether at work or in relationships, I had to play fair. "Just because you're in the driver's seat," he'd say, "doesn't mean you have to run people over."

Lately, I find myself quoting my dad even if it was something he didn't say. Whatever my point, it might as well have come from him. He seemed to know everything.

My mother, meanwhile, knew plenty, too. All my life, she saw it as part of her mission to keep my cockiness in check. I'm grateful for that now. Even these days, if someone asks her what I was like as a kid, she describes me as "alert, but not terribly precocious." We now live in an age when parents praise every child as a genius. And here's my mother, figuring "alert" ought to suffice as a compliment.

When I was studying for my PhD, I took something called "the theory qualifier," which I can now definitively say was the *second* worst thing in my life after chemotherapy. When I complained to my mother about how hard and awful the test was, she leaned over, patted me on the arm and said, "We know just how you feel, honey. And remember, when your father was your age, he was fighting the Germans."

After I got my PhD, my mother took great relish in introducing me by saying: "This is my son. He's a doctor, but not the kind who helps people."

강단에서 아버지를 보는 것 같았으니까.

난 거의 매일 사람들에게 아버지의 말씀을 인용하곤 한다. 사람들은 상대방이 만들어낸 지혜는 선뜻 받아들이지 않지만 제삼자에게서 들은 지혜를 인용하면 순순히 받아들인다. 내 아버지 같은 든든한 지혜의 원천을 가지고 있다면 당연히 활용할 수밖에 없다. 기회가 주어질 때마다 적극적으로 인용하게 되고 마는 것이다.

아버지는 인생을 살면서 자신의 주장을 어떻게 협상해 나가야 하는지에 대해서도 조언을 해주었다. "최후의 순간까지 결정을 늦추어라." 그리고 일에서나 사람관계에서나 설령 내 쪽에 힘이 있다 해도 언제나 공평해야 한다고 주의를 주었다. "운전석에 앉았다고 해서 사람들을 치고 다닐 필요는 없는 거니까."

최근에는 아버지가 하지 않은 말조차 인용하는 나 자신을 발견하게 된다. 내가 말하려는 것이 무엇이든 어차피 아버지에게서 받은 가르침일 것이다. 내게 아버지는 모르는 것이 없는 사람으로 보였다.

어머니도 역시 생각이 깊은 분이었다. 지금까지도 어머니는 내가 행여 잘난 척을 하는 것으로 여겨질 때 그것을 저지하는 것이 당신의 임무라고 믿는다. 오늘에 와서는 그것에 매우 감사드린다. 요즘도 누군가 어머니에게 어렸을 때 내가 어떤 아이였는지 물으면 이렇게 묘사한다. "주의 깊었지만 그렇다고 너무 애늙은이 같지는 않았지." 우리는 모든 부모가 자신의 아이는 천재라고 칭찬을 아끼지 않는 시대에 살고 있다. 하지만 우리 어머니는 '주의 깊음' 정도가 적당한 칭찬이라고 생각하는 분이다.

내가 박사과정을 밟고 있을 때, 지금 돌아보면 항암화학요법 다음으로 내 인생 최악의 경험이라고 확신할 수 있는 '이론 시험'을 준비할 때, 그 시험이 얼마나 어렵고 지독한지 불평을 해대면 어머니는 슬며시 다가와 내 팔을 토닥이며 이렇게 말했다. "네가 어떤 심정인지 다 안다, 애야. 하지만 기억해라. 너희 아버지가 네 나이였을 때는 독일군에 맞서 싸우고 있었단다."

내가 드디어 박사과정을 마치자 어머니는 나를 이런 식으로 소개하는 데 재미를 들였다. "이 사람이 내 아들이야. '닥터'지만 사람을 고치는 그런 닥터는 아니고."

Vocab.
dispense 분배하다, 나눠주다 might as well ~하는 편이 낫다 cockiness 오기, 자만심 precocious 조숙한, (아이가) 어른스러운 suffice 족하다, 충분하다 compliment 찬사, 칭찬의 말 pat (애정을 담아) 쓰다듬다 relish 흥미

Grammar
※ find+목적어+형용사/-ing/p.p: 5형식 구조이며 목적보어에 형용사/-ing/p.p, 이렇게 3가지가 쓰일 수 있다. 원래 정확히는 to be 형용사/-ing/p.p이지만 to be는 잘 안 쓰인다.

My parents knew what it really took to help people. They were always finding big projects off the beaten path, then throwing themselves into them. Together, they underwrote a fifty-student dormitory in rural Thailand, which was designed to help girls remain in school and avoid prostitution.

My mother was always supremely charitable. And my father would have been happy giving everything away and living in a sack cloth* instead of in the suburbs, where the rest of us wanted to live. In that sense, I consider my father the most "Christian" man I've ever met. He was also a huge champion of social equality. Unlike my mom, he didn't easily embrace organized religion. (We were Presbyterians*.) He was more focused on the grandest ideals and saw equality as the greatest of goals. He had high hopes for society, and though his hopes were too often dashed, he remained a raging optimist.

At age eighty-three, my dad was diagnosed with leukemia. Knowing he didn't have long to live, he arranged to donate his body to medical science, and he gave money to continue his program in Thailand for at least six more years.

Many people who saw my last lecture were taken with one particular photo that I flashed on the overhead screen: It's a photo in which I'm in my pajamas, leaning on my elbow, and it's so obvious that I was a kid who loved to dream big dreams.

The wood slat that cuts across my body is the front of the bunk bed. My dad, a pretty able woodworker, made me that bed. The smile on that kid's face, the wood slat, the look in his eyes: that photo reminds me that I won the parent lottery.

우리 부모님은 남을 돕는 데 따르는 어려움에 대해 잘 알고 있었다. 그들은 항상 사람들의 관심이 미치지 않는 곳에서 일을 찾아내고 거기에 온몸을 던졌다. 부모님은 태국 농촌 지방의 여학생들이 매춘에 빠지지 않고 공부를 할 수 있도록 50명 인원의 기숙사를 짓는 데 지원했다.

어머니는 언제나 자비로웠다. 아버지는 모든 걸 나눠 줘버리고 다 떨어진 삼베자루 하나를 집 삼아 살아도 행복했을 분이었다. 그런 점에서 아버지는 내가 만난 사람 중에서 가장 '기독교적인' 분이라고 생각한다. 그는 또 사회적 평등을 위해서라면 투사 역할도 마다하지 않았다. 어머니와는 다르게 아버지는 조직된 종교에 기꺼이 편승하는 분이 아니었다. (우리는 장로교파였다.) 그보다는 더욱 원대한 이상에 집중했고 평등을 최고의 목표라고 생각했다. 그는 이 사회에 커다란 희망을 가지고 있었으며 그 희망이 번번이 뭉개지곤 했음에도 언제나 맹렬한 낙관론자로 남았다.

여든세 살이 되던 해 아버지는 백혈병 진단을 받았다. 살날이 얼마 남지 않은 것을 안 당신은 의학 발전을 위해 시신 기부 동의서에 사인을 하고 최소한 6년 정도는 더 태국의 지원프로그램에 돈을 보낼 수 있도록 조치를 취해 놓았다.

내 마지막 강의를 들은 많은 사람들이 특별히 좋아했던 사진이 하나 있다. 어린 시절 내가 팔로 머리를 받치고 잠옷 바람으로 누워 있는 사진인데 내가 얼마나 허무맹랑한 꿈꾸기를 좋아했던 소년이었는지 확연히 드러난다.

내 몸을 가로지르는 나무 널빤지는 이층 침대의 앞부분이다. 솜씨 좋은 목수이기도 했던 아버지가 그 침대를 만들어주었다. 사진 속 꼬마 얼굴에 번져 있는 미소, 나무 널빤지, 두 눈에 담겨 있는 풍부한 표정. 저 사진만 봐도 내가 부모 제비뽑기에서 승리했다는 걸 확신할 수 있다.

Vocab.

underwrite (비용 부담에) 동의하다, (보험사가 보험 약정에 서명하여) 보험을 인수하다 prostitution 매춘, 타락, 퇴폐 charitable 자비로운, 관대한, 자선의 sack cloth* 즈크, (부대용) 삼베 prebyterian* 장로교 회원, 장로제주의자 dash 내던지다, 때려 부수다, 좌절시키다 raging 격노한, 맹렬한, 쑤시고 아픈, 터무니없는 leukemia 백혈병 slat 세차게 때리다, 소리를 내며 부딪다 bunk bed 2단 침대

Although my children will have a loving mother who I know will guide them through life brilliantly, they will not have their father. I've accepted that, but it does hurt.

I'd like to believe my dad would have approved of how I'm going about these last months of my life. He would have advised me to put everything in order for Jai, to spend as much time as possible with the kids—the things I'm doing. I know he would see the sense in moving the family to Virginia.

I also think my dad would be reminding me that kids—more than anything else—need to know their parents love them. Their parents don't have to be alive for that to happen.

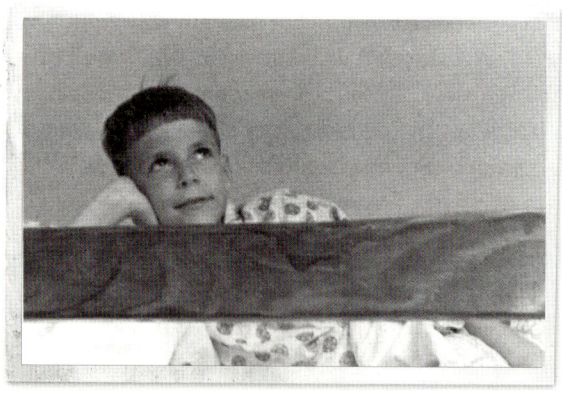

내 아이들은 자신을 훌륭하게 이끌어줄 애정이 충만한 엄마는 가졌지만 결국 아버지는 갖지 못할 것이다. 이제는 그 사실을 받아들였지만 마음은 너무나 아프다.

내 인생의 마지막 몇 달을 이렇게 사용하는 것에 대해 나의 아버지도 인정해줄 거라고 믿고 싶다. 당신도 아마 내가 지금 하고 있는 대로, 재이를 위해 삶에 질서를 잡아주고, 아이들과 최대한 많은 시간을 함께하라고 조언했을 것이다. 가족을 버지니아로 이사시킨 일 역시 아버지는 충분히 이해했으리라 믿는다.

아버지는 아이들이 다른 모든 걸 떠나서 부모가 자신들을 얼마나 사랑하는지 느낄 수 있어야 한다고 나에게 당부했을 것이다. 그걸 알게 해주기 위해 꼭 살아 있어야만 된다는 법은 없는 것이다.

5

The Elevator in the Ranch House

MY IMAGINATION was always pretty hard to contain, and halfway through high school, I felt this urge to splash some of the thoughts swirling in my head onto the walls of my childhood bedroom.

I asked my parents for permission.

"I want to paint things on my walls," I said.

"Like what?" they asked.

"Things that matter to me," I said. "Things I think will be cool. You'll see."

That explanation was enough for my father. That's what was so great about him. He encouraged creativity just by smiling at you. He loved to watch the spark of enthusiasm turn into fireworks. And he understood me and my need to express myself in unconventional ways. So he thought my wall-painting adventure was a great idea.

My mother wasn't so high on the whole escapade, but she relented pretty quickly when she saw how excited I was. She also knew Dad usually won out on these things. She might as well surrender peacefully.

For two days, with the help of my sister, Tammy, and my friend Jack Sheriff, I painted on the walls of my bedroom. My father sat in the living room, reading the newspaper, patiently waiting for the unveiling. My mother hovered in the hallway, completely nervous. She kept

5
랜치 하우스의 승강기

나는 늘 감당하기 어려울 만큼의 상상력을 품고 살았다. 그러다가 고등학교 시절 불현듯 머릿속 가득 소용돌이치는 생각 중 몇 개를 내 방 벽에 펼쳐놓고 싶은 충동을 느꼈다.

나는 부모님께 허락을 구했다.

"내 방 벽에 그림을 그리고 싶어요." 내가 말했다.

"어떤 그림?" 부모님이 물었다.

"저한테 중요한 것을 그릴까 해요." 그리고 얼른 덧붙였다. "끝내주는 걸로요. 두고 보면 아시게 될 거예요."

그 정도 설명이면 아버지에게는 충분했다. 그 점이 아버지의 훌륭한 면이었다. 그냥 웃어주는 것으로 아들의 창의력을 북돋아주었다. 그는 열정의 불씨 하나가 불꽃놀이로 피어나는 걸 지켜보길 좋아했다. 아버지는 나와 특이한 방법으로 스스로를 표현하려 드는 아들의 엉뚱함까지 함께 이해해주었다.

어머니는 나의 이런 기이한 행동을 달갑게 여기진 않았지만 내가 아주 즐거워하는 모양을 보고는 곧 마음을 바꾸었다. 이런 일에는 아버지가 늘 지지를 보내고 있었다. 평화롭게 항복하는 것이 낫다는 것도 알았다.

이틀 동안 누나 태미와 친구 잭 셰리프의 도움을 받아 내 방의 벽에 그림을 그리기 시작했다. 아버지는 거실에서 신문을 읽으며 작품이 공개될 때까지 끈기 있게 기다려주었다. 어머니는 대단히 불안한 상태로 복도를 왔다 갔다 했다. 어머니는 심

Vocab.
splash 철벅 떨어지다, (물 속에서) 첨벙거리다 swirl 소용돌이치다, (머리가) 어찔어찔하다 enthusiasm 열광, 열정 firework 불꽃, (pl.) 불꽃놀이 unconventional 인습에 얽매이지 않는; 색다른 escapade 엉뚱한 짓, 탈선 hover 맴돌다, 주변을 맴돌다

sneaking up on us, trying to get a peek, but we remained barricaded in the room. Like they say in the movies, this was "a closed set."

What did we paint?

Well, I wanted to have a quadratic formula on the wall. In a quadratic equation, the highest power of an unknown quantity is a square. Always the nerd, I thought that was worth celebrating. Right by the door, I painted: $\dfrac{-b \pm \sqrt{b^2 - 4ac}}{2a}$

Jack and I painted a large silver elevator door. To the left of the door, we drew "Up" and "Down" buttons, and above the elevator,

we painted a panel with floor numbers one through six. The number "three" was illuminated. We lived in a ranch house. it was just one level—so I was doing a bit of fantasizing to imagine six floors. But looking back, why didn't I paint eighty or ninety floors? If I was such a big-shot dreamer, why did my elevator stop at three? I don't know. Maybe it was a symbol of the balance in my life between aspiration and pragmatism.

지어 엿보기 위해 계속 내 방에 접근했지만 우리는 철통 방어로 막았다. 마치 영화 촬영팀이 사수하는 '비공개 현장'처럼.

우리가 무엇을 그렸냐고?

흠, 나는 벽에 2차 방정식을 새겨 넣고 싶었다. 2차 방정식에서 미지수가 가지는 가장 높은 제곱근은 2제곱이다. 공부벌레인 나는 이 사실이 경축할 만한 가치가 있다고 생각했다. 그래서 방문 바로 옆 벽에 이렇게 그려 넣었다.

$$\frac{-b \pm \sqrt{b^2-4ac}}{2a}$$

잭과 나는 커다란 엘리베이터의 은빛 문을 그리기로 했다. 문 왼쪽으로는 '업', '다운' 버튼을 새겼다.

위로는 1층부터 6층까지 숫자판도 그려 넣었다. 그리고 숫자 '3'에 불이 들어온 것으로 처리했다. 우리는 당시 단층의 랜치 하우스에 살고 있었기 때문에 6층 건물을 상상하며 몽상에 잠긴 것이었다. 그러나 지금 돌이켜보면 왜 80층 혹은 90층까지 그리지 않았는지 의문이다. 원대한 꿈을 갖고 있던 나였는데 왜 3층에서 승강기가 멈추었던 것일까? 모르겠다. 어쩌면 그것은 인생의 포부와 실용적인 측면 사이의 균형을 의미하는 한 상징이었을 수도 있다.

Vocab.

nerd 바보, 얼간이 illuminate 조명하다, 밝게 하다, 비추다 ranch house 랜치하우스(일반주택으로 지붕의 경사가 완만한 단층집) aspiration 열망, 포부, 큰 뜻 pragmatism 실용주의, 실제적인 사고방식

Grammar

※ be/become/remain+형용사/전명구/분사/to동·원: 2형식 동사 중 가장 빈출되는 단어이며, 이때 주격보어(주어를 보충한다는 뜻) 자리에 형용사나 형용사 역할을 하는 전명구(전치사+명사), 분사, to동·원 등을 쓸 수 있다. 명사보어도 가능하나 주어와 일치할 때만 쓰이며 시험에는 잘 안 나온다.

Given my limited artistic skills, I thought it best if I sketched things out in basic geometric shapes. So I painted a simple rocket ship with fins. I painted Snow White's mirror with the line: "Remember when I told you that you were the fairest? I lied!"

On the ceiling, Jack and I wrote the words "I'm trapped in the attic!" We did the letters backwards, so it seemed as if we'd imprisoned someone up there and he was scratching out an S.O.S.

Because I loved chess, Tammy painted chess pieces (she was the only one of us with any drawing talent). While she handled that, I painted a submarine lurking in a body of water behind the bunk bed. I drew a periscope rising above the bedspread, in search of enemy ships.

I always liked the story of Pandora's box, so Tammy and I painted our version of it. Pandora, from Greek mythology, was given a box with all the world's evils in it. She disobeyed orders not to open it. When the lid came off, evil spread throughout the world. I was always drawn to the story's optimistic ending: Left at the bottom of the box was "hope." So inside my Pandora's box, I wrote the word "Hope." Jack saw that and couldn't resist writing the word "Bob" over "Hope." When friends visited my room, it always took them a minute to figure out why the word "Bob" was there. Then came the inevitable eye-roll.

Given that it was the late 1970s, I wrote the words "Disco sucks!" over my door. My mother thought that was vulgar. One day when I wasn't looking, she quietly painted over the word "sucks." That was the only editing she ever did.

Friends who'd come by were always pretty impressed. "I can't believe your parents let you do this," they'd say.

Though my mother wasn't thrilled at the time, she never painted

다음 그림은 나의 예술적 재능을 감안하여 가장 기본적인 기하학 형태를 골랐다. 그래서 단순한 형태의 지느러미가 달린 로켓선(船)을 그렸다. 또 백설 공주에 등장하는 둥근 거울을 그리고는 이렇게 써 넣었다. "내가 너를 이 세상에서 가장 아름다운 사람이라고 한 말 기억하니? 거짓말이었어!"

천장에는 잭과 내가 솜씨를 부려 "난 다락방에 갇혔다!"라는 문구를 적어 넣었다. 우리는 마치 그 위에 누군가를 가두었다고 상상하고 그가 S.O.S.를 치기 위해 글씨를 긁은 것처럼 보이도록 글자를 거꾸로 썼다.

내가 체스를 좋아했기 때문에 태미는 체스의 말을 그렸다. (우리 중 유일하게 조금이라도 그림을 그릴 줄 알았다.) 누나가 그림을 그리는 동안 나는 내 이층 침대 뒷벽에 잠복 중인 잠수함을 그렸다. 그러곤 침대 위로 떠올라 적의 군함을 찾고 있는 잠망경도 그렸다.

늘 판도라의 상자 이야기를 좋아했었기에 태미와 나는 우리 버전의 판도라의 상자를 그리기도 했다. 그리스 신화에 의하면 판도라는 신으로부터 온갖 죄악과 재앙이 담긴 상자를 받았다. 그녀는 상자를 열지 말라는 명령을 따르지 않았다. 뚜껑이 열렸을 때 온갖 해악은 세상으로 퍼져나갔다. 나는 늘 이 신화의 낙관적인 엔딩을 좋아했다. 상자의 가장 밑바닥에 남아 있던 것은 '희망'이었다. 그래서 나는 그림 속 판도라의 상자 안에 '희망'이라고 적었다. 잭은 그것을 보자마자 '희망' 위에다가 '밥'이라고 쓰지 않을 수 없었다. 내 방에 놀러와 이 그림을 본 친구들은 누구나 할 것 없이 거기에 왜 '밥'이 쓰여 있는지 한참씩 생각해야 했다. 이해가 된 다음에는 모두 어이없다는 표정을 짓곤 했었다(Bob Hope는 '미국의 코미디 황제'라 불리며 1930년대부터 1990년대까지 활동한 희극 배우다-편집자 주).

1970년대 말이었으므로 방 문 위에다는 "망할 놈의 디스코!"라고 썼다. 어머니는 당연히 그 표현을 저속하다고 여겼다. 내가 보지 못한 사이 조용히 '망할 놈의' 위에 페인트를 칠해 없애버렸다. 그것이 어머니가 유일하게 손을 댄 부분이었다.

친구들은 아주 부러워했다. "너희 부모님이 이걸 허락하시다니 믿을 수가 없어." 물론 당시에는 어머니가 썩 좋아했다고 말할 수 없지만 내가 독립해서 집을 나

Vocab.
fin 지느러미 imprison 투옥하다, 감금하다 lurk (나쁜 짓을 하려고) 숨어 있다, 도사리다 periscope 잠망경, 전망경 mythology 신화 disobey (사람·법·명령 등에) 불복종하다 inevitable 피할 수 없는, 필연적인 vulgar 저속한, 야비한, 속된

over the room, even decades after I'd moved out. In fact, over time, my bedroom became the focal point of her house tour when anyone came to visit. My mom began to realize: People thought this was definitely cool. And they thought she was cool for allowing me to do it.

Anybody out there who is a parent, if your kids want to paint their bedrooms, as a favor to me, let them do it. It'll be OK. Don't worry about resale value on the house.

I don't know how many more times I will get to visit my childhood home. But it is a gift every time I go there.

I still sleep in that bunk bed my father built, I look at those crazy walls, I think about my parents allowing me to paint, and I fall asleep feeling lucky and pleased.

간 지 수십 년이 지난 지금까지 방의 페인트칠을 다시 하지 않았다. 사실 시간이 지나면서는 방문객의 집 구경에 단연 내 방이 집중 대상이 되곤 했다. 어머니도 이 사실을 깨닫기 시작했다. 사람들은 내 방을 보고 아주 '쿨'하다고 평했다. 더불어 이렇게 하도록 내버려둔 어머니도 몹시 '쿨'한 사람이 되었다.

혹시 방 벽에 그림을 그리고 싶어 하는 자녀를 둔 부모가 있다면 나에게 베푸는 호의라고 생각하고 허락하라. 그래도 괜찮다. 집 값 떨어질까 봐 걱정하지 말기를.

앞으로 몇 번이나 어린 시절 그 집을 방문하게 될지는 모르겠다. 하지만 옛집에 방문할 수 있다는 자체가 내겐 큰 선물이다. 난 아직도 아버지가 만들어준 이층 침대에서 자고 정신없이 어수선한 벽을 보고 나에게 그런 일을 허락한 부모님을 떠올린다. 그러면 나는 참 운이 좋은 녀석이라는 생각에 기분이 좋아져서 스르륵 잠 속으로 빠져든다.

Vocab.
focal 초점의, 초점에 있는

6

Getting to Zero G

IT'S IMPORTANT to have specific dreams.

When I was in grade school, a lot of kids wanted to become astronauts. I was aware, from an early age, that NASA wouldn't want me. I had heard that astronauts couldn't have glasses. I was OK with that. I didn't really want the whole astronaut gig*. I just wanted the floating.

Turns out that NASA has a plane it uses to help astronauts acclimate to zero gravity. Everyone calls it "the Vomit Comet," even though NASA refers to it as "The Weightless Wonder," a public-relations gesture aimed at distracting attention from the obvious.

Whatever the plane is called, it's a sensational piece of machinery. It does parabolic arcs, and at the top of each arc, you get about twenty-five seconds when you experience the rough equivalent of weightlessness. As the plane dives, you feel like you're on a runaway roller coaster, but you're suspended, flying around.

My dream became a possibility when I learned that NASA had a program in which college students could submit proposals for experiments on the plane. In 2001, our team of Carnegie Mellon students proposed a project using virtual reality.

Being weightless is a sensation hard to fathom when you've been an Earthling* all your life. In zero gravity, the inner ear, which controls balance, isn't quite in synch with what your eyes are telling you. Nau-

6
무중력상태를 향하여

구체적인 꿈을 갖는다는 건 중요한 일이다.

초등학교 시절 많은 아이들의 장래희망은 우주비행사였다. 나는 진작 미국항공우주국이 날 원하지 않을 것이란 걸 알았다. 우주비행사는 안경을 끼면 안 된다. 뭐 괜찮았다. 어차피 우주비행사는 되고 싶지 않았다. 그저 둥둥 떠 있어보고 싶었다.

나사는 우주비행사의 무중력상태 적응훈련 용도로 비행기를 하나 갖고 있었다. 홍보용으로 그것을 '무중력의 기적'이라고 칭했지만 모두들 '구토 혜성'이라고 불렀다.

이름이야 어떻게 불리든 간에 이 비행기는 실로 경이롭다. 상승할 때는 포물선을 그리며 떠오르고, 포물선의 꼭짓점에 도달하면 약 25초 동안 우주의 무중력상태와 똑같은 상황을 체험할 수 있다. 비행기가 급강하할 때면 마치 탈선한 롤러코스터를 타는 것 같지만 다른 점은 공중을 날아다니며 유영하고 있다는 사실이다.

내 어릴 적 꿈이 실현 가능성을 보이기 시작한 것은 미국항공우주국에 대학생을 대상으로 하는 프로그램이 있다는 것을 알고 나서다. 학생들은 비행기 내 실험을 위한 신청서를 제출하면 됐다. 2001년에 카네기멜론대학 학생들로 구성된 우리 팀은 가상현실 프로젝트 실험을 주제로 체험신청서를 제출했다.

평생을 지구에서 산 사람은 무중력상태를 도저히 짐작할 수 없다. 무중력상태에서는 균형감을 조절하는 달팽이관이 눈으로 얻는 정보와 조화를 이루지 못한다.

Vocab.
grade school 초등학교 gig* 말 한 필이 끄는 2륜 마차 refer to somebody/something ~을 나타내다[~와 관련 있다] parabolic 포물선(모양)의 fathom ~의 깊이를 재다, 헤아리다 earthling* (공상과학소설에서) 지구인

Grammar
※ 명사절이 전치사의 목적어 역할을 할 때, 전치사 뒤에는 명사가 온다는 것쯤은 다들 알고 있을 것이다. 그런데 '명사절'이 오면 의아해하는 경우가 많다. 전혀 이상한 일이 아니다. 명사절도 결국 명사니까! 특히 잘 나오는 명사절은 what+S+V, that+S+V, whether+S+V다.

sea is often the result. Could virtual reality dry-runs on the ground help? That was the question in our proposal, and it was a winner. We were invited to Johnson Space Center in Houston to ride the plane.

I was probably more excited than any of my students. Floating! But late in the process, I got bad news. NASA made it very clear that under no circumstances could faculty advisors fly with their students.

I was heartbroken, but I was not deterred. I would find a way around this brick wall. I decided to carefully read all the literature about the program, looking for loopholes. And I found one: NASA, always eager for good publicity, would allow a journalist from the students' hometown to come along for the ride.

I just wanted the floating…

66   The Last Lecture 마지막 강의 영한 대역

따라서 구토 증상이 종종 뒤따른다. 가상현실 리허설을 지상에서만 하는 것이 과연 연구에 도움이 될까? 그게 우리 신청서의 질문이었고 이 질문은 성공적이었다. 우리는 휴스턴에 위치한 존슨우주센터의 비행기 탑승에 초대되었다.

아마도 내가 우리 팀 학생들보다 더 흥분했을 것이다. 떠다닐 수 있다니! 하지만 절차를 거의 다 밟았을 때 나쁜 소식이 전해졌다. 미국항공우주국은 어떤 상황에서도 지도교수는 학생들과 같이 탑승할 수 없다고 분명한 입장을 취했다.

마음이 찢어졌지만 그것이 나를 단념하게 만들 수는 없었다. 나는 이 장벽을 어떻게든 헤쳐 나갈 생각이었다. 우선 조그마한 허점이라도 찾기 위해 프로그램에 관한 모든 문서를 꼼꼼히 읽어보기로 작정했다. 마침내 하나를 찾아냈다. 언제나 홍보에 열성적인 미국항공우주국은 대학이 있는 지역의 신문 기자 한 명은 탑승을 허락했다.

[사진 캡션: 난 그저 한번 둥둥 떠 있어보고 싶었다.]

Vocab.
dry run (실행 전의) 총연습, 시운전 deter 단념시키다, (못하게) 막다 loophole 총구멍, 빠지는 구멍, 허점

I called an official at NASA to ask for his fax number. "What are you going to fax us?" he asked. I explained: my resignation as the faculty advisor and my application as the journalist.

"I'll be accompanying my students in my new role as a member of the media," I said.

And he said, "That's a little transparent, don't you think?"

"Sure," I said, but I also promised him that I'd get information about our experiment onto news Web sites, and send film of our virtual reality efforts to more mainstream journalists. I knew I could pull that off, and it was win-win for everyone. He gave me his fax number.

As an aside, there's a lesson here: Have something to bring to the table, because that will make you more welcome.

My experience in zero G was spectacular (and no, I didn't throw up, thank you). I did get banged up a bit, though, because at the end of the magical twenty-five seconds, when gravity returns to the plane, it's actually as if you've become twice your weight. You can slam down pretty hard. That's why we were repeatedly told: "Feet down!" You don't want to crash land on your neck.

But I did manage to get on that plane, almost four decades after floating became one of my life goals. It just proves that if you can find an opening, you can probably find a way to float through it.

나는 미국항공우주국 담당자에게 전화를 걸어 팩스번호를 물었다. "무얼 보내실 건데요?" 그가 물었다. 지도교수직 사퇴서와 기자로서의 탑승신청서를 보낼 거라고 설명했다.

"지역 미디어의 일원이라는 새 역할로 학생들과 동반할 계획입니다." 나는 말했다.

그러자 그가 대답했다. "수작이 훤히 들여다보이네요, 안 그래요?"

"네." 인정은 했다. 그렇지만 우리의 실험 정보를 뉴스 웹사이트에 올리고, 성과물을 담은 테이프를 주요 신문사에 보낼 것임을 약속했다. 어차피 모두에게 나쁘지 않은 제안이었으므로 내 서류는 접수될 것이었다. 그가 내게 팩스번호를 주었다.

여담으로, 이 일의 교훈을 이야기하자면 이런 것이다.

상대방에게 득이 될 만한 것을 제시하라. 그래야 환영받을 수 있다.

나의 무중력 체험은 대성공이었다. (아니요. 구토는 하지 않았습니다. 감사합니다!) 약간의 충돌은 있었다. 기적 같은 25초 후, 비행기 내부가 중력상태로 되돌아오면 마치 몸무게가 두 배로 불어난 듯이 느껴지기 때문이다. 상당히 강하게 부딪칠 수도 있다. 그런 까닭에 우리는 계속해서 "발을 내리세요!"라는 말을 들었다. 목으로 착륙하는 일이 생겨선 안 되니까.

공중에 떠보는 것이 내 인생 목표 가운데 하나가 된 지 거의 40년 만에 나는 어쨌든 그 비행기에 타는 데 당당히 성공했다. 이 일이 증명하듯 만약 당신이 조그만 기회라도 포착할 수 있다면 그 기회를 발판 삼아 바로 떠오를 수 있다.

| Vocab. |
resignation 포기, 단념, 체념 application 지원[신청]서 pull off 훌륭히 해내다 bang something up ~을 다치게[상하게] 하다

7
I Never Made It to the NFL

I LOVE FOOTBALL. *Tackle* football. I started playing when I was nine years old, and football got me through. It helped make me who I am today. And even though I did not reach the National Football League, I sometimes think I got more from pursuing that dream, and not accomplishing it, then I did from many of the ones I did accomplish.

My romance with football started when my dad dragged me, kicking and screaming, to join a league. I had no desire to be there. I was naturally wimpy, and the smallest kid by far. Fear turned to awe when I met my coach, Jim Graham, a hulking, six-foot-four wall-of-a-guy. He had been a linebacker at Penn State, and was seriously old-school. I mean, *really* old-school; like he thought the forward pass was a trick play.

On the first day of practice, we were all scared to death. Plus he hadn't brought along any footballs. One kid finally spoke up for all of us. "Excuse me, Coach. There are no footballs."

And Coach Graham responded, "We don't need any footballs."

There was a silence, while we thought about that...

"How many men are on the football field at a time?" he asked us.

Eleven on a team, we answered. So that makes twenty-two.

"And how many people are touching the football at any given time?"

7
NFL 풋볼 선수가 되지는 못했다

나는 축구를 사랑한다. 태클을 허용하는 미식축구 말이다. 나는 아홉 살에 처음 미식축구를 시작해서 평생을 해왔다. 지금의 내가 있기까지 미식축구의 도움이 컸다. 비록 NFL 선수가 되지는 못했지만 그 꿈을 이루려고 노력하는 단계에서 많은 것을 배웠다고 생각한다.

미식축구와의 로맨스는 아버지가 나를 리그에 가입시키려고 억지로 끌고 갔을 때부터 시작되었다. 난 그럴 마음이 조금도 없었다. 나는 겁쟁이였던 게다가 덩치도 가장 작은 편에 속했기 때문이었다. 193센티미터의 성벽 같은 키에 거대한 몸집을 가진 코치 짐 그레이엄을 만나면서 나의 두려움은 공포로 변했다. 펜실베이니아주립대학에서 라인배커(상대팀 선수들에게 태클을 걸며 방어하는 수비수 – 편집자 주)로 활약했던 그는 원조 구식이었다. 전방 패스는 속임수라고 생각하는 구식 중의 구식 말이다.

훈련 첫날 우리는 모두 겁에 질려 있었다. 게다가 그는 연습용 공을 한 개도 가지고 오지 않았다. 한 아이가 우리를 대신하여 드디어 입을 열었다. "코치님, 죄송한데요. 공이 하나도 안 보이는데요."

그레이엄 코치가 대답했다. "공은 필요 없어."

그 말이 무슨 뜻인지 생각하는 동안 경기장에는 침묵만 흘렀다.

"경기에 몇 명이 필요하지?" 그가 우리에게 물었다.

한 팀에 열한 명이라고 우리가 대답했다. 그러니 총 스물두 명이다.

"공을 가질 수 있는 사람은 한 번에 몇 명이지?"

Vocab.
who I am 현재의 내 모습[who I was 과거의 내 모습] wimpy 약하고 용기 없는 사람 awe 경외, 외경심 hulking (흔히 불안감을 줄 정도로) 거대한

One of them.

"Right!" he said. "So we're going to work on what those other twenty-one guys are doing."

Fundamentals. That was a great gift Coach Graham gave us. Fundamentals, fundamentals, fundamentals. As a college professor, I've seen this as one lesson so many kids ignore, always to their detriment: You've got to get the fundamentals down, because otherwise the fancy stuff is not going to work.

* * *

Coach Graham used to ride me hard. I remember one practice in particular. "You're doing it all wrong, Pausch. Go back! Do it again!" I tried to do what he wanted. It wasn't enough. "You owe me, Pausch! You're doing push-ups after practice."

When I was finally dismissed, one of the assistant coaches came over to reassure me. "Coach Graham rode you pretty hard, didn't he?" he said.

I could barely muster a "yeah."

"That's a good thing," the assistant told me. "When you're screwing up and nobody says anything to you anymore, that means they've given up on you."

That lesson has stuck with me my whole life. When you see yourself doing something badly and nobody's bothering to tell you anymore, that's a bad place to be. You may not want to hear it, but your critics are often the ones telling you they still love you and care about you, and want to make you better.

There's a lot of talk these days about giving children self-esteem. It's not something you can *give*; it's something they have to build. Coach Graham worked in a no-coddling zone. Self-esteem? He knew there

그들 중 어느 하나.

"맞아!" 그가 말했다. "따라서 우리는 나머지 스물한 명을 위한 훈련을 할 것이다."

기초부터 알기. 그것은 그레이엄 코치가 우리에게 준 커다란 선물이었다. 기초, 기초, 기초. 대학교수로 있으면서 많은 학생들이 손해를 보면서도 이 점을 무시하는 것을 수없이 봐왔다. 당신은 반드시 기초부터 제대로 익혀야 한다. 그렇지 않으면 그 어떤 화려한 것도 해낼 수가 없다.

* * *

그레이엄 코치는 나를 아주 거칠게 길들였다. 특히 어느 훈련연습 날을 생생하게 기억하고 있다. "포시! 몽땅 잘못하고 있잖아! 뒤로 가! 다시 시작해!" 난 그가 원하는 대로 하려고 노력했다. 그렇지만 만족스럽지 못했다. "포시! 넌 나한테 빚을 진 거야. 연습 끝나고 팔굽혀펴기 한다! 알았어?"

드디어 모든 훈련이 끝났을 때 보조 코치 한 명이 다가와 위로를 했다. "그레이엄 코치가 널 꽤나 힘들게 길들이지?" 그가 말했다. 나는 "네"라는 대답조차도 하기가 힘들었다.

"그건 좋은 거야." 보조 코치가 말했다. "네가 잘못하고 있는데도 더 이상 너에게 아무 말도 하지 않는다면 그건 널 포기했다는 뜻이야."

이 말은 그날 이후로 평생 내게 깊이 각인되었다. 만약 당신이 일을 잘못 처리하고 있는 것이 명백한데 아무도 지적하지 않는다면 그거야말로 잘못된 것이다. 듣고 싶지 않은 소리일지라도 당신을 비판하는 사람들은 대부분 당신을 진정 사랑하고 아끼는 사람들이며 당신을 좀 더 발전시키고 싶은 마음을 가지고 있다.

요즘은 자녀에게 자신감을 키워주는 것이 매우 중요하다고들 말한다. 그러나 자신감은 부모가 줄 수 있는 것이 아니다. 아이 스스로 키워나가야 한다. 그레이엄 코

Vocab.
detriment 손해, 손상, 유해물 ride 놀리다, 잔소리하다 dismiss 해산하다 muster 모으다, 소집하다 screw up 망치다[엉망으로 만들다] coddle 귀하게 기르다

Grammar
※ otherwise: 그렇지 않으면. 앞의 문장을 부정하여 가정한다. 즉 if(가정) ~ not(부정)의 의미인 것이다. 이 문장의 경우 otherwise는 앞 문장인 '기초부터 제대로 하지 않으면'이란 의미다.

was really only one way to teach kids how to develop it: You give them something they can't do, they work hard until they find they can do it, and you just keep repeating the process.

When Coach Graham first got hold of me, I was this wimpy kid with no skills, no physical strength, and no conditioning. But he made me realize that if I work hard enough, there will be things I can do tomorrow that I can't do today. Even now, having just turned forty-seven, I can give you a three-point stance that any NFL lineman would be proud of.

I realize that, these days, a guy like Coach Graham might get thrown out of a youth sports league. He'd be too tough. Parents would complain.

I remember one game when our team was playing terribly. At halftime, in our rush for water, we almost knocked over the water bucket. Coach Graham was livid*: "Jeez! That's the most I've seen you boys move since this game started!" We were eleven years old, just standing there, afraid he'd pick us up one by one and break us with his bare hands. "Water?" he barked. "You boys want water?" He lifted the bucket and dumped all the water on the ground.

We watched him walk away and heard him mutter to an assistant coach: "You can give water to the first-string defense. They played OK."

Now let me be clear: Coach Graham would never endanger any kid. One reason he worked so hard on conditioning was he knew it reduces injuries. However, it was a chilly day, we'd all had access to water during the first half, and the dash to the water bucket was more about us being a bunch of brats than really needing hydration.

Even so, if that kind of incident happened today, parents on the sidelines would be pulling out their cell phones to call the league commissioner, or maybe their lawyer.

치는 나약할 틈을 없게 만들었다. 자신감? 그는 자신감을 발달시키는 데는 오직 한 가지 방법만이 존재한다는 것을 알고 있었다. 아이에게 도저히 가능할 것 같지 않은 과제를 내주고 할 수 있다는 것을 스스로 깨닫게 될 때까지 열심히 노력하게 이끈다. 그리고 계속 그 과정을 반복하라.

그레이엄 코치를 처음 만났을 때 나는 실력 없는 겁쟁이에다 체력도 부족했고 훈련도 되어 있지 않은 꼬마에 불과했다. 하지만 그는 내가 열심히만 하면 오늘은 하지 못하는 일도 내일은 할 수 있다는 사실을 깨닫게 해주었다. 막 마흔일곱이 된 지금도, 난 그 어떤 NFL 선수에게도 쓰리 포인트 스탠스를 당당히 선보일 수 있다.

요즘 같은 세상에서는 그레이엄 코치 스타일로 어린이 스포츠 리그의 훈련을 진행하다가는 단박에 잘릴 것이다. 대단히 거친 훈련 스타일에 대해 부모들이 불평할 것이 뻔하기 때문이다.

그레이엄 코치의 지도를 받던 시절 우리 팀이 무참히 지고 있었던 한 경기가 기억난다. 하프타임이 되자 지친 우리는 물을 마시러 우르르 달려 나갔다. 그 바람에 물통이 엎어질 뻔했다. 그 광경을 보고 그레이엄 코치는 크게 화를 냈다. "세상에! 경기가 시작된 후로 가장 열심히 뛰고 있구나!" 열한 살짜리 꼬마 선수들은 코치가 우리를 한 명씩 들어 올려 맨손으로 부러뜨릴까 봐 겁을 먹고 그 자리에 얼어붙고 말았다. "물?" 그가 고함쳤다. "너희들! 지금 물이 마시고 싶다는 거야?" 그는 물통을 번쩍 들어 땅에 내던져버렸다.

우리는 그가 걸어 나가며 보조 코치에게 중얼거리는 소리를 들을 수 있었다. "일군 수비수들한테만 물을 줘. 그나마 괜찮았으니까."

이것은 분명히 하고 넘어가야 하겠다. 그레이엄 코치가 아이들을 위험에 빠뜨리는 일은 절대 없었다는 것을. 다만 부상의 위험을 피하기 위해 특별히 엄하게 아이들을 다루었을 뿐이다. 그날은 날도 서늘했고 첫 하프에서는 모두 물을 마실 수 있었으므로 물통으로 우르르 뛰어간 것은 진정으로 물이 먹고 싶어서가 아니라 그저 꼬마 선수들의 철부지 행동에 불과했다.

그렇다 해도 요즘 부모들은 그런 일이 일어난다면 바로 휴대전화를 꺼내서 리그위원장이나 변호사에게 전화를 걸었을지도 모르겠다.

Vocab.
stance 발의 자세, 스탠스 knock over 때려눕히다, 놀라게 하다 livid* 몹시 화가 난, 격노한 mutter (특히 기분이 나빠서) 중얼거리다 brat (경멸적) 선머슴, 개구쟁이 hydration 수화(水和)작용 commissioner (위원회의) 위원

It saddens me that many kids today are so coddled. I think back to how I felt during that halftime rant. Yes, I was thirsty. But more than that, I felt humiliated. We had all let down Coach Graham, and he let us know it in a way we'd never forget. He was right. We had shown more energy at the water bucket than we had in the damn game. And getting chewed out by him meant something to us. During the second half, we went back on the field, and gave it our all.

I haven't seen Coach Graham since I was a teen, but he just keeps showing up in my head, forcing me to work harder whenever I feel like quitting, forcing me to be better. He gave me a feedback loop for life.

* * *

When we send our kids to play organized sports—football, soccer, swimming, whatever–for most of us, it's not because we're desperate for them to learn the intricacies of the sport.

What we really want them to learn is far more important: teamwork, perseverance, sportsmanship, the value of hard work, an ability to deal with adversity. This kind of indirect learning is what some of us like to call a "head fake."

There are two kinds of head fakes. The first is literal. On a football field, a player will move his head one way so you'll think he's going in that direction. Then he goes the opposite way. It's like a magician using misdirection. Coach Graham used to tell us to watch a player's waist. "Where his belly button goes, his body goes," he'd say.

The second kind of head fake is the *really* important one—the one that teaches people things they don't realize they're learning until well into the process. If you're a head-fake specialist, your hidden objective is to get them to learn something you want them to learn.

요즘 아이들은 너무 버릇없이 키워진다는 것이 나를 슬프게 한다. 그 하프타임 소동에 내가 어떤 느낌이었는지 떠올려본다. 물론 갈증이 나기도 했다. 그러나 갈증보다는 굴욕감을 더 많이 느끼고 있었다. 우리는 모두 그레이엄 코치를 실망시켰고 그는 우리가 절대 잊지 못할 방법으로 그것을 알게 했다. 그가 옳았다. 우리는 경기보다 그 망할 물통에 더 힘을 쏟았다. 그에게 한바탕 혼이 나고서야 정신을 차렸다. 세컨드 하프 동안 우리는 필드로 돌아가 정말 최선을 다했다.

10대가 지난 이후로는 한 번도 그레이엄 코치를 보지 못했지만 그는 내가 어떤 일을 포기하고 싶을 때마다 어김없이 머릿속에 나타나 더 열심히 하도록, 더 나아지도록 채찍질했다. 나는 그에게서 회초리 평생 이용권을 받은 셈이다.

* * *

우리가 아이들에게 미식축구, 축구, 수영 등의 조직적인 스포츠를 가르칠 때 아이들이 경기의 룰만 배우기를 원하는 것은 아니다.

아이들이 배웠으면 하는 것은 훨씬 더 중요한 것이다. 팀워크, 인내심, 스포츠맨십, 열심히 노력하는 것의 가치, 역경을 이겨내는 능력 등이 그것이다. 이러한 종류의 우회적인 가르침을 '헤드 페이크'라고 명명할 수 있을 것이다.

헤드 페이크에는 두 가지 종류가 있다. 첫 번째는 말 그대로다. 미식축구 필드에서 선수는 머리를 어느 한쪽으로 움직여 상대방을 그쪽으로 유도한다. 그러나 정작 선수는 반대쪽으로 움직인다. 마술사가 관객의 관심을 다른 쪽으로 유도하면서 마술을 행하는 것과 같은 이치다. 그레이엄 코치는 우리에게 선수의 허리를 주시하라고 가르쳤다. "선수의 배꼽이 움직이는 방향이 그 선수가 움직일 방향이다."

두 번째 종류의 헤드 페이크는 그야말로 중요한 부분이다. 바로 과정에 푹 빠져들 때까지 배우는 사람으로 하여금 자신이 진정 배우고 있는 것이 무엇인지 전혀 모르게 하는 속임수다. 헤드 페이크 전문가가 되려면 숨겨진 목표가 드러나지 않도록 주의하며 가르쳐야 할 것이다.

Vocab.

humiliate 창피를 주다, 모욕하다 let down ~의 기대를 저버리다[~를 실망시키다] chew out ~을 호되게 꾸짖다, 야단치다 perseverance 인내, 인내심 misdirection 잘못된 지시, 그릇된 방향

This kind of head-fake learning is absolutely vital. And Coach Graham was the master.

이런 식의 '헤드 페이크' 가르침은 매우 유용하다. 그레이엄 코치가 바로 그 분야의 대가였다.

8
You'll Find Me Under "V"

I LIVE IN the computer age and I love it here! I have long embraced pixels, multi-screen work stations and the information superhighway. I really can picture a paperless world. And yet, I grew up in a very different place.

When I was born in 1960, paper was where great knowledge was recorded. In my house, all through the 1960s and 1970s, our family worshipped the World Book Encyclopedia—the photos, the maps, the flags of different countries, the handy sidebars revealing each state's population, motto and average elevation.

I didn't read every word of every volume of the World Book, but I gave it a shot. I was fascinated by how it all came together. Who wrote that section on the aardvark? How that must have been, to have the World Book editors call and say, "You know aardvarks* better than anyone. Would you write an entry for us?" Then there was the Z volume.

Who was the person deemed enough of a Zulu expert to create that entry? Was he or she a Zulu?

My parents were frugal. Unlike many Americans, they would never buy anything for the purposes of impressing other people, or as any kind of luxury for themselves. But they happily bought the World Book, spending a princely sum at the time, because by doing so, they

8
'V' 섹션에서 날 찾으세요

나는 컴퓨터 시대에 살고 있고 그 사실이 너무 즐겁다! 나는 화소, 멀티스크린 워크스테이션 그리고 초고속 정보통신망 개념을 일찌감치 받아들였다. 종이가 필요 없는 세상을 상상하는 일도 내게는 쉽다. 그런가 하면 또 나는 이와는 매우 다른 세상에서 성장했다.

내가 태어난 1960년에는 모든 위대한 지식은 종이에 기록되어 있었다. 1960년대와 1970년대 내내 우리 가족은 『세계백과사전』을 숭배하며 살았다. 사진, 지도, 다른 나라의 국기, 각 주의 인구 수, 좌우명, 평균 해발을 알기 쉽게 나타내주는 도표.

나는 사전 각 권을 모두 탐독하지는 못했지만 시도는 해보았다. 존재하는 모든 사물을 다 모아놓은 것이 사전이라는 사실에 매혹당했던 시절이었다. 누가 땅돼지 섹션을 썼을까? 아마도 『세계백과사전』의 편집자들은 전화를 걸어 "당신이 땅돼지에 대해서는 최고의 전문가입니다. 우리에게 원고를 하나 써주시겠어요?"라고 물었을 것이다. 그리고 'Z'권이 나왔다.

대체 누가 줄루족 전문가로 인정받아 그 부분을 썼을까? 줄루 사람이었을까?

나의 부모님은 검소하게 살아왔다. 그들은 단지 다른 사람들에게 잘 보이기 위한 목적으로나 자신의 호사를 위해서는 아무것도 사지 않았다. 그렇지만 당시로서는 상당한 돈을 주고 기꺼이 『세계백과사전』을 사들였다. 그렇게 함으로써 부모님은 나

Vocab.
worship 예배하다, 숭배하다, 존경하다 **elevation** 높이, 고도 **aardvark*** 땅돼지 **deem** ~로 생각하다, 간주하다
princely 군주다운, 기품 높은, 관대한, 장엄한

were giving the gift of knowledge to me and my sister. They also ordered the annual companion volumes. Each year, a new volume of breakthroughs and current events would arrive—labeled 1970, 1971, 1972, 1973—and I couldn't wait to read them. These annual volumes came with stickers, referencing entries in the original, alphabetical World Books. My job was to attach those stickers on the appropriate pages, and I took that responsibility seriously. I was helping to chronicle history and science for anyone who opened those encyclopedias in the future.

Given how I cherished the World Book, one of my childhood dreams was to be a contributor. But it's not like you can call World Book headquarters in Chicago and suggest yourself. The World Book has to find you.

A few years ago, believe it or not, the call finally came.

It turned out that somehow, my career up to that time had turned me into exactly the sort of expert that World Book felt comfortable badgering*. They didn't think I was the most important virtual reality expert in the world. That person was too busy for them to approach. But me, I was in that midrange level—just respectable enough ... but not so famous that I'd turn them down.

"Would you like to write our new entry on virtual reality?" they asked.

I couldn't tell them that I'd been waiting all my life for this call. All I could say was, "Yes, of course!" I wrote the entry. And I included a photo of my student Caitlin Kelleher wearing a virtual reality headset.

No editor ever questioned what I wrote, but I assume that's the World Book way. They pick an expert and trust that the expert won't abuse the privilege.

와 내 누이에게 지식이라는 선물을 한 것이었다. 뿐만 아니라 부모님은 매년 발행되는 별책 연감도 주문했다. 매년 새로운 발견이나 시사 문제가 담긴 연감이 1970, 1971, 1972, 1973식의 제목을 달고 도착했으며 난 눈이 빠지게 그것을 기다렸다. 이 발행물은 원래의 백과사전 어느 알파벳 부분에 수록되어야 하는지 알려주는 스티커와 함께 왔다. 내 임무는 그 스티커를 알맞은 페이지에 붙이는 것이었고 나는 아주 진지하게 그 책임을 다했다. 미래에 그 백과사전을 열어볼 독자를 위해 역사와 과학적인 사실을 연대기별로 정리했다.

내가 얼마나 『세계백과사전』을 소중하게 여겼으면 나의 어릴 적 꿈 중 하나가 거기에 기고하는 것이었다. 그렇지만 시카고에 있는 출판사에 직접 전화를 걸어 스스로를 추천하겠다고 말할 수는 없는 일이었다. 그들이 나를 찾아내야만 했다.

몇 년 전에 믿기지 않게도 그 전화가 마침내 걸려왔다.

어쩌다 보니 그 시점까지의 경력이 나를 사전 편집자가 청탁하기 적당한 수준의 전문가로 만들어주었던 것이다. 그렇다고 편집자들이 나를 세계 최고의 가상현실 전문가로 인정한 것은 아니었다. 그런 사람은 사전 편집자들이 다가가기에는 너무 바쁠 것이었다. 그러나 나는 중간 정도의 레벨에 있는 사람이었다. 적당히 지위가 있고 그렇다고 그들을 거절할 만큼 특별히 유명하지도 않은 수준 말이다.

"우리 사전에 가상현실을 표제로 글을 하나 기고하시겠어요?" 그들이 물었다.

그들에게 내가 평생 동안 이 전화를 기다려왔다고 말할 수는 없었다. 내가 말할 수 있었던 전부는 "네, 물론입니다."였다. 나는 그 항목을 썼다. 그리고 제자 케이틀린 켈러허가 가상현실 헤드셋을 착용하고 있는 사진을 첨부했다.

글을 받은 편집자는 내가 쓴 글에 전혀 의심을 품지 않았다. 아마도 그게 그들의 방식인 듯했다. 전문가를 찾아 청탁을 하고 나면 그들은 전문가가 특권을 남용하지 않을 것으로 믿어버린다.

| Vocab. |
breakthrough 돌파구 chronicle 연대기 badger* 집적대다, 조르다 virtual reality 가상현실

| Grammar |
※ It turned out that ~: that 이하라 밝혀지다. it-that의 가주어, 진주어 용법이다. turn out은 '밝혀지다'라는 뜻. It was revealed that과 바꾸어 사용할 수 있다.

I have not bought the latest set of World Books. In fact, having been selected to be an author in the World Book, I now believe that Wikipedia is a perfectly fine source for your information, because I know what the quality control is for real encyclopedias. But sometimes when I'm in a library with the kids, I still can't resist looking under "V" ("Virtual Reality" by yours truly) and letting them have a look. Their dad made it.

아직 최신판 『세계백과사전』을 사지 않았다. 솔직히 나 같은 사람도 『세계백과사전』에 글을 실을 수 있다니, 이제 위키피디아야말로 정보를 얻기에 부족함이 없는 사전이라고 여기게 됐다. 종이로 인쇄된 백과사전의 품질 관리가 어떠한지 알게 됐기 때문이다. 그러나 가끔씩 아이들을 데리고 도서관에 갈 때면 나는 여전히 'V'섹션, 자세히는 '가상현실'을 찾아 아이들에게 보여준다. 너희 아빠가 만들었다.

9

A Skill Set Called Leadership

LIKE COUNTLESS American nerds born in 1960, I spent part of my childhood dreaming of being Captain James T. Kirk, commander of the Starship *Enterprise*. I didn't see myself as Captain Pausch. I imagined a world where I actually got to *be* Captain Kirk.

For ambitious young boys with a scientific bent, there could be no greater role model than James T. Kirk of *Star Trek*. In fact, I seriously believe that I became a better teacher and colleague—maybe even a better husband—by watching Kirk run the Enterprise.

Think about it. If you've seen the TV show, you know that Kirk was not the smartest guy on the ship. Mr. Spock, his first officer, was the always—logical intellect on board. Dr. McCoy had all the medical knowledge available to mankind in the 2260s. Scotty was the chief engineer, who had the technical know-how to keep that ship running, even when it was under attack by aliens.

So what was Kirk's skill set? Why did he get to climb on board the Enterprise and run it?

The answer: There is this skill set called "leadership."

I learned so much by watching this guy in action. He was the distilled essence of the dynamic manager, a guy who knew how to delegate, had the passion to inspire, and looked good in what he wore to work. He never professed to have skills greater than his subordinates.

9
리더십이라 불리는 기술

    1960년에 태어난 수많은 미국의 공부벌레와 마찬가지로 나 또한 유년기의 얼마 동안을 우주선 엔터프라이즈호의 사령관인 제임스 T. 커크 선장이 되기를 희망하며 보냈다. '랜디 포시 선장'을 원한 것이 아니었다. 내가 실제로 커크 선장이 되어 있는 세상을 상상하곤 했다.

    과학에 흥미 있는 패기 넘치는 소년에게 〈스타트렉〉의 제임스 T. 커크 선장보다 위대한 역할 모델은 없었다. 엔터프라이즈호를 지휘하는 커크 선장을 볼 수 있었기에 더 나은 교수, 동료, 어쩌면 남편까지도 될 수 있었다고 나는 진심으로 믿는다.

    생각해보라. TV 드라마를 본 적이 있다면 커크 선장이 그 우주선에서 가장 머리 좋은 사람은 아니었다는 것을 알 것이다. 부선장 스폭은 언제나 논리적인 지성인이었고 맥코이 박사는 2260년대의 인류에게 적용되는 모든 의학 지식을 가지고 있었다. 스캇은 기관장이었는데 그는 우주선이 외계인의 공격을 받아 형편없이 망가졌어도 늘 고쳐내고야 마는 뛰어난 기술 노하우를 가지고 있었다.

    그러면 커크 선장의 능력은 무엇이었나? 어떻게 해서 그가 엔터프라이즈호의 선장이 될 수 있었을까?

    정답은 '리더십'이라 불리는 기술이다.

    나는 커크 선장의 행동을 보면서 많은 것을 배웠다. 그는 활동적인 책임자상의 최고봉이었다. 어떻게 권한을 위임하는지 그 방법을 알고 있는 사람이었고 사람들을 고무시키는 열정의 소유자였으며 근무 중 입는 제복이 굉장히 잘 어울리는 사람이었다. 그는 한 번도 자신이 부하들보다 뛰어나다고 공언한 적이 없었다. 커크

Vocab.
distill 증류하다, 증류하여 (불순물을) 제거하다 delegate 대리[대표]로 보내다, 대리로 내세우다, (권한 등을) 위임하다 subordinate 하급자, 부하, 하급의

He acknowledged that they knew what they were doing in their domains. But he established the vision, the tone. He was in charge of morale. On top of that, Kirk had the romantic chops to woo women in every galaxy he visited. Picture me at home watching TV, a ten-year-old in glasses. Every time Kirk showed up on the screen he was like a Greek god to me.

And he had the coolest damn toys! When I was a kid, I thought it was fascinating that he could be on some planet and he had this thing. this *Star Trek* communicator device–hat let him talk to people back on the ship. I now walk around with one in my pocket. Who remembers that it was Kirk who introduced us to the cell phone?

A few years ago, I got a call (on my communicator device) from a Pittsburgh author named Chip Walter. He was co-writing a book with William Shatner (a.k.a. Kirk) about how scientific breakthroughs first imagined on *Star Trek* foreshadowed today's technological advancements. Captain Kirk wanted to visit my virtual reality lab at Carnegie Mellon.

Granted, my childhood dream was to be Kirk. But I still considered it a dream realized when Shatner showed up. It's cool to meet your boyhood idol, but it's almost indescribably cooler when he comes to you to see cool stuff you're doing in your lab.

My students and I worked around the clock to build a virtual reality world that resembled the bridge of the Enterprise. When Shatner arrived, we put this bulky "head-mounted display" on him. It had a screen inside, and as he turned his head, he could immerse himself in 360-degree images of his old ship. "Wow, you even have the turbolift doors," he said. And we had a surprise for him, too: red-alert sirens. Without missing a beat, he barked, "We're under attack!"

Shatner stayed for three hours and asked tons of questions. A col-

선장은 부하들이 그들의 분야에서 뛰어난 사람들이라는 것을 인정했다. 대신 그는 비전을 제시하고 기강을 확립했다. 그는 부하들의 사기를 책임졌다. 더 중요한 것은 커크 선장은 은하계 여러 여성과의 만남에서 매번 유혹에 성공하는 로맨틱한 재능까지 가졌다는 사실이다. 안경 낀 열 살짜리 내가 TV 앞에 앉아 있는 모습을 상상해보라. 화면에 비치는 커크 선장은 마치 그리스 신과 같았다.

그리고 그는 가장 멋진 장난감을 가지고 있었다! 내가 어렸을 때 나는 커크 선장이 어떤 행성에 머물더라도 즉각 우주선과 연락을 취할 수 있는 통신기구를 가졌다는 사실에 매료되었다. 지금은 나도 주머니에 하나 넣어 다니지만 말이다. 휴대전화를 우리에게 처음 소개한 사람이 커크 선장이었다는 걸 과연 누가 기억할까?

몇 년 전 피츠버그에 사는 작가 칩 월터에게 전화-나의 통신기구로-를 받았다. 그는 〈스타트렉〉에 소개되었던 과학적 발명품이 오늘날 어떻게 재현되고 있는지를 다루는 책을 윌리엄 섀트너(커크 선장이라 불리는)와 함께 쓰고 있었다. 바로 그 커크 선장이 카네기멜론대학의 내 가상현실 연구소에 방문하고 싶다는 것이었다.

물론 나의 어릴 적 꿈은 진짜 커크 선장이 되는 것이었지만 윌리엄 섀트너가 내 앞에 나타나는 것만으로도 꿈이 이루어지는 것이라고 생각했다. 소년 시절의 우상을 만나는 것도 충분히 멋진 일인데 그 우상이 내 연구소를 둘러보기 위해 직접 찾아온다는 것은 형언할 수 없을 만큼 멋진 일이 아닐 수 없었다.

학생들과 나는 엔터프라이즈호의 브리지와 비슷한 가상현실 세계를 만드느라 눈코 뜰 새 없이 일했다. 섀트너가 도착하고 우리는 그에게 커다란 헬멧 모양의 헤드셋을 착용시켰다. 장치 안에 화면이 있어서 그가 고개를 돌리면 우주선의 모습을 360도로 볼 수가 있었다. "와우! 터보 리프트 문까지 있네요." 그가 말했다. 그리고 우리는 그를 깜짝 놀라게 할 선물도 마련했다. 바로 공습경보 사이렌이었다. 그는 한 박자도 놓치지 않고 큰소리로 외쳤다. "적의 공격이다!"

섀트너는 세 시간가량 머물면서 실로 엄청난 질문을 해댔다. 한 동료가 나중에

Vocab.

morale 사기, 의욕 foreshadow 전조가 되다, 조짐을 나타내다 indescribably 형언할 수 없이, 막연하게
immerse (액체 속에) 담그다, ~에 몰두하다

Grammar

※ **every time (When) S+V, S+V**: ~할 땐 언제나 ~하다. 원래는 every time 뒤에 관계부사인 when이 있는 것인데 빈번히 생략되곤 한다. 따라서 every time만 있어도 whenever처럼 부사절 접속사로서 S+V를 두 쌍 가질 수 있는 것이다.

league later said to me: "He just kept asking and asking. He doesn't seem to get it."

But I was hugely impressed. Kirk, I mean, Shatner, was the ultimate example of a man who knew what he didn't know, was perfectly willing to admit it, and didn't want to leave until he understood. That's heroic to me. I wish every grad student had that attitude.

During my cancer treatment, when I was told that only 4 percent of pancreatic cancer patients live five years, a line from the Star Trek movie *The Wrath of Khan* came into my head. In the film, Starfleet cadets are faced with a simulated training scenario where, no matter what they do, their entire crew is killed. The film explains that when Kirk was a cadet, he reprogrammed the simulation because "he didn't believe in the no-win scenario."

Over the years, some of my sophisticated academic colleagues have turned up their noses at my Star Trek infatuation*. But from the start, it has never failed to stand me in good stead.

After Shatner learned of my diagnosis, he sent me a photo of himself as Kirk. On it he wrote: "I don't believe in the no-win scenario."

나에게 말했다. "그는 계속 묻고 또 물었어. 이해를 못하나 봐."

그러나 나는 크게 감명받았다. 커크 선장, 그러니까 섀트너야말로, 자신이 어느 부분을 이해하지 못하는가 알고 있었으며 그 점을 기꺼이 시인하고 이해가 될 때까지 물고 늘어질 줄 아는 훌륭한 사람이었다. 다름 아닌 바로 그런 태도가 내게 영웅적인 것으로 보였다. 나의 소망은 대학원의 모든 학생들이 그런 모습을 보여줬으면 하는 것이다.

내가 암 치료를 받고 있을 때, 췌장암 환자의 4퍼센트만이 5년까지 생존한다는 말을 들으면서 〈스타트렉 2: 칸의 분노〉에서의 한 대사가 떠올랐다. 영화에서, 우주 함대의 생도들은 그들이 어떻게 해도 결국 죽을 수밖에 없게 되어 있는 시나리오에 따른 모의훈련을 받아야만 했다. 그러나 커크 선장이 생도였을 때 그는 모의훈련의 내용을 새롭게 조정했다. '그는 이길 수 없는 시나리오는 믿지 않았다.'라고 영화는 설명한다.

수년간 나의 고상한 동료들 중 일부는 내가 〈스타트렉〉에 열광하는 것에 코웃음을 치곤했다. 그러나 처음 보았을 때부터 지금까지 〈스타트렉〉은 나에게 도움이 되지 않은 적이 없었다.

나의 병에 대해 알게 된 섀트너는 나중에 자신이 커크 선장으로 분했던 사진 한 장을 보내왔다. 사진 위에 그는 이렇게 썼다. "나는 이길 수 없는 시나리오는 믿지 않아요."

[사진 글: 랜디에게 나는 이길 수 없는 시나리오는 믿지 않아요.]

Vocab.
ultimate 궁극적인, 최종의 wrath 격노, 분노, 천벌 starfleet 우주 함대 cadet 사관생도, 견습생 sophisticate 세파에 물들게 하다, 순진성을 잃게 하다, 복잡하게 하다 infatuation* 열중함, 심취

10

Winning Big

ONE OF my earliest childhood dreams was to be the coolest guy at any amusement park or carnival I visited. I always knew exactly how that kind of coolness was achieved.

The coolest guy was easy to spot: He was the one walking around with the largest stuffed animal. As a kid, I'd see some guy off in the distance with his head and body mostly hidden by an enormous stuffed animal. It didn't matter if he was a buffed-up Adonis, or if he was some nerd who couldn't get his arms around it. If he had the biggest stuffed animal, then he was the coolest guy at the carnival.

My dad subscribed to the same belief. He felt naked on a Ferris wheel if he didn't have a huge, newly won bear or ape on his hip. Given the competitiveness in our family, midway games became a battle. Which one of us could capture the largest beast in the Stuffed Animal Kingdom?

Have you ever walked around a carnival with a giant stuffed animal? Have you ever watched how people look at you and envy you? Have you ever used a stuffed animal to woo a woman? I have ... and I married her!

Giant stuffed animals have played a role in my life from the start. There was that time when I was three years old and my sister was five. We were in a store's toy department, and my father said he'd buy us

10
대박을 터뜨려라

어린 시절 꿈꾸었던 것 중 하나는, 놀이공원이나 축제에서 가장 쿨한 사람이 되는 것이었다. 나는 어떻게 하면 그 '쿨함'을 획득할 수 있는지 정확히 알고 있었다.

가장 쿨한 사람을 알아보기는 쉽다. 사람들 가운데서 제일 큰 봉제동물인형을 들고 있는 사람을 찾으면 되니까. 커다란 동물인형 때문에 머리나 몸이 거의 보이지 않는 사람은 멀리서도 쉽게 눈에 띄었다. 그 사람이 근육질의 미남이건 인형을 제대로 안을 수도 없는 얼간이건 나에게는 상관없었다. 가장 큰 인형을 가지고 있다는 사실만으로 거기서 가장 쿨한 사람이었다.

아버지도 나의 믿음에 동참했다. 아버지는 만약에 자신이 대관람차를 타려는데 이제 막 상으로 받은 커다란 곰 인형이나 원숭이 인형 하나쯤 안고 있지 않다면 마치 벌거벗은 기분이 든다고 말했다. 우리 가족의 경쟁심으로 볼 때 오락실의 게임은 바로 전투가 되었다. 우리 가운데 누가 동물인형 왕국의 제일 큰 야수를 잡을 수 있을까?

한 번이라도 커다란 인형을 안고 축제의 거리를 거닐어본 적이 있는가? 그럴 때 사람들이 당신을 어떻게 바라보는지 그 질투어린 시선을 느껴본 적이 있는가? 동물인형을 가지고 여자에게 구애를 해본 적이 있는가? 나는 있다. 그리고 나는 그녀와 결혼했다!

엄청나게 큰 동물인형은 처음부터 내 인생에 중요한 역할을 해왔다. 내가 세 살이고 누나가 다섯 살 때의 일이다. 우리는 어느 장난감 매장에 갔었는데 아버지는 사이좋게 나눠 가지고 놀겠다면 무엇이든 한 가지 사주겠다고 했다. 우리는 연신

Vocab.
stuffed animal 봉제동물인형 buffed-up 근육이 발달한

any one item if we could agree on it and share it. We looked around and around, and eventually we looked up and saw, on the highest shelf, a giant stuffed rabbit.

"We'll take that!" my sister said.

It was probably the most expensive item in the toy department. But my father was a man of his word. And so he bought it for us. He likely figured it was a good investment. A home could always use another giant stuffed animal.

As I reached adulthood and kept showing up with more and bigger stuffed animals, my father suspected that I was paying people off. He assumed that I was waiting for winners over by the squirt* guns, and then slipping a fifty to some guy who didn't realize how a giant stuffed animal could change the world's perception of him. But I never paid for a stuffed animal.

And I never cheated.

OK, I admit that I leaned. That's the only way to do it at the ring toss. I am a leaner, but I am not a cheater.

I did, however, do a lot of my winning out of view of my family. And I know that increased suspicions. But I found the best way to bag stuffed animals is without the pressure of a family audience. I also didn't want anyone to know just how long it took me to be successful. Tenacity is a virtue, but it's not always crucial for everyone to observe how hard you work at something.

I am prepared now to reveal that there are two secrets to winning giant stuffed animals: long arms and a small amount of discretionary income. I have been blessed in life to have both.

I talked about my stuffed animals at my last lecture, and showed photos of them. I could predict what the tech-savvy cynics were thinking: In this age of digitally manipulated images, maybe those

이리저리 둘러보았다. 그리고 마침내 선반 꼭대기에 앉아 있는 커다란 토끼 인형을 발견했다.

"저걸로 할게요!" 누나가 말했다.

아마도 그 인형이 매장에서 가장 비싼 물건이었을 것이다. 그러나 아버지는 약속은 꼭 지키는 분이었다. 그는 이것도 투자라고 생각하며 우리에게 토끼 인형을 사주었다. 어느 가정에나 커다란 봉제인형은 많을수록 좋다.

자라면서 나는 더 많은, 더 커다란 인형을 계속 집으로 가져왔는데 아버지는 혹시나 돈을 주고 사오는 것은 아닌지 의심했다. 아니면 물총 게임장 같은 데서 인형을 딴 승자가 나오길 기다리다가 커다란 동물인형이 자신의 이미지를 얼마나 상승시켜주는지 모르는 이에게 다가가 50달러 정도 찔러주며 가져오는 것이라고도 추측했다. 그러나 나는 한 번도 봉제인형을 따기 위해 돈을 지불한 적이 없었다.

그리고 절대로 속임수를 사용하지도 않았다.

오케이, 몸을 구부려 기댄 것은 인정한다. 고리던지기에서 이길 수 있는 방법은 그것밖에 없으니까. 기대기는 하지만 속임수를 쓰지는 않는다.

그렇지만 가족이 보지 않을 때 이긴 적이 많았다. 그래서 의심을 사는 것이었다. 덕분에 봉제동물인형을 잡는 최고의 비결은 가족의 압력이 존재하지 않을 때라는 것을 배웠다. 사실 얼마나 오래 걸려 성공에 이르는지 아무에게도 보이고 싶지 않기도 했다. 끈기는 미덕이다. 그렇지만 당신이 얼마나 노력하는지 모두가 늘 지켜보고 있어야 할 이유는 없다.

나는 이제 커다란 봉제인형을 따내는 나만의 두 가지 비법을 공개할 준비가 되었다. 긴 팔 그리고 그리 많지는 않지만 마음대로 사용할 수 있는 소득, 인생에 이 두 가지를 모두 가졌다는 점에서 나는 축복받은 사람이다.

나는 마지막 강의에서 봉제인형에 대해 이야기하고 사진을 보여주었다. 공대의 과학도들이 보일 냉소적 반응도 이미 예측했다. 디지털 조작이 만연한 요즘 사진

Vocab.

squirt* 분출하다, 뿜어 나오다 lean 기대다, 의지하다 ringtoss 고리 던지기 bag 자루에 넣다, (사냥감을) 잡다 tenacity 고집, 끈기, 완강 discretionary 임의의, 자유재량의, 무조건의 tech-savvy 기술적 지식이 해박한 manipulate (흔히 교묘하고 부정직하게 사람·사물을) 조종하다, (사물을 능숙하게) 다루다

Grammar

※ 명사+to동·원: ~할(to부정사의 형용사적 용법). 명사 뒤에 to동·원이 붙어서 "~할"이라고 해석되며, 그 앞의 명사를 수식하는 형용사적 용법이라 한다. 자주 쓰이는 것은 아니니 몇 가지 예를 외워두자. ability to do(~할 능력), right to do(~할 권리), chance to do(~할 기회), attempt to do(~할 시도) 등.

stuffed bears weren't really in the pictures with me. Or maybe I sweet-talked the actual winners into letting me have my photo taken next to their prizes.

Have you ever walked around a carnival with a giant stuffed animal?

How, in this age of cynicism, could I convince my audience that I'd really won these things? Well, I would show them the actual stuffed animals. And so I had some of my students walk in from the wings of the stage, each carrying a giant stuffed animal I'd won over the years.

I don't need these trophies anymore. And although I know my wife loved the stuffed bear I'd hung in her office when we were courting, three children later, she doesn't want an army of them cluttering up our new house. (They were leaking styrofoam beads that were making their way into Chloe's mouth.)

I knew that if I kept the stuffed animals, someday Jai would be calling Goodwill and saying, "Take them away!" ... or worse, feeling she

속 곰 인형이 실제 내 옆에 있었다는 증거가 어디 있겠는가. 혹은 인형을 획득한 사람을 꼬드겨서 사진만 찍은 것인지도 모른다고 의심할 수도 있었다.

[사진 캡션: 한 번이라도 커다란 봉제 동물인형을 안고 축제를 거닐어본 적이 있나요?]

어떻게 하면 이 불신의 시대에 내가 정말 게임에서 이겨 인형을 따냈다는 사실을 납득시킬 수 있을까? 그래, 그렇다면 진짜 인형을 보여주자. 나는 학생들에게 내가 그동안 따낸 커다란 동물인형들을 안고 무대 양쪽에서 한 사람씩 나오도록 지시해 놓았다.

나에게 이 트로피들은 더 이상 필요하지 않았다. 우리가 연애할 때 재이는 그녀의 사무실에 달아준 곰 인형을 무척 좋아했지만 아이 셋을 낳고 난 후에는 봉제인형 부대가 새 집에 어지럽게 흩어져 있는 것을 원치 않았다. (터져 나온 스티로폼 구슬이 자꾸만 클로이의 입 쪽으로 방향을 잡고 날아들었다.)

만약 내가 봉제인형을 계속 간직하고 있다면 훗날 재이는 기부단체에 전화를 걸어 "이것 좀 가져가세요!"라고 부탁해야 할 것이었다. 그보다 더 나쁜 경우는, 나 때

Vocab.
cynicism 냉소, 비꼬는 버릇; 비꼬는 말 clutter (너무 많은 것들을 어수선하게) 채우다[집어넣다]

couldn't! That's why I had decided: Why don't I give them to friends?

And so once they were lined up on stage, I announced: "Anybody who would like a piece of me at the end of this, feel free to come up and take a bear; first come, first served."

The giant stuffed animals all found homes quickly. A few days later, I learned that one of the animals had been taken by a Carnegie Mellon student who, like me, has cancer. After the lecture, she walked up and selected the giant elephant. I love the symbolism of that. She got the elephant in the room.

문에 버릴 수도 없다고 고민하는 것이다! 그래서 나는 결심했다. 친구들에게 나눠 주는 것은 어떨까?

사랑스런 동물인형의 무대 입장이 모두 끝난 뒤 나는 청중에게 말했다. "강의가 끝난 뒤 누구든 부디 곰 하나씩 가져가세요. 선착순입니다."

동물인형들은 빠르게 새 집을 찾아갔다. 며칠 후 나처럼 암에 걸린 카네기멜론대학의 학생이 그중 하나를 가져갔다는 것을 알았다. 강의 후에 그녀는 단 위에서 커다란 코끼리 한 마리를 골랐다. 나는 그것의 상징성이 좋다. 그녀는 방 안의 코끼리를 데려간 것이다.

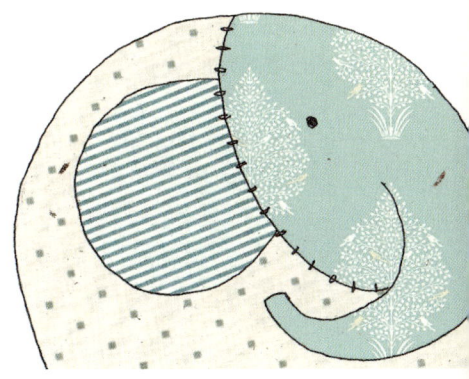

11
The Happiest Place on Earth

IN 1969, when I was eight years old, my family went on a cross-country trip to see Disneyland. It was an absolute quest. And once we got there, I was just in awe of the place. It was the coolest environment I'd ever been in.

As I stood in line with all the other kids, all I could think was "I can't wait to make stuff like this!"

Two decades later, when I got my PhD in computer science from Carnegie Mellon, I thought that made me infinitely qualified to do anything, so I dashed off my letters of application to Walt Disney Imagineering. And they sent me some of the nicest go-to-hell letters I'd ever received. They said they had reviewed my application, and they did not have "any positions which require your particular qualifications."

Nothing? This is a company famous for hiring armies of people to sweep the streets! Disney had nothing for me? Not even a broom?

So that was a setback. But I kept my mantra* in mind: The brick walls are there for a reason. They're not there to keep us out. The brick walls are there to give us a chance to show how badly we want something.

Fast-forward to 1995. I'd become a professor at the University of Virginia, and I'd helped build a system called "Virtual Reality on Five

11
세상에서 제일 행복한 곳

내가 여덟 살이었던 1969년에 우리 가족은 디즈니랜드를 보기 위해 국토를 가로질렀다. 대단한 모험이었다. 마침내 디즈니에 도착했을 때 나는 그곳에 압도당하고 말았다. 이제까지 봐온 것 중 단연 최고였다.

수많은 아이들 틈에 섞여 입장을 기다리면서 오직 나는 한 가지만을 생각했다. "나도 언젠가는 이런 걸 만들고 말 테야!"

그 후 20년이 지나 카네기멜론대학에서 컴퓨터공학 박사과정을 마치게 되었다. 드디어 원하는 일을 할 자격이 생겼다고 믿은 나는 단숨에 월트디즈니사의 이매지니어링 분야로 지원서를 보냈다. 얼마 후 그들은 내가 받아본 답변 중에 가장 친절했던 것으로 기억될 수 있는, '저리 꺼져'식의 답장을 보내왔다. 나의 지원서를 다 읽었지만 '당신을 필요로 하는 자리'는 없다는 것이었다.

단 하나의 일도? 청소원만 해도 일개 사단 정도를 고용한다는 저 유명한 디즈니가? 나한테는 아무 자리도 줄 수 없다고? 빗자루질하는 자리도?

일단은 한 걸음 물러나기로 했다. 하지만 포기한 것은 아니었다. 장벽이 나타난 것도 이유가 있을 터였다. 장벽이 거기 서 있는 것은 가로막기 위해서가 아니며 그것은 우리가 얼마나 간절히 원하는지 보여줄 기회를 주기 위해 거기에 서 있는 것이었다.

다시 시간이 흘러 1995년 나는 이미 버지니아대학의 교수가 되어 있었고 '하루에 5달러면 충분한 가상현실' 시스템 개발에 참여했다. 그 무렵 가상현실 전공자

Vocab.
in awe of ~을 경외하는 setback 차질 mantra* 만트라(특히 기도·명상 때 외는 주문)

Dollars a Day." This was at a time when virtual reality experts were insisting they'd need a hal-fmillion dollars to do anything. And my colleagues and I did our own little version of the Hewlett-Packard garage thing and hacked together a working low-budget virtual reality system. People in the computer science world thought this was pretty great. Jon Snoddy at Disney Imagineering

Not too long after, I learned that Disney Imagineering was working on a virtual reality project. It was top secret, and it was an Aladdin attraction that would allow people to ride a magic carpet. I called Disney and explained that I was a virtual reality researcher looking for information on it. I was ridiculously persistent, and I kept getting passed on and on until I was connected to a guy named Jon Snoddy. He happened to be the brilliant Imagineer running the team. I felt as if I had called the White House and been put through to the president.

After we chatted a while, I told Jon I'd be coming to California. Could we get together? (Truth was, if he said yes, the only reason I'd be coming would be to see him. I'd have gone to *Neptune* to see him!) He told me OK. If I was coming anyway, we could have lunch.

Before going to see him, I did eighty hours of homework. I asked all the virtual reality hotshots I knew to share their thoughts and questions about this Disney project. As a result, when I finally met Jon, he was wowed by how prepared I was. (It's easy to look smart when you're parroting smart people.) Then, at the end of the lunch, I made "the ask."

"I have a sabbatical coming up," I said.

"What's that?" he asked, which was my first hint of the academic/entertainment culture clash I'd be facing.

After I explained the concept of sabbaticals, he thought it would be

가 주장하는 경비는 아무리 간단한 시스템이라 해도 최소 50만 달러였다. 동료들과 나는 우리 나름의 휴렛패커드 창고 전략을 시도하면서 저예산 가상현실 시스템의 운용을 위해 힘을 모았다. 컴퓨터과학 분야에 종사하는 전문가들은 이 시도가 대단히 참신하다고 생각했다.

얼마 지나지 않아 우연한 기회에 디즈니 이매지니어링 부서가 가상현실 프로젝트를 진행 중이라는 것을 알게 되었다. 그것은 일급 비밀이었고 매직 카펫을 타고 나는 알라딘 관련 프로젝트였다. 나는 디즈니에 전화를 걸어 가상현실에 대해 연구하고 있으며 자료를 얻을 수 있는지 알고 싶다고 말했다. 나는 스스로 생각해도 터무니없이 끈질겼고, 마침내 존 스노디라는 사람에게 연결될 때까지 계속해서 전화에 매달렸다. 그는 팀의 리더였고 훌륭한 이매지니어였다. 말하자면 무작정 백악관에 전화를 걸었는데 운 좋게 대통령과 연결이 된 셈이라고나 할까.

나는 존에게 캘리포니아에 갈 일이 있는데 그때 혹시 만날 수 있는지 물었다. (사실은 캘리포니아에 가는 이유는 단 하나, 그를 만나기 위해서였다. 그를 만날 수 있다면 해왕성이라도 갈 참이었다!) 그는 어차피 오는 것이라면 점심 정도는 할 수 있다고 했다.

그를 만나러 가기 전 나는 80시간 정도 숙제를 했다. 알고 있는 컴퓨터 가상현실 분야의 거물에게 연락해서 디즈니 프로젝트에 관한 그들의 생각과 의문점을 들려달라고 했다. 결과부터 말한다면 나의 철저한 준비는 존을 깜짝 놀라게 했다. (유식한 사람들의 말을 따라 하면 유식해 보이는 것은 식은 죽 먹기다.) 일단 안심한 나는 식사가 끝나갈 즈음 슬며시 속마음을 털어놓았다.

"곧 안식년 휴가를 얻게 된답니다." 내가 말했다.

"그게 뭐지요?" 그가 물었다. 이 물음은 앞으로 종종 겪게 될, 학계와 엔터테인먼트 문화 사이의 첫 번째 충돌이었다.

나의 설명을 듣고 난 후 존은 내가 안식년을 디즈니에서 보내는 것도 좋은 생각

Vocab.

hotshot 적극적이고 유능한 사람, 능수꾼 wow 열광시키다[큰 감동을 주다] parrot (의미는 생각하지도 않고) 앵무새처럼 흉내내다

Grammar

※ I felt as if~: ~인 것처럼 느꼈다. 이때 as if는 접속사라 뒤에 S+V가 오는데 시제는 가정법 과거나 가정법 과거완료를 쓴다. 만일 S+V가 아니라 명사가 오면 'I feel like+명사' 이렇게 쓴다.

a fine idea to have me spend mine with his team. The deal was: I'd come for six months, work on a project, and publish a paper about it. I was thrilled. It was almost unheard of for Imagineering to invite an academic like me inside their secretive operation.

The only problem: I needed permission from my bosses to take this kind of oddball sabbatical.

Well, every Disney story needs a villain, and mine happened to be a certain dean from the University of Virginia. "Dean Wormer" (as Jai dubbed him in homage to the film *Animal House*) was concerned that Disney would suck all this "intellectual property" out of my head that rightfully belonged to the university. He argued against my doing it. I asked him: "Do you think this is a good idea at all?" And he said: "I have no idea if it is a good idea." He was proof that, sometimes, the most impenetrable brick walls are made of flesh.

Because I was getting nowhere with him, I took my case to the dean of sponsored research. I asked him: "Do you think it's a good idea that I do this?" And he answered: "I don't have enough information to say. But I do know that one of my star faculty members is in my office and he's really excited. So tell me more."

My sister and me on the Alice ride: All I could think was. "I can't wait to make stuff like this."

이라고 말했다. 나는 6개월간 디즈니에서 함께 프로젝트를 진행하고 이에 관한 논문을 출판하기로 그와 합의했다. 정말 기분 좋은 일이었다. 이매지니어링 분야에서 대학교수를 자신의 비밀스러운 집단에 초청한다는 것은 유래가 없는 일이었다.

그러나 아직 다 해결된 것은 아니었다. 대학의 윗사람들에게 이런 식의 기이한 안식년을 보내도 되는지 허락을 먼저 받아야 했다.

모든 디즈니 이야기에 반드시 악당이 필요하듯이 나의 악당은 버지니아대학의 어떤 학장이었다. '워머 학장'(제이가 영화 〈애니멀 하우스〉에 경의를 표하며 그를 빗대어 부르던 이름이었다)은 디즈니는 나의 '지적 재산'을 쏙 빨아먹을 것이며 게다가 그 지적 재산의 소유권은 엄연히 대학에 속한 것이라고 경고했다. 그는 내가 디즈니에 가는 것을 반대했다. 나는 그에게 물었다. "그래도 좋은 아이디어라고는 생각하시지요?" 그가 답했다. "글쎄, 그게 좋은 아이디어인지 잘 모르겠군." 때때로 가장 뚫기 힘든 장벽은 사람이다.

그와는 해결이 나지 않았기 때문에 나는 학술연구 전반에 관한 지원을 담당하는 다른 학장을 찾아갔다. "이 문제를 어떻게 생각하세요?" 그러자 그가 대답했다. "아직 충분한 이야기는 듣지 못했지만 우리 대학의 인기 교수 한 사람이 지금 무척 흥분하고 있다는 것은 알겠네. 좋아, 계속해서 말해봐."

[사진 캡션: 누나와 내가 앨리스를 카고 있다. 내 머릿속엔 "어서 빨리 이런 것을 만들고 싶어."라는 생각밖엔 없었다.]

Vocab.
oddball 괴짜(의), 별난자(의) villain 악인, 악한 dub (새 이름·별명을) 주다, 붙이다, ~라고 칭하다 impenetrable 꿰뚫을 수 없는, 지날 수 없는, 헤아릴 수 없는

Now, here's a lesson for managers and administrators.

Both deans said the same thing: They didn't know if this sabbatical was a good idea. But think about how differently they said it!

I ended up being allowed to take that sabbatical, and it was a fantasy come true. In fact, I have a confession. This is exactly how geeky I am: Soon after I arrived in California, I hopped into my convertible and drove over to Imagineering headquarters. It was a hot summer night, and I had the soundtrack to Disney's *The Lion King* blasting on my stereo. Tears actually began streaming down my face as I drove past the building. Here I was, the grown-up version of that wide-eyed eight-year-old at Disneyland. I had finally arrived. I was an Imagineer.

바로 여기에 모든 책임자 혹은 관리자에 대한 교훈이 있다.

두 학장 모두 같은 말을 했다. 둘 다 나의 안식년 계획이 좋은 아이디어인지는 확신하지 못했지만 그것을 표현하는 방식은 얼마나 달랐는지 생각해보라!

결국 나는 허락을 받아냈고 환상은 실현되었다. 캘리포니아에 도착하자마자 나는 내 컨버터블에 뛰어올라 이매지니어링 본사까지 달렸다. 무더운 여름밤이었다. 차 안에는 볼륨을 한껏 올린 디즈니의 〈라이온 킹〉 사운드트랙이 울려 퍼졌다. 빌딩 사이를 달리는데 불현듯 눈물이 볼을 타고 흘러내리기 시작했다. 디즈니랜드를 보고 행복에 겨워 눈이 휘둥그레졌던 여덟 살 꼬마가 어른이 되어 지금 여기에 있다. 마침내 나는 꿈에 당도한 것이었다. 나는 이매지니어였다.

Vocab.
geeky 엽기적인, 얼간이 같은 blast 폭발하다, (특히 음악이) 쾅쾅 울리다

12
The Park Is Open Until 8 p.m.

MY MEDICAL odyssey began in the summer of 2006, when I first felt slight, unexplained pain in my upper abdomen. Later, jaundice* set in, and my doctors suspected I had hepatitis. That turned out to be wishful thinking. CT scans revealed I had pancreatic cancer, and it would take me just ten seconds on Google to discover how bad this news was. Pancreatic cancer has the highest mortality rate of any cancer; half of those diagnosed with it die within six months, and 96 percent die within five years.

I approached my treatment like I approach so many things, as a scientist. And so I asked lots of data-seeking questions, and found myself hypothesizing along with my doctors. I made audio tapes of my conversations with them, so I could listen more closely to their explanations at home. I'd find obscure journal articles and bring them with me to appointments. Doctors didn't seem to be put off by me. In fact, most thought I was a fun patient because I was so engaged in everything. (They even didn't seem to mind when I brought along advocates—my friend and colleague Jessica Hodgins came to appointments to offer both support and her brilliant research skills in navigating medical information.)

12
공원은 여덟 시까지 열려 있다

　나의 의학적 여정은 2006년 여름, 윗배에 설명이 안 되는 약간의 통증을 느끼면서 시작되었다. 얼마 후 황달이 찾아왔고 의사들은 간염을 의심했다. 그것이 얼마나 희망적인 해석이었는지는 곧 밝혀졌다.

　CT 촬영을 통해 내가 췌장암에 걸렸다는 사실을 알아냈으며 그게 어느 정도 나쁜 일인지 알아보기 위해 구글을 검색하는 데는 10초도 걸리지 않았다. 췌장암은 모든 암 중에서도 가장 치사율이 높다. 췌장암으로 진단받은 환자의 절반은 6개월 내로 사망하고 96퍼센트는 5년 안에 죽는다.

　나는 과학자로서 사물에 접근해오던 방식대로 치료에 임했다. 데이터 위주로 연구하여 질문을 만들었고 곧 의사들과 함께 가설을 세우고 있는 나 자신을 발견했다. 나는 그들과의 대화를 녹취해서 집에 돌아와 세밀하게 내용을 분석하곤 했다. 또 나는 세상에 알려지지 않은 기사들을 찾아내 진료시간에 가지고 갔다. 그런 나를 의사들은 잘 참아주었다. 대부분의 의사들은 모든 치료에 적극적으로 참여하는 나를 재미있는 환자라고 생각해주었다. (나의 지지자들을 데리고 갔을 때도 별로 싫어하지 않았다. 내 친구 제시카 하진스도 의학 정보를 찾아내는 그녀의 놀라운 탐구 능력을 제공하기 위해 동참한 적이 있다.)

Vocab.
odyssey 긴 방랑 여행　abdomen 배, 복부　jaundice* 황달　hepatitis 간염　hypothesize 가설을 세우다, 가정하다　obscure 어두운, 눈에 띄지 않는　put somebody off (집중을) 방해하다

Grammar
※ seem to+동사원형: ~인 것 같다. 이 표현에서 핵심을 이루는 동사는 to 뒤에 있는 동사다. 거기에 '~인 것 같다'는 seem to가 붙은 것. 가령 'He likes movies.'란 표현은 확실히 영화를 좋아한다는 뜻이지만 'He seems to like movies.'는 좋아하는 것 같다고 추측하는 것이다.

I told doctors that I'd be willing to endure anything in their surgical arsenal, and I'd swallow anything in their medicine cabinet, because I had an objective: I wanted to be alive as long as possible for Jai and the kids. At my first appointment with Pittsburgh surgeon Herb Zeh, I said: "Let's be clear. My goal is to be alive and on your brochure in ten years."

I turned out to be among the minority of patients who could benefit from what is called the "Whipple operation," named for a doctor who in the 1930s conjured up this complicated procedure. Through the 1970s, the surgery itself was killing up to 25 percent of patients who underwent it. By the year 2000, the risk of dying from it was under 5 percent if done by experienced specialists. Still, I knew I was in for a brutal time, especially since the surgery needed to be followed by an extremely toxic regimen of chemotherapy and radiation.

As part of the surgery, Dr. Zeh removed not only the tumor, but my gallbladder*, a third of my pancreas, a third of my stomach, and several feet of my small intestine. Once I recovered from that, I spent two months at MD Anderson Cancer Center in Houston, receiving those powerful dosages of chemo, plus daily high-dose radiation of my abdomen. I went from 182 to 138 pounds and, by the end, could hardly walk. In January, I went home to Pittsburgh and my CT scans showed no cancer. I slowly regained my strength.

In August, it was time for my quarterly check-in back at MD Anderson. Jai and I flew to Houston for the appointment, leaving the kids with a babysitter back home. We treated the trip like something of a romantic getaway. We even went to a giant water park the day before—I know, my idea of a romantic getaway—and I rode the speed slide, grinning all the way down.

Then, on August 15, 2007, a Wednesday, Jai and I arrived at MD

나는 의사들에게 그들이 어떤 수술 무기를 들이댄다 해도 기꺼이 견딜 것이며 약품 선반의 어떤 약을 주더라도 다 삼켜버릴 의향이 있다고 말했다. 왜냐하면 나에게는 목표가 있기 때문이었다. 나는 제이와 아이들을 위해 할 수 있는 한 오래 살고 싶었다.

나는 외과의사 허브 제와의 첫 번째 진료에서도 이렇게 말했다. "확실히 합시다. 내 목표는 살아서 10년 뒤 당신 병원 팸플릿에 등장하는 것입니다."

나의 경우, 1930년대에 난해한 과정의 췌장 절제 수술을 성공시킨 의사의 이름을 따 명명한 '위플 수술'을 받음으로써 이득을 볼 수 있는 소수의 환자들 중 하나라는 게 밝혀졌다. 1970년대까지 이 수술을 받은 환자의 25퍼센트는 수술 때문에 사망했다. 2000년도에는 경험이 많은 전문의에게 수술을 받을 경우에는 사망률이 5퍼센트 미만으로 줄었다. 그러나 여전히 그 과정이 잔인하다는 것은 알고 있었다. 수술 후에 매우 유독한 화학요법과 방사선요법 처방이 필요하기 때문이었다.

허브 제 박사는 종양은 물론 담낭과 췌장의 3분의 1, 위의 3분의 1 그리고 소장의 상당부분을 잘라내는 수술을 단행했다. 수술에서 얼마간 회복한 다음에는 휴스턴에 위치한 앤더슨암치료센터에 두 달 동안 입원하며 매일 엄청난 양의 화학요법과 더불어 다량의 방사선 치료를 받아야만 했다. 순식간에 82킬로그램에서 62킬로그램으로 살이 빠졌고 두 달이 다 되었을 무렵에는 걷기도 힘들 지경이 되었다. 1월 피츠버그로 돌아갔을 때 내 CT 사진에서 암은 발견되지 않았다. 나는 천천히 힘을 되찾았다.

8월이 되자 정기적으로 일 년에 네 번 받도록 되어 있는 검진을 위해 다시 앤더슨센터를 방문해야 했다. 아이들은 베이비시터에게 맡겨둔 채 제이와 나는 휴스턴으로 날아갔다. 우리는 이 여행을 낭만적인 휴가 여행처럼 여기려고 애썼다. 우리는 대규모 워터파크를 찾아가-내가 생각해내는 낭만은 고작 이 정도다-쾌속 미끄럼틀에서 미끄러져 내려오는 동안 즐겁게 웃어댔다.

2007년 8월 15일 수요일, 제이와 나는 앤더슨센터에 도착했다. 내 주치의인 암

Vocab.
arsenal 무기고, 비축, 수집 conjure something up ~을 상기시키다[떠올리게 하다], 주문을 외워 ~이 나타나게 하다 procedure (어떤 일을 늘·제대로 하는) 절차, (공식적인) 절차, 수술 undergo (변화, ·안 좋은 일 등을) 겪다 brutal 잔인한, 야만적인, 혹독한 toxic 유독한, 치명적인 regimen 섭생, 양생법, 식이 요법 gallbladder* 쓸개, 담낭 intestine 장, 창자 dosage (약 따위의) 용량 결정, 조제 dose (약의) 복용량, 함유량 radiation (빛·열 등의) 방사, 복사, 발광 getaway (범행 후의) 도주, (단기) 휴가 grin (소리 없이) 활짝 웃다

Anderson to go over the results of my latest CT scans with my oncologist*, Robert Wolff. We were ushered into an examining room, where a nurse asked a few routine questions. "Any changes in your weight, Randy? Are you still taking the same medications?" Jai took note of the nurse's happy, singsong voice as she left, how she cheerily said, "OK, the doctor will be in to see you soon," as she closed the door behind her.

The examining room had a computer in it, and I noticed that the nurse hadn't logged out; my medical records were still up on the screen. I know my way around computers, of course, but this required no hacking at all. My whole chart was right there.

"Shall we have a look-see?" I said to Jai. I felt no qualms at all about what I was about to do. After all, these were my records.

I clicked around and found my blood-work report. There were 30 obscure blood values, but I knew the one I was looking for: CA 19-9. the tumor marker. When I found it, the number was a horrifying 208. A normal value is under 37. I studied it for just a second.

"It's over," I said to Jai. "My goose is cooked."

"What do you mean?" she asked.

I told her the CA 19-9 value. She had educated herself enough about cancer treatment to know that 208 indicated metastasis: a death sentence. "It's not funny," she said. "Stop joking around."

I then pulled up my CT scans on the computer and started counting. "One, two, three, four, five, six…"

I could hear the panic in Jai's voice. "Don't tell me you're counting tumors," she said. I couldn't help myself. I kept counting aloud. "Seven, eight, nine, ten…" I saw it all. The cancer had metastasized to my liver.

Jai walked over to the computer, saw everything clearly with her

전문의 로버트 울프 박사에게 최근 촬영한 CT 결과를 듣기 위해서였다. 우리는 진료실로 인도되었고 간호사는 의례적인 질문을 던졌다. "랜디 씨, 몸무게에 변화가 있었나요? 아직도 같은 약물치료를 받고 있나요?" 재이는 간호사가 나가면서 단조로운 목소리로, 그러면서도 명랑하게 "알았어요, 곧 선생님이 들어오실 거예요."라고 말하며 문을 닫는 것에 촉각을 곤두세웠다.

진찰실에는 컴퓨터가 한 대 있었는데 간호사가 미처 끄지 않고 나간 것을 알아챘다. 나의 진료 기록이 아직도 화면에 가득했다. 물론 나는 컴퓨터라면 고수였고 이번에는 해킹도 필요 없었다. 나의 모든 기록이 바로 거기 있었다.

"잠깐 훑어볼까?" 나는 재이에게 말했다. 양심의 가책은 전혀 느끼지 않았다. 어차피 내 기록이었다.

몇 번의 클릭만으로 혈액검사 결과가 나타났다. 서른 가지의 모호한 혈액 수치가 나열되어 있었지만 나는 내가 찾는 것이 무엇인지 잘 알고 있었다. 항원 CA 19-9, 즉 종양 표지검사 수치. 수치는 무시무시하게도 208이었다. 평균치는 37 이하. 아주 잠깐, 나는 할 말을 잃었다.

"다 끝났어." 재이에게 말했다. "완전 털 뽑힌 닭 신세가 됐다고."

"무슨 소리예요?" 그녀가 물었다.

나는 그녀에게 항원 CA 19-9 수치를 말해주었다. 그녀도 208이라는 수치는 전이를 의미한다는 정도는 알 만큼 암에 관해 공부했다. 사형 선고. "하나도 안 웃겨요." 그녀가 말했다. "농담 좀 그만둬요."

나는 컴퓨터에서 내 CT 사진을 찾아 수를 세기 시작했다. "하나, 둘, 셋, 넷, 다섯, 여섯……"

"설마 종양을 세고 있는 건 아니죠?" 나는 재이의 목소리에 공포가 묻어나는 것을 느낄 수 있었다. 그러나 멈출 수가 없었다. 계속 소리 내어 수를 이어갔다. "일곱, 여덟, 아홉, 열……." 다 보고야 말았다. 암은 간으로 전이되어 있었다.

재이가 컴퓨터에서 직접 두 눈으로 모든 걸 확인하고는 품에 안겼다. 우리는 같

Vocab.

oncologist* 종양학자, 암 전문의 usher 안내인, 수위, 안내하다 singsong 단조로운 가락의 시가(詩歌), 억양 없는 단조로운 말투 cheerily 기분 좋게, 명랑하게 log out (~의) 퇴출[퇴사]을 기록하다 have[take] a look-see 점검하다, 시찰하다 qualm 불안한 마음, 주저함, 양심의 가책 metastasis (암세포의) 전이 metastasize 전이하다

III. ADVENTURES … AND LESSONS LEARNED **115**

own eyes, and fell into my arms. We cried together. And that's when I realized there was no box of tissues in the room. I had just learned I would soon die, and in my inability to stop being rationally focused, I found myself thinking: "Shouldn't a room like this, at a time like this, have a box of Kleenex? Wow, that's a glaring operational flaw."

There was a knock on the door. Dr. Wolff entered, a folder in his hand. He looked from Jai to me to the CT scans on the computer, and he knew what had just happened. I decided to just be preemptive. "We know," I said.

By that point, Jai was almost in shock, crying hysterically. I was sad, too, of course, and yet I was also fascinated by the way in which Dr. Wolff went about the grim task before him. The doctor sat next to Jai to comfort her. Calmly, he explained to her that he would no longer be working to save my life. "What we're trying to do," he said, "is extend the time Randy has left so he can have the highest quality of life. That's because, as things now stand, medical science doesn't have anything to offer him to keep him alive for a normal life span."

"Wait, wait, wait," Jai said. "You're telling me that's it? Just like that, we've gone from 'we're going to fight this' to 'the battle is over'? What about a liver transplant?"

No, the doctor said, not once the metastasis occurs. He talked about using palliative chemo—treatment that's not intended to be curative, but could ease symptoms, possibly buying a few months—and about finding ways to keep me comfortable and engaged in life as the end approached.

The whole horrible exchange was surreal for me. Yes, I felt stunned and bereft for myself and especially for Jai, who couldn't stop crying. But a strong part of me remained in Randy Scientist Mode, collecting facts and quizzing the doctor about options. At the same time, there

이 울었다. 그러다 방 안에 티슈가 없다는 것을 깨달았다. 방금 내가 죽을 것이라는 걸 알아냈으면서도 내 이성은 잠시라도 또렷하지 않을 수 없었기에 이런 생각을 하고 있는 나를 발견했다. "이런 장소에서, 이런 때에, 크리넥스 한 통쯤은 있어야 되지 않나? 와, 이건 명백한 경영상의 결함이군."

노크 소리가 들렸다. 울프 박사가 손에 폴더 하나를 들고 들어왔다. 그는 재이와 나를 번갈아 보았다. 그리고 모니터에 떠 있는 CT 사진을 보고는 지금 우리에게 무슨 일이 일어났는지 알아챘다. 나는 그냥 선제공격을 하기로 했다. "우리도 알아요."

그쯤 되자 재이는 이성을 잃고 울기 시작해 거의 쇼크 상태에 빠져버렸다. 나도 물론 슬펐지만 동시에 울프 박사가 지금 그가 직면하고 있는 자신의 잔인한 임무를 완수하는 방법에 현혹되었다. 그는 재이를 위로하기 위해 옆에 앉았다. 그는 침착한 태도로 더 이상 내 생명을 구하기 위해 일하지는 않을 것이라고 설명했다. "이제부터 하는 치료는 랜디가 남은 인생을 어떻게 하면 편하게 지낼 수 있을지, 그 시간을 연장하려고 노력하는 데 집중할 것입니다. 지금 상태로는 그를 정상적인 수명만큼 살려둘 만한 어떤 치료법도 의학계는 가지고 있지 않기 때문입니다."

"잠깐, 잠깐만요." 재이가 말했다. "지금 그게 전부라고 말씀하는 건가요? 이렇게 갑자기 '맞서 싸워봅시다'에서 '전쟁은 끝났다'로요? 간 이식은요?"

안 된다고 의사는 말했다. "전이가 시작된 순간부터는 불가능합니다." 그는 고식적 항암치료—치료가 목적이 아니고 증상의 완화를 위한, 몇 달간의 생명 연장을 위한 화학요법—와 인생의 마지막까지 내가 편안하게 여생을 즐길 수 있는 방법에 대해 설명했다.

이 모든 일이 현실이 아닌 듯했다. 당연히 놀랐고 모든 것을 잃은 기분이었다. 울음을 멈추지 못하는 재이를 보니 더욱 그랬다. 그러나 내 속의 강인한 일면은 과학자 랜디의 모습을 유지하며 진상을 파악하는 한편 더 나은 선택을 하기 위한 질문을 시작했다. 동시에 또 다른 나의 일부는 눈앞에 펼쳐지고 있는 연극에 완전히 몰

Vocab.
glaring 번쩍번쩍 빛나는, 눈부신, 눈에 띄는 **preemptive** 선매의, 선매권이 있는 **grim** (보기나 듣기에 아주) 엄숙한, 암울한, 음침한 **curative** 치료용의, 치료력이 있는 **surreal** 초현실적인, 기상천외의, 초현실적인 것 **stun** (머리를 때려) 기절시키다, 망연자실하게 만들다, 큰 감동을 주다 **quiz** (많은) 질문을 하다, 심문하다

was another part of me that was utterly engaged in the theater of the moment. I felt incredibly impressed—awed really—by the way Dr. Wolff was giving the news to Jai. I thought to myself: "Look at how he's doing this. He's obviously done this so many times before, and he's good at it. He's carefully rehearsed, and yet everything is still so heartfelt and spontaneous."

I took note of how the doctor rocked back in his chair and closed his eyes before answering a question, almost as if that was helping him think harder. I watched the doctor's body posture, the way he sat next to Jai. I found myself almost detached from it all, thinking: "He isn't putting his arm around her shoulder. I understand why. That would be too presumptuous. But he's leaning in, his hand on her knee. Boy, he's good at this."

I wished every medical student considering oncology could see what I was seeing. I watched Dr. Wolff use semantics to phrase whatever he could in a positive light. When we asked, "How long before I die?" he answered, "You probably have three to six months of good health." That reminded me of my time at Disney. Ask Disney World workers: "What time does the park close?" They're supposed to answer: "The park is *open* until 8 p.m."

In a way, I felt an odd sense of relief. For too many tense months, Jai and I had been waiting to see if and when the tumors would return. Now here they were, a full army of them. The wait was over. Now we could move on to dealing with whatever came next.

At the end of the meeting, the doctor hugged Jai and shook my hand, and Jai and I walked out together, into our new reality.

Leaving the doctor's office, I thought about what I'd said to Jai in the water park in the afterglow of the speed slide. "Even if the scan results are bad tomorrow," I had told her, "I just want you to know

입되었다. 나는 울프 박사가 재이에게 상황을 설명하는 방식에 굉장한 감명-외경심이 들 정도로-을 받았다. 나는 생각했다. '그가 일을 처리하는 방법을 좀 보라고. 이런 일을 수도 없이 겪었겠지. 그는 정말 잘해내고 있어. 모든 행동이 진심에서 우러난 듯 보이고 매우 자연스러워.'

나는 그가 질문에 대답하기 전 몸을 의자에 깊숙이 기대어 마치 생각에 몰두하는 데 도움이라도 되는 듯 눈을 감는 모습을 주의 깊게 지켜보았다. 의사의 자세를 관찰하면서 마치 이 모든 상황으로부터 떨어져 있는 듯 느꼈고 이런 생각에 잠겼다. '그는 지금 재이에게 팔을 두르지는 않아. 왜인지 알겠군. 그건 너무 주제넘어 보일 테니까. 그렇지만 앞으로 몸을 구부리고 무릎에 손을 올리고 있어. 그래. 저 자세가 제일 낫겠군.'

나는 암 전문의가 되려고 하는 모든 의대생들이 지금 내가 보고 있는 장면을 봤으면 하는 생각이 들었다. 울프 박사는 가능한 긍정적인 문장을 구사하려고 노력하고 있었다. 우리가 "죽기까지 얼마나 남았지요?"라고 묻자 그는 이렇게 대답했다. "아마도 석 달에서 여섯 달은 좋은 건강을 유지할 것입니다." 그 말은 내가 디즈니에 있었던 시절을 떠올리게 했다. 디즈니월드에서 일하는 사람들에게 물어보라. "공원은 언제 닫아요?" 그러면 이런 대답이 돌아올 것이다. "놀이공원은 여덟 시까지 '열려' 있어요."

한편으로는 이상하게도 위안이 되었다. 너무 오랜 나날 긴장 속에서 재이와 나는 혹시 종양이 다시 발견될까 만약 그렇다면 그게 언제일까 기다려왔다. 이제 지금 그것이 눈앞에 있었다. 한두 개도 아닌 무리로. 기다림은 끝이 났다. 이제 우리는 다음 일에 대처하면 되었다.

진료가 끝나자 의사는 재이를 안아주었다. 나와는 악수를 했다. 재이와 나는 우리의 새로운 현실로 걸어 나왔다.

진료실을 떠나면서 나는 어제 워터파크에서 쾌속 미끄럼틀을 즐긴 후 그 감흥을 간직한 채 재이에게 했던 말을 생각했다. "만약 내일 결과가 안 좋아도, 살아서 오늘 여기에 당신과 함께 있다는 사실에 내가 아주 행복해하고 있다는 것을 알아줬

Vocab.
utterly 완전히, 순전히, 아주 heartfelt 진심 어린 spontaneous 자발적인, 자연적인 posture (사람이 앉거나 서 있는) 자세, (특정 상황 등에 대한) 자세 detach (더 큰 것에서) 떼다, 분리되다 presumptuous 주제넘은, 뻔뻔한, 건방진 semantic 어의에 관한, 의미론(상)의 afterglow (해가 진 후의) 잔광, (기분 좋은) 여운

that it feels great to be alive, and to be here today, alive with you. Whatever news we get about the scans, I'm not going to die when we hear it. I won't die the next day, or the day after that, or the day after that. So today, right now, well this is a wonderful day. And I want you to know how much I'm enjoying it."

I thought about that, and about Jai's smile.

I knew then. That's the way the rest of my life would need to be lived.

으면 해. 우리가 어떤 결과를 들을지라도 그 순간 당장 죽지는 않아. 다음 날도, 그 다음 날도, 또 그다음 날도. 그러니까 오늘 바로 여기만 생각해. 기가 막힌 날이잖아. 내가 얼마나 즐거운지 당신도 알았으면 좋겠어."

내 말을 들으며 미소 짓던 제이의 모습이 떠올랐다.

비로소 알 것 같았다. 이제 남은 삶을 살아내는 방식은 그래야만 한다는 것을.

Grammar

※ whatever(복합관계형용사): 복합관계형용사로 쓰인 whatever는 바로 뒤의 명사를 수식하며 완전한 문장과 쓰인다. 명사절/부사절 접속사로 사용이 가능한데, 본문에서는 부사절로 사용됨.

13

The Man in the Convertible

ONE MORNING, well after I was diagnosed with cancer, I got an email from Robbee Kosak, Carnegie Mellon's vice president for advancement. She told me a story.

She said she had been driving home from work the night before, and she found herself behind a man in a convertible. It was a warm, gorgeous, early-spring evening, and the man had his top down and all his windows lowered. His arm was hanging over the driver's side door, and his fingers were tapping along to the music on his radio. His head was bobbing* along, too, as the wind blew through his hair.

Robbee changed lanes and pulled a little closer. From the side, she could see that the man had a slight smile on his face, the kind of absentminded smile a person might have when he's all alone, happy in his own thoughts. Robbee found herself thinking: "Wow, this is the epitome of a person appreciating this day and this moment."

The convertible eventually turned the corner, and that's when Robbee got a look at the man's full face.

"Oh my God," she said to herself. "It's Randy Pausch!"

She was so struck by the sight of me. She knew that my cancer diagnosis was grim. And yet, as she wrote in her email, she was moved by how contented I seemed. In this private moment, I was obviously in high spirits. Robbee wrote in her email: "You can never know how

13

컨버터블에 탄 남자

    암 진단을 받은 지 한참이 지난 어느 날 아침, 나는 카네기멜론대학의 대학발전위원회 부회장인 로비 코삭이 보낸 이메일 한 통을 받았다. 그녀는 이야기를 하나 들려주었다.

    그 전날 저녁 그녀는 퇴근해서 집으로 가는 중에 컨버터블을 운전하고 있는 앞차의 남자에 주목하게 되었다. 따뜻하고 멋진 이른 봄날 저녁, 그 남자의 차는 지붕이 열려 있었고 창문도 모두 내려져 있었다. 남자는 운전석 쪽 창문으로 팔을 늘어뜨린 채 라디오에서 흘러나오는 음악에 맞추어 가볍게 손장단을 치고 있었다. 머리 또한 리듬에 따라 흔들렸고 바람은 그의 머리카락을 스치며 지나갔다.

    로비는 차선을 바꿔서 그 차 가까이 다가갔고 남자의 얼굴에 떠오른 희미한 미소를 볼 수 있었다. 그 미소는 완벽하게 혼자인 시간에 행복한 상념에 빠져 있는, 방심한 상태에서나 지을 법한 미소였다. 로비는 생각했다. '와우, 저 남자야말로 오늘 이 하루와 이 순간에 감사할 줄 아는 사람이구나.'

    컨버터블은 조금 후에 코너를 돌았고 마침내 로비는 그 남자의 얼굴을 정면으로 볼 수 있었다. "세상에!" 그녀는 자신도 모르게 외쳤다. "랜디 포시잖아!"

    로비는 그런 내 모습에 매우 충격을 받았다. 그녀는 내가 받은 암 진단이 심각한 수준이라는 사실을 알고 있었다. 그럼에도 대단히 만족스러워 보이는 모습에 감동을 받았다고 이메일에 적었다. 자동차를 홀로 운전하던 그 순간에 나는 분명히 활기차게 보였을 것이다. 로비는 이렇게 적었다. "당신의 그 모습이 나의 하루를 얼마

Vocab.
bob* (물 위에서) 깐닥거리다, 까닥거리다 absentmind 방심 상태의, 멍해 있는, 건성의 epitome 개략, 대요, 요약, 초록

much that glimpse of you made my day, reminding me of what life is all about."

I read Robbee's email several times. I came to look at it as a feedback loop of sorts.

It has not always been easy to stay positive through my cancer treatment. When you have a dire medical issue, it's tough to know how you're really faring emotionally. I had wondered whether a part of me was acting when I was with other people. Maybe at times I forced myself to appear strong and upbeat. Many cancer patients feel obliged to put up a brave front. Was I doing that, too?

But Robbee had come upon me in an unguarded moment. I'd like to think she saw me as I am. She certainly saw me as I was that evening.

Her email was just a paragraph, but it meant a great deal to me. She had given me a window into myself. I was still fully engaged. I still knew life was good. I was doing OK.

나 즐겁게 했는지 몰라요. 인생이 무엇인지 다시 생각하게 되었답니다."

나는 로비의 이메일을 몇 번이나 거듭해서 읽었다. 그러고 나자 객관적인 관점으로 나 자신을 돌아볼 수 있었다.

항암치료를 받는 동안 긍정적인 태도를 유지하는 것이 언제나 쉬운 일은 아니었다. 심각한 건강상의 문제를 가지고 있을 때 내가 감정적으로 얼마나 괜찮은지는 스스로도 알기가 힘들다. 다른 사람들과 있을 때 나도 모르게 연기를 하고 있는 것은 아닌지 의심이 들 때도 있었다. 가끔씩은 강인하고 즐거워 보일 수 있도록 스스로를 다그쳤을지도 모른다. 많은 암환자들은 용감한 모습을 보여야 한다는 의무감에 시달린다. 나도 그랬던 것일까.

그러나 로비는 방심한 순간의 나를 보았다. 나는 그녀가 있는 그대로의 나를 본 것이라고 믿고 싶다. 어쨌든 그날 밤 그녀가 본 것이 본연의 내 모습이니까.

그녀의 이메일은 짧았지만 내게 준 의미는 컸다. 그녀는 나에게 내 스스로를 들여다볼 수 있는 창문을 제공했다. 나는 여전히 완전하게 살아 있다. 나는 여전히 인생은 행복하다는 사실을 알고 있었다. 나는 잘 지내고 있다.

Vocab.
glimpse (완전히는 못 보고) 잠깐 봄, 일별, (무엇을 이해하는 데 도움이 되는) 짧은 경험 feedback loop (전기공학, 전자공학, 전산학, 통신학) 되먹임 루프 dire 대단히 심각한, 엄청난, 지독한, 몹시 나쁜, 끔찍한 upbeat 긍정적인, 낙관적인 oblige 강요하다, 은혜를 베풀다

Grammar
※ 부사 역할을 하는 시간 관련 명사들. 보통 명사는 주어, 목적어, 보어 역할을 하지만 '시간 관련 명사'는 주로 동사를 수식하는 부사의 역할을 한다. 본문의 several times도 '여러 번'이란 뜻으로 read를 수식한다.

14

The Dutch Uncle

A<small>NYONE</small> W<small>HO</small> knows me will tell you I've always had a healthy sense of myself and my abilities. I tend to say what I'm thinking and what I believe. I don't have much patience for incompetence.

These are traits that have mostly served me well. But there are times, believe it or not, when I've come across as arrogant and tactless. That's when those who can help you recalibrate yourself become absolutely crucial.

My sister, Tammy, had to put up with the ultimate know-it-all kid brother. I was always telling her what to do, as if our birth order was a mistake that I was incessantly trying to correct.

One time when I was seven years old and Tammy was nine, we were waiting for the school bus, and as usual, I was mouthing off. She decided she'd had enough. She picked up my metal lunch box and dropped it in a mud puddle ... just as the bus pulled up. My sister ended up in the principal's office, while I was sent to the janitor, who cleaned up my lunch box, threw out my mud-soaked sandwich and kindly gave me lunch money.

The principal told Tammy he had called our mother. "I'm going to let her handle this," he said. When we arrived home after school, Mom said, "I'm going to let your father handle this." My sister spent the day nervously awaiting her fate.

14
네덜란드 삼촌

　나를 알고 있는 사람이라면 내가 스스로를, 그리고 스스로의 능력을 제대로 파악하고 있다는 사실을 잘 알 것이다. 나는 자신의 생각과 믿음을 표현하는 편이다. 나는 무능력에 대해서는 인내심을 가지고 있지 않다.

　이러한 특성은 나를 잘 나타내준다. 그러나 때로는 믿거나 말거나 나도 거만하고 요령 없는 사람으로 비쳐지는 순간이 있다. 그럴 때는 자신을 재평가할 수 있게 이끌어 주는 사람들이 절대적으로 필요하다.

　누나는 심하게 잘난 척하는 동생을 참아주어야만 했다. 나는 마치 우리의 출생 순서가 잘못되어 끊임없이 바로잡으려 드는 사람처럼 항상 누나에게 이래라 저래라 말이 많았다.

　내가 일곱 살이고 누나가 아홉 살이던 어느 날 우리는 통학버스를 기다리고 있었는데 나는 언제나처럼 잘난 척하며 이것저것 떠들어댔다. 누나는 이제 참을 만큼 참았다고 생각했다. 버스가 도착하는 순간 누나는 내 철제 도시락을 집어 들더니 진흙 웅덩이에 떨어뜨렸다. 그 일로 누나는 교장실로 불려갔고 나는 학교 관리인에게 보내졌다. 관리인은 내 도시락을 닦아주고 진흙이 스며든 샌드위치를 버리고는 친절하게도 점심 사먹을 돈까지 쥐어주었다.

　교장선생님은 누나에게 집에 전화를 했다고 말했다. "어머니께서 알아서 하시도

Vocab.
incompetence 무능력, 부적당　trait (성격상의) 특성　tactless 재치 없는, 분별없는, 서투른　recalibrate 다시 눈금을 정하다, 다시 조정하다, 재평가하다　incessantly 끊임없이　mouth off (at/about something) 크게 말하다 [투덜대다]　nervously 신경질적으로; 초조하게, 소심하게, 힘차게, 억세게

Grammar
※ 사역동사+목적어+동사원형/p.p: ~를 시키다. 5형식 구조이며 목적보어에 2가지를 쓸 수 있는데 목적어가 동작을 하면 동사원형, 목적어가 되면 p.p, 즉 과거분사를 쓴다. let, make, have를 외우자.

Ⅲ. ADVENTURES … AND LESSONS LEARNED

When my father got home after work, he listened to the story and burst into a smile. He wasn't going to punish Tammy. He did everything but congratulate her! I was a kid who needed to have his lunch box dropped in a puddle. Tammy was relieved, and I'd been put in my place ... though the lesson didn't completely sink in.

By the time I got to Brown University, I had certain abilities and people knew I knew it. My good friend Scott Sherman, whom I met freshman year, now recalls me as "having a total lack of tact, and being universally acclaimed as the person quickest to offend someone he had just met."

I usually didn't notice how I was coming off, in part because things seemed to be working out and I was succeeding academically. Andy van Dam, the school's legendary computer science professor, made me his teaching assistant. "Andy van Demand," as he was known, liked me. I was impassioned about so many things—a good trait. But like many people, I had strengths that were also flaws. In Andy's view, I was self-possessed to a fault, I was way too brash* and I was an inflexible contrarian, always spouting opinions.

One day Andy took me for a walk. He put his arm around my shoulders and said, "Randy, it's such a shame that people perceive you as being so arrogant, because it's going to limit what you're going to be able to accomplish in life."

Looking back, his wording was so perfect. He was actually saying, "Randy, you're being a jerk." But he said it in a way that made me open to his criticisms, to listening to my hero telling me something I needed to hear. There is an old expression, "a Dutch uncle," which refers to a person who gives you honest feedback. Few people bother doing that nowadays, so the expression has started to feel outdated, even obscure. (And the best part is that Andy really *is* Dutch.)

록 맡기겠다." 하고 후 집에 돌아가니 어머니는 이렇게 말했다. "너희 아버지가 알아서 하라고 맡길 거야." 누나는 하루 종일 떨며 운명을 기다려야 했다.

퇴근하고 돌아온 아버지는 모든 이야기를 듣고 나선 이내 웃음을 터뜨렸다. 아버지는 누나를 벌할 생각이 없었다. 오히려 누나를 칭찬했다! 나는 웅덩이에 도시락이 던져져도 마땅한 아이였던 것이다. 누나는 안심했고 나는 무엇을 잘못한 것인지 깨닫지도 못한 채 벌을 받았다.

브라운대학에 입학했을 무렵 나는 사람들에게 내 존재를 알리고야 마는 재능을 지니고 있었다. 대학 1학년 때 만난 절친한 친구 스콧 셔먼은 나를 "사람을 대하는 요령이 없으며 방금 만난 사람도 빠른 속도로 기분 나쁘게 만들어버리는 사람"이라고 회상한다.

문제아도 아니고 성적도 좋았기 때문에 나는 평소의 내가 남들에게 어떻게 비쳐지는지 깨닫지 못했다. 그러나 대학의 전설적인 컴퓨터공학 교수였던 앤디 밴 댐이 나를 조교로 받아들였다. 그는 '바라는 게 많은 앤디'로 알려져 있었는데 나를 좋아했다. 나는 많은 일에 정열적으로 뛰어들었다. (훌륭한 특성이다.) 그러나 대다수의 사람들이 그런 것처럼 나의 장점들은 동시에 결점이었다. 앤디 교수의 평에 의하면 나는 극단적으로 자기만 알고 지나치게 건방지며 쉴 새 없이 의견을 분출해내는 융통성 없는 반골이었다.

어느 날 앤디 교수가 내게 산책을 하자고 했다. 그는 내 어깨에 손을 얹었다. "랜디, 사람들이 너를 거만하다고 생각하는 것은 정말 안된 일이야. 그렇게 되면 네 인생에서 이룰 수 있는 것이 한정되니까."

돌아보면 그의 표현은 너무나 완벽했다. 그는 사실 "랜디, 넌 멍청한 놈이야."라고 말한 것이었다. 하지만 그는 내가 비판에 마음을 열 수 있도록 말했다. 나의 영웅 앤디 교수는 내게 진작부터 필요했던 이야기를 하나하나 타일러준 것이다.

'네덜란드 삼촌'이라는 아주 오래된 말이 있다. 당신에게 정직한 의견을 말하는 사람을 일컫는 표현이다. 요즘에야 그렇게까지 남의 일에 나서는 사람이 드물어서 이러한 말이 구식처럼 느껴지고 뜻이 모호하기도 할 것이다. (재미있는 사실은 앤디가

Vocab.
puddle (비 온 뒤의) 물웅덩이 lack(of something) 부족, 결핍 offend 기분 상하게 하다, 불쾌하게 여겨지다
impassion 크게 감동시키다, 자극하다 brash* 자신만만한, 너무 야단스러운 contrarian 반대 의견을 가진 사람
spout (특히 액체를) 내뿜다, 분출되다 perceive 감지하다, ~을 (~로) 여기다 outdated (더 이상 쓸모가 없게) 구식인

Ⅲ. ADVENTURES … AND LESSONS LEARNED **129**

Ever since my last lecture began spreading on the Internet, more than a few friends have been ribbing me about it, calling me "St. Randy." It's their way of reminding me that there were times I've been described in other, more colorful, ways.

But I like to think that my flaws are in the social, rather than in the moral category. And I've been lucky enough to benefit over the years from people like Andy, who have cared enough to tell me the tough-love things that I needed to hear.

실제로도 네덜란드인이라는 것이다.)

　나의 마지막 강의가 인터넷에 퍼져나가기 시작하면서 친구들은 요즘 나를 놀린다고 '성자 랜디'라고 부르곤 한다. 온갖 다채로운 표현으로 호칭되던 한때가 있었음을 내게 상기시키려는 속셈인 것이다.

　그러나 나는 내가 지녔던 결점들이 도덕적 범주가 아닌, 좀 더 사회적인 범주에 속했다는 것으로 위안을 삼고 있다. 더불어 늘 배려해주고 쓰디쓴 충고일지라도 사랑을 담아 전해주는 앤디 교수 같은 분을 만난 것은 내 인생의 행운이었다.

Vocab.
rib 친근하게 놀리다 rather than ~보다는[대신에/~하지 말고]

15

Pouring Soda in the Backseat

FOR A long time, a big part of my identity was "bachelor uncle." In my twenties and thirties I had no kids, and my sister's two children, Chris and Laura, became the objects of my affection. I reveled in being Uncle Randy, the guy who showed up in their lives every month or so to help them look at their world from strange new angles.

It wasn't that I spoiled them. I just tried to impart my perspective on life. Sometimes that drove my sister crazy.

Once, about a dozen years ago, when Chris was seven years old and Laura was nine, I picked them up in my brand-new Volkswagen Cabrio convertible. "Be careful in Uncle Randy's new car," my sister told them. "Wipe your feet before you get in it. Don't mess anything up. Don't get it dirty."

I listened to her, and thought, as only a bachelor uncle can: "That's just the sort of admonition that sets kids up for failure. Of course they'd eventually get my car dirty. Kids can't help it." So I made things easy. While my sister was outlining the rules, I slowly and deliberately opened a can of soda, turned it over, and poured it on the cloth seats in the back of the convertible. My message: People are more important than things. A car, even a pristine gem like my new convertible, was just a thing.

15

뒷좌석에 음료수 쏟기

오랫동안 나는 '총각 삼촌'으로 불리며 살아왔다. 20대는 물론 30대까지 나는 아이가 없었고 누나의 두 아이 크리스와 로라는 내가 애정을 쏟아붓는 주요 대상이 되었다. 나는 조카들이 새로운 관점으로 세상을 볼 수 있도록 도와주고자 한 달에 한 번 등장하는 랜디 삼촌으로서의 지위에 흠뻑 취해 있었다.

내가 그들의 버릇을 망쳐놨다는 것은 아니다. 나는 그저 인생에 대한 나의 견해를 그들에게도 나누어주려 했을 뿐이었는데 그 사실이 가끔씩 누나를 미치게 만들었다.

12년쯤 전 크리스가 일곱 살, 로라가 아홉 살이었을 때 나는 어린 조카들을 새로 뽑은 폭스바겐 카브리오 컨버터블에 태웠다. "랜디 삼촌 새 차니까 조심해라." 누나는 아이들에게 말했다. "타기 전에 발 털고. 아무거나 건드리지 마라. 더럽히지도 말고."

나는 누나가 하는 말을 들으면서 총각 삼촌만이 할 수 있는 생각을 했다. '저런 훈계로 기를 죽이다니. 아이들은 당연히 차를 더럽힐 수 있어. 아이들이니까 어쩔 수 없잖아.' 그래서 나는 간단히 이 문제를 해결했다. 누나가 새 차에서의 규칙들을 설명하고 있을 때 나는 유유히 음료수 캔을 따고 캔을 뒤집은 다음 뒷좌석 천 시트에다가 쏟아버렸다. 사람이 물건보다 중요하다는 것을 알리고 싶었다. 자동차는 비록 신성한 보물 같은 나의 새 컨버터블이라 할지라도 그냥 물건일 뿐이다.

Vocab.
revel in something ~을 한껏[대단히] 즐기다 impart (정보·지식 등을) 전하다, (특정한 특성을) 주다 admonition 훈계, 권고, 충고, 경고 outline 개요를 서술하다, 윤곽을 보여주다 deliberately 고의로, 의도적으로, 신중하게, 찬찬히 pristine 옛날의, 원래의, 순박한 gem 보석, 보옥, 귀중품

As I poured out that Coke, I watched Chris and Laura, mouths open, eyes widening. Here was crazy Uncle Randy completely rejecting adult rules.

I ended up being so glad I'd spilled that soda. Because later in the weekend, little Chris got the flu and threw up all over the backseat. He didn't feel guilty. He was relieved; he had already watched me christen the car. He knew it would be OK.

Whenever the kids were with me, we had just two rules:

1) No whining.
2) Whatever we do together, don't tell Mom.

Not telling Mom made everything we did into a pirate adventure. Even the mundane could feel magical.

On most weekends, Chris and Laura would hang out at my apartment and I'd take them to Chuck E. Cheese, or we'd head out for a hike or visit a museum. On special weekends, we'd stay in a hotel with a pool.

The three of us liked making pancakes together. My father had always asked: "Why do pancakes need to be round?" I'd ask the same question. And so we were always making weirdly shaped animal pancakes. There's a sloppiness to that medium that I like, because every animal pancake you make is an unintentional Rorschach test. Chris and Laura would say, "This isn't the shape of the animal I wanted." But that allowed us to look at the pancake as it was, and imagine what animal it might be.

I've watched Laura and Chris grow into terrific young adults. She's now twenty-one and he's nineteen. These days, I am more grateful than ever that I was a part of their childhoods, because I've come to

콜라 캔을 뒤집어 쏟는 동안 나는 크리스와 로라의 벌어진 입과 크게 떠진 눈을 보았다. 여기 어른들의 규칙을 정면으로 거부하는 미치광이 랜디 삼촌이 있었다.

결과적으로 음료수를 쏟은 건 아주 잘한 일이었다. 바로 그 주말에 독감에 걸린 크리스가 뒷좌석 전체에 먹은 걸 다 토해버렸기 때문이다. 크리스는 죄책감을 갖지 않아도 되었다. 그는 안심했다. 내가 차에 세례를 주는 모습을 이미 목격했기 때문이었다. 그러니 토해도 괜찮다는 걸 알고 있었다.

아이들과 함께 있을 때 우리는 오직 두 가지 규칙만 따랐다.

1) 칭얼대지 않기
2) 우리가 무얼 하든 엄마한테 말하지 않기

엄마한테 말하지 않는 것으로 우리가 하는 모든 일은 해적 모험으로 바뀌었다. 평범한 일도 매혹적 사건으로 탈바꿈하는 것이다.

거의 모든 주말에 크리스와 로라는 내 아파트에 머물렀고 나는 그들을 처키 치즈 식당에 데려가거나 하이킹을 하거나 박물관에 데리고 갔다. 특별한 주말에는 풀장이 있는 호텔을 잡아 머물기도 했다.

우리 셋은 함께 팬케이크 만들기를 좋아했다. 아버지는 항상 "왜 팬케이크는 꼭 둥글어야 하지?"라고 물었는데 나 역시 동감이었다. 그래서 우리는 이상한 동물 모양을 만들었다. 내가 좋아하는 적당히 얼버무린 듯한 형태도 만들었다. 동물 모양을 만들기만 하면 어떤 것이든 의도하지 않아도 로르샤흐 테스트가 돼버리곤 했다. 크리스와 로라는 "이건 내가 만들려던 동물이 아니야."라고 말하곤 했지만 우리는 그것을 보면서 어떤 동물이든지 다 상상할 수 있었다.

나는 로라와 크리스가 훌륭한 젊은이로 성장하는 것을 지켜보았다. 로라는 이제 스물한 살이고 크리스는 열아홉살이다. 요즘에 나는 그 어느 때보다 내가 그들 유년기의 일부를 함께 보냈다는 사실에 감사한다. 깨달은 바가 있기 때문이다. 이제

Vocab.
christen 세례를 주다 whine 낑낑거리다, 흐느껴 울다 mundane 재미없는, 일상적인 hang out (~에서) 많은 시간을 보내다 head out ~으로 향하다[for], 출발하다, 전기를 맞다 weird 기이한, 기괴한 sloppiness 엉성함

Grammar
※ 지각동사+목적어+동사원형/-ing/p.p: 5형식 구조이며 목적어가 동작을 할 때는 원형동사나 -ing를, 수동적으로 움직일 때는 p.p를 쓴다. 대표적인 지각동사로는 see, watch, hear 등이 있으며 시험에도 자주 출제된다.

realize something. It's unlikely that I will ever get to be a father to children over age six. So my time with Chris and Laura has become even more precious. They gave me the gift of being a presence in their lives through their pre-teen and teen years, and into adulthood.

Recently, I asked both Chris and Laura to do me a favor. After I die, I want them to take my kids for weekends here and there, and just do stuff. Anything fun they can think of. They don't have to do the exact things we did together. They can let my kids take the lead. Dylan likes dinosaurs. Maybe Chris and Laura can take him to a natural history museum. Logan likes sports: maybe they can take him to see the Steelers. And Chloe loves to dance. They'll figure something out.

I also want my niece and nephew to tell my kids a few things. First, they can say simply: "Your dad asked us to spend this time with you, just like he spent time with us." I hope they'll also explain to my kids how hard I fought to stay alive. I signed up for the hardest treatments that could be thrown at me because I wanted to be around as long as possible to be there for my kids. That's the message I've asked Laura and Chris to deliver.

Oh, and one more thing. If my kids mess up their cars, I hope Chris and Laura will think of me and smile.

나는 여섯 살짜리 이상의 아버지가 되어볼 기회가 없게 되었다. 그래서 그 애들과 보낸 시간이 더욱 소중한 것이다. 그들은 나에게 10대 초반, 10대 그리고 젊은이의 인생을 지켜볼 수 있는 선물을 안겨주었다.

최근에 나는 크리스와 로라에게 이런 부탁을 했다. 내가 죽고 나면 주말마다 우리 아이들을 여기저기 데리고 다니면서 무엇이든 함께 해달라고. 생각나는 대로 재미있는 일이라면 무엇이든. 우리가 함께했던 일을 꼭 똑같이 따라 할 필요는 없다. 우리 아이들이 원하는 것이면 다 좋다. 딜런은 공룡을 좋아한다. 크리스와 로라가 그 아이를 자연사 박물관에 데리고 갈 수도 있을 것이다. 로건은 스포츠를 좋아한다. 어쩌면 그 아이와 피츠버그 스틸러스팀의 경기에 데려가줄 수도 있다. 클로이는 춤추는 걸 좋아한다. 그 일이라면 조카들이 뭔가 구상을 해보겠지.

내 아이들에게 전해주었으면 하는 말도 몇 가지 있다. 처음 해줄 말은 이것이다. 그냥 간단히 이렇게만 말하면 된다. "너희 아버지는 그가 우리에게 했던 것처럼 우리도 너희과 시간을 보내주기를 부탁하셨어."

그리고 내가 살아남으려고 얼마나 열심히 싸웠는지도 아이들에게 설명해주었으면 한다. 나는 내가 받을 수 있는 가장 강한 치료에 동의했다. 아이들과 가능한 한 오랫동안 같이 있고 싶기 때문이었다.

아, 그리고 하나 더. 만약 우리 아이들이 그들의 차를 더럽히더라도 크리스와 로라가 나를 떠올리며 그냥 웃어주었으면 한다.

Vocab.
take the lead 지도적 위치를 차지하다, ~하는 데 선두에 서다[in doing], 솔선 수범하다

16

Romancing the Brick Wall

THE MOST formidable brick wall I ever came upon in my life was just five feet, six inches tall, and was absolutely beautiful. But it reduced me to tears, made me reevaluate my entire life and led me to call my father, in a helpless fit, to ask for guidance on how to scale it.

That brick wall was Jai.

As I said in the lecture, I was always pretty adept at charging through the brick walls in my academic and professional life. I didn't tell the audience the story about my courtship with my wife because I knew I'd get too emotional. Still, the words I said on stage completely applied to my early days with Jai:

"...The brick walls are there to stop the people who don't want it badly enough. They're there to stop the *other* people."

I was a thirty-seven-year-old bachelor when Jai and I met. I'd spent a lot of time dating around, having great fun, and then losing girlfriends who wanted to get more serious. For years, I felt no compulsion to settle down. Even as a tenured professor who could afford something better, I lived in a $450-a-month attic apartment with a fire-escape walkup. It was a place my grad students wouldn't live in because it was beneath them. But it was perfect for me.

A friend once asked me: "What kind of woman do you think would be impressed if you brought her back to this place?"

16
장벽에게 구애하기

　내 인생에서 마주쳤던 것 중 가장 완강하게 나를 가로막은 장벽은 높이가 고작 167센티미터에 불과했다. 하지만 장벽은 더할 나위 없이 아름다웠다. 그것은 나를 눈물로 부서지게 했고 삶을 다시 돌아보게 만들었으며 거의 발작적으로 아버지에게 전화를 걸어 어떻게 올라가야 하는지 길잡이가 되어 달라고 부탁하게 만들었다.
　그 장벽은 바로 재이였다.
　강의에서 말했듯이 나는 학자로서나 다른 직업적인 인생에서 장벽을 돌파하는 방법에 꽤 숙달되어 있었다. 나는 강의를 들으러 온 청중에게는 아내와의 첫 만남 이야기를 하지 않았었다. 감정이 복받쳐 오를 것을 알았기 때문이다. 그날 내가 강의에서 했던 말의 어느 부분은 재이와의 초창기에 있었던 일에 완벽하게 해당된다.
　"……장벽은 절실하게 원하지 않는 사람들을 걸러내려고 존재합니다. 장벽은 당신이 아니라 '다른' 사람들을 멈추게 하려고 거기 있는 것이지요."
　재이와 내가 만났을 때 나는 서른일곱 총각이었다. 그간 여자들과 자주 데이트를 즐겼고 재미있는 일도 많았다. 하지만 여자들 쪽에서 보다 진지한 관계를 요구할 시기가 되면 헤어졌다. 오랫동안 나는 정착하고 싶은 욕망을 느낀 적이 없었다. 종신 교수가 되고 벌이가 더 좋아졌을 때도 나는 소방 비상계단 옆 한 달에 450불짜리 월세 다락 아파트에 살았다. 내가 가르치는 대학원 학생들조차도 수준에 맞지 않는다고 꺼려 할 집이었다. 그러나 나에게는 모자람이 없었다.
　한번은 내 친구가 "대체 어떤 여자가 이런 집을 보고 좋아하겠니?" 하고 물었다.

Vocab.
formidable 가공할, 어마어마한　reevaluate 재평가하다　adept 숙련된, 정통한, 환한　courtship (결혼 전의) 교제 (기간), (동물의 짝짓기를 위한) 구애　compulsion 강요, 강제　settle down 편안히 앉다[눕다], (조용히 한 곳에 자리 잡고) 정착하다　tenured 종신 재직권을 가진

I replied: "The right kind."

But who was I kidding? I was a fun-loving, workaholic Peter Pan with metal folding chairs in my dining room. No woman, even the right kind, would expect to settle down blissfully into that. (And when Jai finally arrived in my life, neither did she.) Granted, I had a good job and other things going for me. But I wasn't any woman's idea of perfect marriage material.

I met Jai in the fall of 1998, when I was invited to give a lecture on virtual reality technology at the University of North Carolina at Chapel Hill. Jai, then a thirty-one-year-old grad student in comparative literature, was working part-time in the UNC computer science department. Her job was to host visitors who came to the labs, whether Nobel laureates or Girl Scout troops. On that particular day, her job was to host me.

Jai had seen me speak the previous summer at a computer graphics conference in Orlando. She later told me she had considered coming up to me afterward to introduce herself, but she never did. When she learned she'd be my host when I came to UNC, she visited my Web site to learn more about me. She clicked through all my academic stuff, and then found the links to my funkier personal information—that my hobbies were making gingerbread houses and sewing. She saw my age, and no mention of a wife or girlfriend, but lots of photos of my niece and nephew.

She figured I'm obviously a pretty offbeat and interesting guy, and she was intrigued enough to make a few phone calls to friends of hers in the computer science community.

"What do you know about Randy Pausch?" she asked. "Is he gay?"

She was told I was not. In fact, she was told I had a reputation as a player who'd never settle down (well, to the extent that a computer

나는 대답했다. "좋은 여자."

하지만 이게 대체 뭐하는 짓이람. 철제 접이식 의자를 식탁 의자로 사용하더라도 즐거우면 그만인 나는 워커홀릭 피터팬이었다. 어떤 여자라도 제아무리 바르고 좋은 여자라 할지라도 그런 곳에서 행복하게 정착하지는 못할 것이었다. (그리고 마침내 재이가 내 인생에 찾아왔을 때 그녀도 그랬다.) 다행히 좋은 직장과 좋은 조건을 갖추긴 했지만 나는 여자들이 흔히 생각하는 결혼하고 싶은 남자는 아니었다.

노스캐롤라이나대학교 채플힐캠퍼스에 가상현실 기술 강의를 위해 초대되었던 1998년 가을에 나는 처음 재이를 만났다. 당시 서른한 살의 비교문학을 전공하는 대학원생이었던 재이는 노스캐롤라이나대학 컴퓨터과학부에서 아르바이트를 하고 있었다. 그녀의 임무는 노벨상 수상자부터 걸스카우트 단원까지 연구소를 방문하는 모든 사람들을 접대하는 것이었다. 바로 그날 그녀의 임무는 나를 접대하는 것이었다.

재이는 1년 전 여름 올랜도에서 열린 컴퓨터그래픽 컨퍼런스에서 강연하는 나를 본 적이 있었다. 나중에 그녀가 말하기를 그때 말을 건네볼까 잠시 고민하다 그만두었단다. 내가 노스캐롤라이나대학을 방문한다는 사실을 알게 된 그녀는 나의 웹사이트에 들어가 궁금한 것들을 알아보았다. 재이는 나의 학문 자료들을 모두 클릭해보다가 파격적인 개인 홈피를 발견했다. 당시 내 취미는 진저브레드 하우스 만들기와 바느질이었다. 그녀는 내 나이를 알았고 부인이나 여자 친구에 대한 언급이 없다는 사실도 확인했다. 사진들을 살펴도 몽땅 조카들과 찍은 것뿐이었다.

그녀는 내가 한눈에 봐도 꽤 엉뚱하며 흥미롭다고 생각했다. 컴퓨터과학 분야에서 일하는 친구들 몇몇에게 전화를 걸어볼 만큼 호기심이 일었다.

"랜디 포시에 대해 뭐 아는 거 없어? 혹시 게이 아니야?"

아니라는 대답이었다. 누군가는 정착하기 싫어하는 바람둥이라는 평이 돈다고 일러주었다. (단 컴퓨터과학자 한계에서의 바람둥이.)

Vocab.
blissfully 더없이 행복한 Nobel laureate 노벨상 수상자 offbeat 상식을 벗어난, 보통이 아닌, 색다른, 엉뚱한 intrigue ~의 호기심을 돋우다 extent 넓이, 크기, 범위, 정도

Grammar
※ be invited to do: ~하도록 요청받다. '동사+목적어+to do'라는 5형식 구조가 수동태가 되면 이런 모습이 된다. (강제로) 시키고(force, compel), 요청하고(ask, require, advise, remind), 허락(allow, permit)한다는 뜻의 동사들이 이런 구조를 가진다.

scientist can be considered a "player").

As for Jai, she had been married briefly to her college sweetheart, and after that ended in divorce, with no children, she was gun-shy about getting serious again.

From the moment I met her the day of my visit, I just found myself staring at her. She's a beauty, of course, and she had this gorgeous long hair then, and this smile that said a lot about both her warmth and her impishness. I was brought into a lab to watch students demonstrate their virtual reality projects, and I had trouble concentrating on any of them because Jai was standing there.

Soon enough, I was flirting pretty aggressively. Because this was a professional setting, that meant I was making far more eye contact than was appropriate. Jai later told me: "I couldn't tell if you did that with everyone, or if you were singling me out." Believe me, I was singling.

At one point during the day, Jai sat down with me to ask questions about bringing software projects to UNC. By then I was completely taken with her. I had to go to a formal faculty dinner that night, but I asked if she'd meet me for a drink afterward. She agreed.

I couldn't concentrate during dinner. I wished all of those tenured professors would just chew faster. I convinced everyone not to order dessert. And I got out of there at 8:30 and called Jai.

We went to a wine bar, even though I don't really drink, and I quickly felt a magnetic sense that I really wanted to be with this woman. I was scheduled to take a flight home the next morning, but I told her I'd change it if she'd go on a date with me the following day. She said yes, and we ended up having a terrific time.

재이는 대학에 다닐 때 만난 남자와 짧은 결혼생활을 했고 아이가 없는 상태에서 이혼을 했다. 그런 경험이 새로운 남자와 다시 진지한 관계를 갖는 데 겁을 먹게 만들었다.

　대학을 방문해서 처음 재이를 본 순간부터 나는 그녀에게서 눈을 떼지 못했다. 그때 재이는 긴 머리를 하고 있었는데 정말 아름다웠다. 그리고 그 미소. 따뜻한 사람이라는 것을 말해주면서 동시에 개구쟁이처럼 보이는 그 미소에 나는 어쩔 줄 몰라 했다. 학생들의 가상현실 프로젝트 발표를 보기 위해 연구실로 가면서도 재이 때문에 나는 어떤 것에도 집중할 수 없었다.

　나는 기다리지 않고 바로 다분히 공격적으로 접근했다. 일을 해야 하는 상황이었음에도 지나칠 만큼 자주 눈을 맞추었다. 나중에 그녀가 말했다. "당신이 모든 여자에게 그런 식인지 나한테만 그러는지 믿을 수가 없었어요." 믿어 달라. 재이에게만 그랬다.

　어느 무렵 재이가 내게 노스캐롤라이나대학에 필요한 컴퓨터 관련 소프트웨어를 보내줄 수 있느냐고 물었다. 그녀와 나 두 사람만이 있는 자리였다. 그때쯤 나는 이미 완전히 반해 있었다. 그날 저녁 교직원 만찬에 참석해야 했던 나는 만찬이 끝난 뒤에 잠깐 만나줄 수 있는지를 물었다. 그녀는 동의했다.

　저녁식사 시간에도 재이 생각뿐이었다. 내가 바라는 것은 오직 만찬장에 모인 교수들이 부디 입안의 음식물을 빨리빨리 씹어주는 것이었다. 나는 그들 모두가 후식을 주문하지 않도록 설득하는 데 성공했다. 8시 30분에 얼른 만찬장을 빠져나와 재이에게 전화했다.

　나는 술은 별로 즐기지 않았음에도 불구하고 와인 바로 갔다. 그때 나는 정말이지 지금부터 당장 이 여자와 함께 있고 싶다는 강렬한 감정에 휩싸였다. 나는 말했다. 내일 아침 피츠버그로 돌아가는 비행기 편이 예약되어 있지만 나의 데이트 신청을 받아준다면 일정을 바꾸겠다고. 그녀는 허락했고 우리는 다음 날 굉장한 시간을 보냈다.

Vocab.

gun-shy (말이나 사냥개가) 총성을 무서워하는, (일반적으로) 겁이 많은 (of) warmth 온기, (마음·태도 등이) 따뜻함 impishness 장난꾸러기[개구쟁이] flirt 추파를 던지다 single somebody/something out (~을 위해/~으로) ~을 선발[지목]하다

Ⅲ. ADVENTURES … AND LESSONS LEARNED　**143**

After I returned to Pittsburgh, I offered her my frequent flyer miles and asked her to visit me. She had obvious feelings for me, but she was scared—of both my reputation and of the possibility that she was falling in love.

"I'm not coming," she wrote in an email. "I've thought it through, and I'm not looking for a long-distance relationship. I'm sorry."

I was hooked, of course, and this was a brick wall I thought I could manage. I sent her a dozen roses and a card that read: "Although it saddens me greatly, I respect your decision and wish you nothing but the best. Randy."

Well, that worked. She got on the plane.

I admit: I'm either an incurable romantic or a bit Machiavellian. But I just wanted her in my life. I *had* fallen in love, even if she was still finding her way.

We saw each other most every weekend through the winter. Though Jai wasn't thrilled with my bluntness and my know-it-all attitude, she said I was the most positive, upbeat person she'd ever met. And she was bringing out good things in me. I found myself caring about her welfare and happiness more than anything else.

Eventually, I asked her to move to Pittsburgh. I offered to get her an engagement ring, but I knew she was still scared and that would freak her out. So I didn't pressure her, and she did agree to a first step: moving up and getting her own apartment.

In April, I made arrangements to teach a weeklong seminar at UNC. That would allow me to help her pack up so we could drive her belongings up to Pittsburgh.

After I arrived in Chapel Hill, Jai told me we needed to talk. She was more serious than I had ever seen her.

"I can't come to Pittsburgh. I'm sorry," she said.

피츠버그로 돌아온 후 나는 그녀에게 비행기 표를 한 장 보냈고 나를 보러 와 줄 수 있겠냐고 물었다. 제이도 나에게 호감을 느끼고 있는 것이 분명했다. 하지만 그녀는 나에 대한 평판과 사랑에 빠질지도 모른다는 사실에 겁을 먹었다.

"안 갈래요." 그녀가 이메일을 보내왔다. "많이 생각해봤지만 장거리 연애는 자신이 없어요. 미안해요."

난 이미 그녀에게 빠져 있었다. 그러므로 이 정도는 뭐 그리 어려운 장벽은 아니라고 생각했다. 나는 장미 한 다발과 카드를 보냈다. "진정 마음이 아프지만 당신의 결정을 존중하며 좋은 일만 생기기를 바랍니다. 랜디."

성공이었다. 그녀는 비행기에 올랐다.

나도 인정한다. 나는 구제불능의 낭만주의자거나 아니면 권모술수에 능한 사람인지도 모른다. 하지만 나는 내 인생에 그녀를 원할 뿐이었다. 나는 사랑에 빠져버렸다. 그녀는 아직 길을 헤매고 있을지라도.

우리는 그해 겨울 거의 주말마다 만났다. 지나치게 솔직한 내 말버릇과 이것저것 아는 척하는 태도는 제이도 그리 맘에 들어 하지 않았지만 자신이 만난 사람 중에 가장 낙천적이고 활기찬 사람이라고 나를 평했다. 그 밖에도 제이는 나의 좋은 면을 많이 찾아냈다. 나로서는 그저 그녀의 안녕과 행복만이 중요할 뿐 다른 것은 아무래도 좋았다.

결국 나는 그녀에게 피츠버그로 이사 오는 것은 어떤지 물었다. 조심스럽게 약혼반지 이야기도 꺼냈지만 그녀가 여전히 겁먹은 상태라서 강요하지는 않았다. 그녀도 첫 단계에는 동의했다. 피츠버그로 옮기겠지만 대신 자신의 아파트는 따로 얻겠다는 조건이었다.

4월이 되자 나는 노스캐롤라이나대학에서 한 주 동안의 세미나 일정을 만들었다. 그래야 제이의 이사를 도와 피츠버그로 짐을 나를 수 있기 때문이었다.

모든 준비를 마치고 채플힐캠퍼스에 도착했을 때 제이가 내게 할 말이 있다고 했다. 지금껏 본 중에 가장 진지한 모습이었다.

"피츠버그에 못 가겠어요. 미안해요." 제이가 말했다.

Vocab.

frequent flyer miles 항공마일리지 sadden 슬프게 하다 incurable 치유할 수 없는, 불치의, 바꿀 수 없는, 구제불능의 bluntness 무딤, 뭉툭함, 무뚝뚝함 upbeat 긍정적인, 낙관적인 weeklong 일주일에 걸친 belongings 재산, 소유물

I wondered what was in her head. I asked for an explanation.

Her answer: "This is never going to work." I had to know why.

"I just..." she said. "I just don't love you the way you want me to love you." And then again, for emphasis: "I don't love you."

I was horrified and heartbroken. It was like a punch in the gut. Could she really mean that?

It was an awkward scene. She didn't know how to feel. I didn't know how to feel. I needed a ride over to my hotel. "Would you be kind enough to drive me or should I call a cab?"

She drove me, and when we got there, I pulled my bag out of her trunk, fighting back tears. If it's possible to be arrogant, optimistic and totally miserable all at the same time, I think I might have pulled it off: "Look, I'm going to find a way to be happy, and I'd really love to be happy with you, but if I can't be happy with you, then I'll find a way to be happy without you."

In the hotel, I spent much of the day on the phone with my parents, telling them about the brick wall I'd just smashed into. Their advice was incredible.

"Look," my dad said. "I don't think she means it. It's not consistent with her behavior thus far. You've asked her to pull up roots and run away with you. She's probably confused and scared to death. If she doesn't really love you, then it's over. And if she does love you, then love will win out."

I asked my parents what I should do.

"Be supportive," my mom said. "If you love her, support her."

And so I did that. I spent that week teaching, hanging out in an office up the hall from Jai. I stopped by a couple of times, however, just to see if she was all right. "I just wanted to see how you are," I'd say. "If there's anything I can do, let me know."

나는 그녀가 대체 무슨 생각을 하는지 알 수가 없었다. 나는 설명을 요구했다.

답은 이랬다. "우리는 절대 잘되지 않을 거예요." 정확한 이유를 알아야 했다.

"나는……." 그녀는 말했다. "나는 아직 당신이 원하는 것만큼 당신을 사랑하지 않아요." 그리고 다시 한 번 강조했다. "난 당신을 사랑하지 않는다고요."

나는 겁에 질렸고 가슴이 아팠다. 내장에 주먹질을 당한 기분이었다. 이게 진심일까?

실로 어색한 상황이었다. 재이는 어쩔 줄 몰라 했다. 나도 어떻게 해야 할지 몰랐다. 당장 내게는 호텔로 갈 차편이 필요했다. "태워다줄 수 있어? 아니면 택시를 부를까?"

그녀가 나를 태워다주었고 도착했을 때 나는 눈물을 참으며 트렁크에서 가방을 꺼냈다. 만약 거만하면서 긍정적이고 또한 완전히 비참한 상태가 동시에 가능하다면 아마도 내가 그걸 해낸 것 같다. "있잖아. 나는 행복해지기 위해 노력할 거야. 진심으로 당신과 함께 행복해지고 싶지만 만약 그럴 수 없다면 그러면 당신 없이 행복할 수 있는 방법을 찾을 거야."

호텔에서 나는 거의 하루종일 전화로 부모님에게 이제 막 충돌한 장벽에 대해 하소연했다. 부모님의 조언은 놀라웠다.

"생각을 해보자." 아버지가 말했다. "그 애 마음이 정말 그런 것일까? 나는 아니라고 본다. 여태 그 애가 보여준 행동과 일치하지가 않잖니. 너는 재이에게 통째로 뿌리를 뽑아 너에게로 도망오라고 종용한 거나 다름없어. 아마도 대단히 혼란스럽고 두려웠을 거야. 너를 사랑하지 않는다는 그 애의 말이 만약 진심이라면 여기가 끝이겠지. 그러나 재이가 너를 사랑하고 있다면 결국 사랑이 승리할 거다."

나는 부모님에게 어떻게 해야 하는지 물었다.

"그 애를 도와줘라." 어머니가 말했다. "재이를 사랑한다면 도와줘."

그래서 그렇게 했다. 예정된 일정대로 그 주간 내내 학생들을 가르치면서 보냈다. 나는 재이가 있는 방에서 멀지 않은 곳의 사무실을 배당받았다. 두어 번 들렀지만 단지 잘 지내는지 보기 위해서였다. "그냥 당신이 잘 있는지 알고 싶었어. 혹시 내 도움이 필요하면 알려줘."

Vocab.
gut 소화관, (사람의) 배 awkward (기분이) 어색한, (처리하기) 곤란한, 불편한 thus far 이제까지는, 여태까지(so far)

A few days later, Jai called. "Well, Randy, I'm sitting here missing you, just wishing you were here. That means something, doesn't it?"

She had come to a realization: She was in love, after all. Once again, my parents had come through. Love *had* won out. At week's end, Jai moved to Pittsburgh.

Brick walls are there for a reason. They give us a chance to show how badly we want something.

며칠 후 재이가 전화를 걸어왔다. "저기, 랜디. 나는 당신이 여기 있었으면 좋겠다고 생각을 해. 그러면서 당신을 그리워하고 있어. 이게 뭘 의미할까?"

그녀는 깨달았던 것이다. 그녀는 결국 나를 사랑하고 있었다. 다시 한 번 부모님 말씀이 맞았다. 사랑이 승리했다. 노스캐롤라이나대학에서의 일주일이 끝나고 재이는 피츠버그로 이사했다.

장벽에는 다 이유가 있다. 장벽은 우리가 무엇을 얼마나 절실하게 원하는지 깨달을 수 있도록 기회를 제공하는 것이다.

17
Not All Fairy Tales End Smoothly

JAI AND I were married under a 100-year-old oak tree on the lawn of a famous Victorian mansion in Pittsburgh. It was a small wedding, but I like big romantic statements, and so Jai and I agreed to start our marriage in a special way.

We did not leave the reception in a car with cans rattling* from the rear bumper. We did not get into a horse-drawn carriage. Instead, we got into a huge, multicolored hot-air balloon that whisked us off into the clouds, as our friends and loved ones waved up to us, wishing us bon voyage. What a Kodak moment!

When we had stepped into the balloon, Jai was just beaming. "It's like a fairy tale ending to a Disney movie," she said.

Then the balloon smashed through tree branches on the way up. It didn't sound like the destruction of the Hindenburg, but it was a little disconcerting. "No problem," said the man flying the balloon. (He's called a "ballooner.") "Usually we're OK going through branches."

Usually?

We had also taken off a little later than scheduled, and the ballooner said that could make things harder, because it was getting dark. And the winds had shifted. "I can't really control where we go. We're at the mercy of the winds," he said. "But we should be OK."

17
모든 동화가 순조로운 것은 아니다

재이와 나는 피츠버그의 유명한 빅토리안 대저택 정원의 100년 된 참나무 밑에서 결혼했다. 결혼식은 조촐했지만 몹시 낭만을 존중하는 사람답게 나는 우리의 결혼생활을 특별한 방법으로 시작하는 데 동의했다.

우리는 덜그럭거리는 깡통을 잔뜩 매단 자동차를 타고 식장을 떠나지도, 말이 끄는 마차를 타고 떠나지도 않았다. 우리는 가족과 친구들이 잘 다녀오라고 손을 흔드는 모습을 내려다보며 우리를 구름으로 날려 보내줄 형형색색으로 치장한 거대한 열기구에 올라 그곳을 떠났다. 그 얼마나 코닥이 필요한 순간인가!

열기구에 들어갈 때 재이는 얼굴 가득 즐거운 기색이었다. "디즈니 영화에 맞먹는 동화 엔딩 같아요." 재이가 말했다.

그런데 떠오르는 도중 열기구가 나뭇가지와 충돌했다. 힌덴부르크 여객비행선 추락 소리 정도는 아니었지만 당황스러웠다. "문제없어요." 열기구 조종사가 말했다. "보통은 이런 나뭇가지쯤은 괜찮아요."

보통은?

조종사는 우리가 예정보다 조금 늦게 이륙했고 어두워지고 있기 때문에 비행이 약간은 더 어려울 수 있다고 겁을 주었다. 게다가 바람의 방향까지 바뀌고 말았다. "마음대로 조종하기 어렵게 되었어요. 바람의 처분을 기다리는 수밖에요. 그렇지만 괜찮을 거예요."

Vocab.
rattle* 달가닥거리다, 덜컹거리다 whisk somebody/something away/off 휙 실려가다 bon voyage 여행 잘 다녀오세요(여행을 떠나는 사람에게 하는 인사말) disconcert ~을 당황케 하다, 깨뜨리다, 방해하다, 허를 찌르다

The balloon traveled over urban Pittsburgh, back and forth above the city's famous three rivers. This was not where the ballooner wanted to be, and I could see he was worried. "There's no place to put this bird down," he said, almost to himself. Then to us: "We've got to keep looking."

The newlyweds were no longer enjoying the view. We were all looking for a large open space hidden in an urban landscape. Finally, we floated into the suburbs, and the ballooner spotted a big field off in the distance. He committed to putting the balloon down in it. "This should work," he said as he started descending fast.

I looked down at the field. It appeared to be fairly large, but I noticed there was a train track at the edge of it. My eyes followed the track. A train was coming. At that moment, I was no longer a groom. I was an engineer. I said to the ballooner: "Sir, I think I see a variable here."

"A variable? Is that what you computer guys call a problem?" he asked.

"Well, yes. What if we hit the train?"

He answered honestly. We were in the basket of the balloon, and the odds of the basket hitting the train were small. However, there was certainly a risk that the giant balloon itself (called "the envelope") would fall onto the tracks when we hit the ground. If the speeding train got tangled in the falling envelope, we'd be at the wrong end of a rope, inside a basket getting dragged. In that case, great bodily harm was not just possible, but probable.

"When this thing hits the ground, run as fast as you can," the ballooner said. These are not the words most brides dream about hearing on their wedding day. In short, Jai was no longer feeling like a Disney princess. And I was already seeing myself as a character in a disaster movie, thinking of how I'd save my new bride during the

열기구는 피츠버그의 유명한 세 개의 강을 따라 왔다 갔다 하며 도시를 유영하고 있었다. 그곳은 조종사가 가고자 한 곳이 아니었으며 나는 그의 얼굴에 깃든 근심을 볼 수 있었다. "요놈을 세울 장소가 마땅치 않군요." 그가 거의 혼잣말처럼 중얼거렸다. 그러곤 우리에게 "잘 찾아봐요."라고 말했다.

신혼부부는 더 이상 경치를 감상할 입장이 아니었다. 우리는 함께 도심에서는 보기 힘든 커다란 공터를 찾기 시작했다. 마침내 우리는 교외로 날려갔고 조종사는 넓은 들판을 발견했다. 그는 열기구를 들판에 착륙시키기 위해 사력을 다했다. "이러면 될 거예요." 빠르게 하강을 시작하며 그가 말했다.

나는 들판을 내려다보았다. 제법 넓어 보였지만 가장자리에 기차 철로가 있는 것이 눈에 띄었다. 내 눈은 철로를 따라갔다. 기차가 한 대 들어오고 있었다. 그 순간 나는 더 이상 신랑이 아니었다. 나는 공학자였다. 나는 조종사에게 말했다. "선생님, 변수가 생겼습니다."

"변수요? 그게 당신 컴퓨터 하는 사람들 말로 문제라는 거요?" 그가 물었다.

"아, 네. 만약에 우리가 기차를 치면 어떻게 되죠?"

그는 정직하게 대답했다. 우리는 열기구 바구니 안에 있고 바구니가 기차를 칠 확률은 낮았다. 그렇지만 커다란 풍선 자체(기낭이라고 불린다)는 우리가 착륙을 하면 철로에 떨어질 위험이 분명히 있었다. 만약에 속력을 낸 기차가 기낭과 엉키면 우리는 바구니에 담긴 채 밧줄에 매달려 끌려갈 것이었다. 그럴 경우에는 그저 부상의 가능성이 있다는 정도가 아니라 거의 확실히 부상당하고 말 것이었다.

"착륙하자마자 최대한 빨리 달리세요." 조종사가 말했다. 그것은 결혼식을 치른 날 신부가 듣기 원하는 종류의 말은 아니었다. 간단히 말해서 재이는 더 이상 디즈니 공주가 아니었다. 그리고 나는 닥쳐올 재앙 속에서 어떻게 하면 나의 새 신부를 구해낼지 궁리하는 재난 영화 속 주인공이 되어 있었다.

Vocab.
newlywed 갓 결혼한 (사람), 신혼 부부 descend 내려오다, 내려가다, 내리막이 되다 tangle 얽히게 하다, 엉키게 하다, 분규를 일으키다, 혼란시키다 bodily 온전히, 통째로

Grammar
※ commit (oneself) to -ing: ~하는 데 헌신을 다하다. 헌신을 다해 -ing한다는 뜻. be devoted to -ing, be dedicated to -ing도 같은 뜻.

Ⅲ. ADVENTURES … AND LESSONS LEARNED **153**

calamity apparently to come.

I looked into the eyes of the ballooner. I often rely on people with expertise I don't have, and I wanted to get a clear sense of where he was on this. In his face, I saw more than concern. I saw mild panic. I also saw fear. I looked at Jai. I'd enjoyed our marriage so far.

As the balloon kept descending, I tried to calculate how fast we'd need to jump out of the basket and run for our lives. I figured the ballooner could handle himself, and if not, well, I was still grabbing Jai first. I loved her. Him, I'd just met.

The ballooner kept letting air out of the balloon. He pulled every lever he had. He just wanted to get down somewhere, quickly. At that point, he'd be better off hitting a nearby house than that speeding train.

The basket took a hard hit as we crash-landed in the field, hopped a few times, bouncing all around, and then tilted almost horizontally. Within seconds, the deflating envelope draped onto the ground. But luckily, it missed the moving train. Meanwhile, people on the nearby highway saw our landing, stopped their cars, and ran to help us. It was quite a scene: Jai in her wedding dress, me in my suit, the collapsed balloon, the relieved ballooner.

This was taken *before* we got into the balloon.

154 The Last Lecture 마지막 강의 영한 대역

나는 조종사의 눈을 보았다. 그의 얼굴은 근심 이상의 것을 드러내고 있었다. 약간 패닉 상태였다. 그는 공포를 느끼고 있었다. 나는 제이를 바라봤다. 이 순간까지의 결혼생활은 즐거웠다.

열기구는 계속 하강하는 중이고 나는 살기 위해선 얼마나 빨리 바구니 밖으로 뛰쳐나와 내달려야 하는지 계산해보려고 노력했다. 조종사는 혼자 알아서 할 수 있겠지. 만약 아니라면, 글쎄 어쨌든 나는 제이를 먼저 붙들 것이다. 나는 그녀를 사랑한다. 그는 방금 만났을 뿐이다.

조종사는 계속해서 기구의 공기를 빼냈다. 그는 모든 레버를 잡아 당겼다. 그냥 아무 곳으로나 빠르게 내려가고 싶은 것이었다. 속력을 낸 기차보다는 가까운 집 가운데 하나와 충돌하는 것이 나을 것이므로.

바구니는 들판에 추락하며 쿵 소리와 함께 거세게 내려앉았고 몇 번 심하게 들썩거리더니 여기저기 튕겨 다닌 후에야 겨우 멈추었다. 순식간에 바람 빠진 기낭이 땅 위로 늘어졌다. 그렇지만 다행히도 달리는 기차는 피했다. 근처 고속도로를 달리던 차들이 우리의 착륙을 보고는 황급히 차를 멈추고 도움을 주기 위해 달려왔다. 명장면이었다. 웨딩드레스를 입은 제이, 양복을 입은 나, 무너진 열기구, 안도하는 조종사.

[사진 캡션: 이 사진은 우리가 열기구를 타기 전에 찍은 것이다.]

> **Vocab.**
> **calamity** 재난, 참화, 재해, 불행, 비운 **rely on/upon somebody/something** ~에 의지[의존]하다, ~을 필요로 하다, ~을 믿다[신뢰하다] **expertise** 전문 지식 **crashland** 불시착하다 **deflate** 공기[가스]를 빼다, (희망·자신 등을) 꺾다 **drape** 주름을 잡아 예쁘게 덮다, 꾸미다, 우아하게 걸치다

We were pretty rattled. My friend Jack had been in the chase car, tracking the balloon from the ground. When he got to us, he was happy to find us safe following our near-death experience.

We spent some time decompressing from our reminder that even fairy-tale moments have risks, while the collapsed balloon was loaded onto the ballooner's truck. Then, just as Jack was about to take us home, the ballooner came trotting over to us. "Wait, wait!" he said. "You ordered the wedding package! It comes with a bottle of champagne!" He handed us a cheap bottle from his truck. "Congratulations!" he said.

We smiled weakly and thanked him. It was only dusk on our first day of marriage, but we'd made it so far.

우리는 완전히 녹초가 되었다. 친구 잭은 열기구를 따라 자동차를 몰아 우리를 향해 오고 있었다. 달려온 그는 죽을 고비를 겪고 안전하게 살아 있는 우리를 보고 다행이라며 기뻐했다.

무너진 열기구가 조종사의 트럭에 실릴 동안 우리는 동화 같은 순간에도 위험이 따른다는 의미심장한 암시에서 벗어나 조금씩 긴장을 풀고 있었다. 잭이 막 우리를 집에 데려다주려고 할 무렵 조종사가 총총걸음으로 다가왔다. "잠깐만요!" 그가 말했다. "웨딩 패키지를 주문하셨잖아요. 그럼 샴페인 한 병이 포함되거든요!" 그는 트럭에서 값싼 샴페인 한 병을 꺼내 건네주었다. "축하합니다!" 그가 외쳤다.

우리는 힘없이 웃으며 고맙다고 했다. 이제 겨우 결혼 첫날의 어스름 저녁이 찾아오고 있었다. 어쨌거나 부부로서 여기까지는 성공적이었다.

Vocab.

decompress ~의 압력을 줄이다[이 줄다], 긴장이 풀리다 trot 빨리 걷다, 속보로 가다, 말을 속보로 (가게 하며) 타다, 종종걸음을 걷다, 총총 가다

18

Lucy, I'm Home

ONE WARM day, early in our marriage, I walked to Carnegie Mellon and Jai was at home. I remember this because that particular day became famous in our household as "The Day Jai Managed to Achieve the One-Driver, Two-Car Collision."

Our minivan was in the garage and my Volkswagen convertible was in the driveway. Jai pulled out the minivan without realizing the other car was in the way. The result: an instantaneous crunch, boom, bam!

What followed just proves that at times we're all living in an *I Love Lucy* episode. Jai spent the entire day obsessing over how to explain everything to Ricky when he got home from Club Babalu.

She thought it best to create the perfect circumstances to break the news. She made sure both cars were in the garage with the garage door closed. She was more sweet than usual when I arrived home, asking me all about my day. She put on soft music. She made me my favorite meal. She wasn't wearing a negligee—I wasn't that lucky—but she did her best to be the perfect, loving partner.

Toward the end of our terrific dinner she said, "Randy, I have something to tell you. I hit one car with the other car."

I asked her how it happened. I had her describe the damage. She said the convertible got the worst of it, but both cars were running

18
다녀왔어요, 루시

신혼의 어느 따뜻한 날 나는 카네기멜론대학까지 걸어서 출근했다. 재이는 집에 있었다. 그날이 바로 '한 사람의 재이가 두 대의 차를 박은 날'로 우리 집에 전해져 내려오는 날이기 때문에 정확히 기억한다.

이야기는 이렇다. 차고 안에는 미니 승합차가, 차고 진입로에는 내 폭스바겐 컨버터블이 세워져 있었다. 재이는 진입로에 다른 차가 세워져 있다는 사실을 잊어버린 채 미니 승합차를 몰고 차고를 빠져나왔다. 결과는 즉각적인 추돌사고, 쿵, 쾅!

이런 사고가 우리도 가끔은 〈아이 러브 루시〉 같은 시트콤처럼 살고 있다는 것을 증명한다. 재이 혹은 루시는 온종일 리키가 바발루 클럽에서 돌아오면 사고를 어떻게 설명해야 할지 끙끙 앓고 있었다.

그녀는 이 소식을 잘 전달하기 위해서는 완벽한 준비가 필요하다고 생각했다. 재이는 먼저 차 두 대를 모두 차고에 집어넣은 후 차고 문을 닫았다. 내가 집에 도착했을 때 오늘 어땠냐는 등 평소보다 상냥했다. 감미로운 음악도 흘렀다. 내가 가장 좋아하는 요리가 식탁에 오르기도 했다. 야한 속옷을 입고 있지는 않았어도-그렇게 운이 좋지는 못했다-사랑스러운 아내가 되기 위해 최선을 다했다.

감탄스러운 저녁식사가 끝나갈 무렵 그녀가 말했다. "랜디, 말할 게 있어요. 내가 차 한 대로 다른 차 한 대를 박아버렸어요."

나는 어쩌다 사고가 나게 되었는지 물었다. 손상의 정도도 설명해달라고 했다. 재이는 컨버터블이 조금 더 망가졌지만 둘 다 운행하는 데는 문제가 없다고 말했

Vocab.
instantaneous 즉시의, 순간의　crunch (의성어) 우두둑 부서지는 소리　obsess (귀신·망상이) 사로잡다, 괴롭히다

Grammar
※ spend+시간(돈)+(in/on)-ing: -ing하느라 시간이나 돈을 쓰다. 이때 전치사인 in이나 on이 없을 수도 있으며 그 뒤에 주로 -ing가 오는데 명사를 쓰는 것도 가능하다.

fine. "Want to go in the garage and look at them?" she asked.

"No," I said. "Let's just finish dinner."

She was surprised. I wasn't angry. I hardly seemed concerned. As she'd soon learn, my measured response was rooted in my upbringing.

After dinner, we looked at the cars. I just shrugged, and I could see that for Jai, an entire day's worth of anxiety was just melting away. "Tomorrow morning," she promised, "I'll get estimates on the repairs."

I told her that wasn't necessary. The dents would be OK. My parents had raised me to recognize that automobiles are there to get you from point A to point B. They are utilitarian devices, not expressions of social status. And so I told Jai we didn't need to do cosmetic repairs. We'd just live with the dents and gashes*.

Jai was a bit shocked. "We're really going to drive around in dented cars?" she asked.

"Well, you can't have just some of me, Jai," I told her. "You appreciate the part of me that didn't get angry because two 'things' we own got hurt. But the flip side* of that is my belief that you don't repair things if they still do what they're supposed to do. The cars still work. Let's just drive 'em."

OK, maybe this makes me quirky. But if your trashcan or wheelbarrow has a dent in it, you don't buy a new one. Maybe that's because we don't use trashcans and wheelbarrows to communicate our social status or identity to others. For Jai and me, our dented cars became a statement in our marriage. Not everything needs to be fixed.

다. "차고에 가서 한번 볼래요?" 그녀가 물었다.

"됐어." 내가 대답했다. "그냥 식사나 마저 하자고."

그녀는 놀랐다. 나는 화를 내지 않았다. 고민조차 하지 않는 것처럼 보였을 것이다. 그녀도 곧 알게 되었지만 나의 신중한 반응은 자라온 환경에 기인한 것이었다.

식사 후에 우리는 차를 살펴보았다. 나는 그저 어깨만 한 번 으쓱했고 온종일 불안에 떨었던 재이는 한순간에 안도의 한숨을 내쉴 수 있었다. 그녀가 약속했다. "내일 아침에 수리 견적을 받아올게요."

나는 그럴 필요 없다고 했다. 그 정도 흠집이야 상관없었다. 부모님은 항상 자동차란 그저 한 장소에서 다른 장소로 옮겨주는 이동수단에 불과하다고 가르쳤다. 자동차는 실용적인 도구이지 사회적 지위를 나타내는 수단은 아니다. 그래서 나는 재이에게 미용적인 수리는 하지 않아도 된다고 말했다. 흠과 상처 정도는 그냥 받아들이면 되었다.

재이는 약간 충격을 받았다. "정말 움푹 들어간 차를 몰고 다닐 거예요?" 그녀가 물었다.

어쩌면 좀 괴팍스러운 생각일지도 모르겠다. 그러나 휴지통이나 손수레에 흠집이 생겼다고 새것으로 바꾸지는 않는다. 휴지통이나 손수레를 가지고 사회적 지위나 신분을 구별하지는 않기 때문일 것이다. 재이와 나에게 우리의 흠집난 차는 이후 결혼생활에 하나의 명제가 되었다. 모든 걸 다 고칠 필요는 없다.

Vocab.
upbringing (유년기의) 양육, 교육, 가정교육 shrug (어깨를) 으쓱하다 estimate 추산하다, 견적을 내다 dent 움푹 들어가게 하다, 손상시키다 gash* 깊은 상처, (지면의) 갈라진 틈 flip side* (생각·행동 등의 덜 반가운) 다른 면, (음반의) 뒷면 wheelbarrow 외바퀴 손수레(일륜차), 외바퀴 손수레로 운반하다

Ⅲ. ADVENTURES … AND LESSONS LEARNED

19

A New Year's Story

NO MATTER how bad things are, you can always make things worse. At the same time, it is often within your power to make them better. I learned this lesson well on New Year's Eve 2001.

Jai was seven months pregnant with Dylan, and we were about to welcome in 2002 having a quiet night at home, watching a DVD.

The movie was just starting when Jai said, "I think my water just broke." But it wasn't water. It was blood. Within an instant, she was bleeding so profusely that I realized there was no time to even call an ambulance. Pittsburgh's Magee-Womens Hospital was four minutes away if I ignored red lights, which is what I did.

When we got to the emergency room, doctors, nurses and other hospital personnel descended with IVs, stethoscopes and insurance forms. It was quickly determined that her placenta had torn away from the uterine wall; it's called "placenta abrupta*." With the placenta in such distress, the life support for the fetus was giving out. They don't need to tell you how serious this is. Jai's health and the viability of our baby were at great risk.

For weeks, the pregnancy hadn't been going smoothly. Jai could hardly feel the baby kicking. She wasn't gaining enough weight. Knowing how crucial it is for people to be aggressive about their medical care, I had insisted that she be given another ultrasound. That's

19
새해 이야기

우리가 처한 상황이 몹시 좋지 않을 때라도 언제나 더 악화될 수 있다는 사실을 염두에 둬야 한다. 동시에 그 상황을 개선시키는 것은 대부분의 경우 우리 손에 달려 있다. 이는 새해를 하루 앞둔 저녁 2001년 마지막 날에 배운 교훈이다.

그때 재이는 딜런을 임신한 지 7개월에 접어들었고 우리는 집에서 DVD로 영화나 보면서 조용하게 2002년을 맞이하기로 했다.

막 영화가 시작할 무렵 재이가 말했다. "지금 양수가 터진 것 같아요." 그러나 그건 양수가 아니었다. 피였다. 순식간에 분수처럼 피를 쏟아내는 재이를 보며 나는 구급차를 부를 시간조차 없다는 것을 깨달았다. 피츠버그의 마지여성병원은 신호를 무시한다면 4분 정도 걸리는 거리였는데 그날 그렇게 해봐서 안다.

응급실에 도착하자 의사와 간호사 그리고 병원의 여러 사람들이 정맥주사, 청진기, 보험 양식 들을 가지고 몰려왔다. 검사 결과 태반이 자궁벽에서 찢겨 나간 것으로 판단이 되었다. 태반조기박리라고 불리는 상황이었다. 태반이 이러한 위험에 처했다는 것은 태아의 생명유지장치가 멈추게 된다는 뜻에 다름 아니다. 이게 얼마나 심각한 일인지는 굳이 설명하지 않아도 알 것이다. 재이의 건강과 우리 아이의 생명이 위험한 것이다.

사실 지난 몇 주 동안 임신상태가 순조롭지 못했었다. 재이는 아기가 움직이는 것을 좀처럼 느낄 수 없었다. 체중도 충분히 늘지 않았다. 건강을 보살피는 일에는 적극적인 태도가 얼마나 중요한지 잘 아는 나는 의사들에게 재이의 초음파 검사를

Vocab.
profusely 아낌없이, 풍부하게 stethoscope 청진기 uterine 자궁의, 자궁 안에 생기는 placenta abrupta* 태반조기박리 fetus 태아 viability 생존 능력, 생활력, 실행 가능성 ultrasound 초음파

when doctors realized Jai's placenta wasn't operating efficiently. The baby wasn't thriving. And so doctors gave Jai a steroid shot to stimulate the development of the baby's lungs.

It was all worrisome. But now, here in the emergency room, things had gotten far more serious.

"Your wife is approaching clinical shock," a nurse said. Jai was so scared. I saw that on her face. How was I? Also scared, but I was trying to remain calm so I could assess the situation.

I looked around me. It was 9 p.m. on New Year's Eve. Surely, any doctor or nurse on the hospital's seniority list had gotten off for the night. I had to assume this was the B team. Would they be up to the job of saving my child and my wife?

It did not take long, however, for these doctors and nurses to impress me. If they were the B team, they were awfully good. They took over with a wonderful mix of hurry and calm. They didn't seem panicked. They carried themselves like they knew how to efficiently do what had to be done, moment by moment. And they *said* all the right things.

As Jai was being rushed into surgery for an emergency C-section, she said to the doctor, "This is bad, isn't it?"

I admired the doctor's response. It was the perfect answer for our times: "If we were really in a panic, we wouldn't have had you sign all the insurance forms, would we?" she said to Jai. "We wouldn't have taken the time." The doctor had a point. I wondered how often she used her "hospital paperwork" riff to ease patients' anxieties.

Whatever the case, her words helped. And then the anesthesiologist took me aside.

"Look, you're going to have a job tonight," he said, "and you're the only person who can do it. Your wife is halfway to clinical shock. If

다시 해달라고 주장했었다. 그제야 의사들은 재이의 태반이 제 구실을 하지 못해서 태아의 건강이 좋지 못하다는 사실을 알았다. 당시 의사들은 태아의 폐 기능이 원활해지도록 스테로이드 주사를 처방했다.

그 때문에 걱정이 많았다. 그러나 지금 이 응급실에서 문제는 훨씬 더 심각해져 있었다.

"부인은 의학적 쇼크 상태입니다." 간호사가 말했다. 재이는 겁에 질렸다. 얼굴에서 느낄 수 있었다. 나는 어땠을까? 나도 두려웠지만 상황을 분석하기 위해 침착하려고 노력했다.

주위를 둘러보았다. 신년 전야 9시였다. 응당 병원의 고참 의사와 간호사들은 그날 밤 휴가였다. 나는 이들이 B팀임을 짐작했다. 그들이 내 아이와 아내를 과연 잘 살려낼 수 있을까?

그러나 당시 병원에 남아 있던 의료팀이 나를 감동시키기까지는 오래 걸리지 않았다. 만약 그들이 B팀인 것이 사실이라면 그들은 엄청나게 뛰어났던 것이다. 그들은 기민함과 침착함을 훌륭히 조화시켜 일을 처리해냈다. 두려움도 엿보이지 않았다. 그들은 매 순간 어떤 처치를 해야 효과적인지 잘 아는 듯 보였다. 하는 이야기도 옳은 말만 했다.

재이는 응급 제왕절개수술을 위해 급히 수술실로 옮겨졌는데 곧 의사에게 물었다. "상황이 안 좋은 거 맞죠?"

나는 의사의 대답에 감탄하지 않을 수 없었다. 이런 상황에 처한 우리에게는 완벽한 대답이었다. "만약 해낼 수 없을 거라면 그 많은 보험 양식에 사인하라고 했겠어요? 그런 일에 시간을 쓸 필요가 없었겠지요." 의사는 핵심을 짚어내고 있었다. 나는 그 의사가 환자의 불안감 해소를 위해 얼마나 자주 '병원 양식들'을 반복하는지 궁금했다.

어쨌든 간에 의사의 대답은 힘이 되었다. 그때 마취전문의가 나를 옆으로 불렀다. "저기, 오늘 남편 분이 해야 할 일이 있습니다." 그가 말했다. "이 일은 오직 당신

Vocab.
thriving 번영하는, 번화한, 점점 커지는 seniority 손위임, 연상, 선배, 선임, 고참 panic 겁에 질려 어쩔 줄 모르다, 공황상태에 빠지다[panic-panicked-panicked] riff 해고하다, 그만두게 하다, 격하되다 anesthesiologist 마취과 의사 halfway (거리·시간상으로) 중간[가운데쯤]에, 부분적으로, 불완전하게

she goes into shock, we can treat her. But it won't be easy for us. So you have to help her remain calm. We want you to keep her with us."

So often, everyone pretends that husbands have an actual role when babies are born. "Breathe, honey. Good. Keep breathing. Good." My dad always found that coaching culture amusing, since he was out having cheeseburgers when his first child was born. But now I was being given a real job. The anesthesiologist was straightforward, but I sensed the intensity of his request. "I don't know what you should say to her or how you should say it," he told me. "I'll trust you to figure that out. Just keep her off the ledge* when she gets scared."

They began the C-section and I held Jai's hand as tightly as I could. I was able to see what was going on and she couldn't. I decided I would calmly tell her everything that was happening. I'd give her the truth.

Her lips were blue. She was shaking. I was rubbing her head, then holding her hand with both of mine, trying to describe the surgery in a way that was direct yet reassuring. For her part, Jai tried desperately to remain with us, to stay calm and conscious.

"I see a baby," I said. "There's a baby coming."

Through tears, she couldn't ask the hardest question. But I had the answer. "He's moving."

And then the baby, our first child, Dylan, let out a wail like you've never heard before. Just bloody murder. The nurses smiled. "That's great," someone said. The preemies who come out limp often have the most trouble. But the ones who come out all pissed off and full of noise, they're the fighters. They're the ones who thrive.

Dylan weighed two pounds, fifteen ounces. His head was about the size of a baseball. But the good news was that he was breathing well on his own.

만이 할 수 있어요. 아내 분은 지금 의학적 쇼크상태 직전에 있습니다. 만약 완전 쇼크상태로 간다고 해도 치료할 수는 있어요. 그러나 쉽지는 않을 겁니다. 그러니 아내 분이 안정을 취할 수 있도록 도와주셔야 해요. 곁에 있어주세요."

모든 사람들이 출산 시 남편이 곁에 있는 것이 크게 도움이 된다는 식으로 말하곤 한다. "자기야, 숨을 쉬어. 그래 좋아. 계속 멈추지 말고. 좋아." 아버지는 언제나 남편이 그런 식으로 출산을 코치하는 문화를 우습게 생각했다. 그랬으므로 아버지는 첫 아이가 태어날 때 치즈버거를 먹기 위해 밖에 있었다. 하지만 지금 나는 힘겨운 책임을 부여받았다. 그가 말했다. "당신이 무엇을 어떻게 말해야 할지는 나도 잘 몰라요. 그건 당신을 믿을게요. 겁먹지 않게만 해줘요."

수술이 시작되었다. 나는 재이의 손을 있는 힘껏 잡아주었다. 나는 지금 무슨 일이 벌어지는지 다 볼 수 있었지만 그녀는 아니었다. 나는 수술의 진행 과정을 침착하게 말해주기로 결심했다. 진실을 들려줄 것이었다.

재이의 입술은 파랗게 질렸고 계속해서 몸을 떨었다. 나는 아내의 두 손을 꼭 잡은 채 수술 과정을 구체적으로, 그리고 안심할 수 있도록 전달하려고 노력했다. 재이의 임무는 의식을 잃지 않고 최대한 안정을 취하며 깨어 있는 것이었다.

"아기가 보여!" 내가 말했다. "아기가 나오고 있어."

재이가 눈물을 흘렸다. 나는 그녀가 차마 묻지 못하는 말이 무엇인지 알고 있었다. "걱정 마. 아이가 움직여."

그러고 나자 아기가, 우리의 첫 아이 딜런이 어디서도 들어보지 못한 소리로 울음을 터뜨렸다. 노여운 듯한 외침이었다. 간호사들이 미소 지었다. "목청 한번 좋구나." 옆에서 누군가 말했다. 조산으로 미숙아가 된 아기들은 자주 심각한 문제를 겪는다. 그러나 노엽다는 듯 우렁찬 목소리로 외치며 태어나는 조산아들이야말로 투사라고 말할 수 있다. 그 아이들은 튼튼하게 자랄 놈들이다.

딜런은 1킬로그램 하고도 300그램이었다. 머리는 꼭 야구공만 했다. 그래도 좋은 소식은 아기는 혼자서도 숨을 잘 쉬고 있다는 것이었다.

Vocab.
straightforward 간단한, 복잡하지 않은, 솔직한 ledge* 절벽에서 (선반처럼) 튀어나온 바위 reassuring 안심시키는, 걱정을 없애주는 let out a wail 목놓아 울다 preemy 조산아, 미숙아 pissed off 진저리난, 짜증난

Grammar
※ since: ~ 이래로, ~ 때문에. since는 이렇게 2가지 뜻이 있는데, 주절이 have p.p의 현재완료 형태이면 '이래로', 그렇지 않으면 '때문에'로 생각하자. 이 문장에서는 현재완료 형태가 보이지 않으니 '때문에'란 뜻이다.

Jai was overcome with emotion and relief. In her smile, I saw her blue lips fading back toward normal. I was so proud of her. Her courage amazed me. Had I kept her from going into shock? I don't know. But I had tried to say and do and feel everything possible to keep her with us. I had tried not to panic. Maybe it had helped.

Dylan was sent to the neonatal intensive care unit. I came to recognize that parents with babies there needed very specific reassurances from doctors and nurses. At Magee, they did a wonderful job of simultaneously communicating two dissonant things. In so many words, they told parents that 1) Your child is special and we understand that his medical needs are unique, and 2) Don't worry, we've had a million babies like yours come through here.

Dylan never needed a respirator, but day after day, we still felt this intense fear that he could take a downward turn. It just felt too early to fully celebrate our new three-person family. When Jai and I drove to the hospital each day, there was an unspoken thought in both our heads: "Will our baby be alive when we get there?"

One day, we arrived at the hospital and Dylan's bassinette* was gone. Jai almost collapsed from emotion. My heart was pounding. I grabbed the nearest nurse, literally by the lapels, and I couldn't even pull together complete sentences. I was gasping out fear in staccato.

"Baby. Last name Pausch. Where?"

In that moment, I felt drained in a way I can't quite explain. I feared I was about to enter a dark place I'd never been invited to before.

But the nurse just smiled. "Oh, your baby is doing so well that we moved him upstairs to an open-air bassinette," she said. He'd been in a so-called "closed-air bassinette," which is a more benign description of an incubator.

안심한 재이는 감동에 휩싸였다. 미소도 지었다. 파란 입술이 점점 정상으로 돌아오고 있었다. 정말 자랑스러웠다. 그 용기는 나를 감동시켰다. 내가 붙잡아주어서 아내가 위험에서 벗어난 것이었을까? 잘 모르겠지만 나는 아내를 놓치지 않기 위해 가능한 모든 것을 다했다. 두려움 따위는 벗어던지려고 애를 썼다. 어쩌면 그게 도움이 됐는지도 모른다.

딜런은 신생아 중환자실로 보내졌다. 나는 그곳에 아이를 둔 부모들은 의사와 간호사로부터 구체적인 확신의 말을 듣는 일이 매우 중요하다는 것을 깨달았다. 마지 병원에서는 서로 상반되는 두 내용을 동시에 전달하는 일에 능숙했다. 그들은 부모들에게 이렇게 말했다. 1) 당신의 아이는 특별하며 아이의 의학적 상태 역시 특이하다. 2) 걱정하지 말라. 여기서 당신 아이와 같은 경우의 수많은 아이들이 성공적으로 살아남았다.

딜런은 한 번도 인공호흡기를 필요로 하지 않았으나 우리는 행여 상태가 악화될까 봐 전전긍긍했다. 새롭게 맞이하는 3인 가족시대를 진정으로 기뻐하기에는 너무 이른 것은 아닌지 여전히 두려웠다. 매일 병원을 향해 운전해 갈 때마다 우리 두 사람의 머릿속에는 차마 입 밖에 낼 수 없는 한 가지 생각이 맴돌았다. '우리가 도착했을 때 아이는 살아 있을까?'

어느 날 병원에 도착했는데 딜런의 요람이 사라지고 보이지 않았다. 재이는 거의 실신 상태였다. 내 심장도 거세게 쿵쾅거렸다. 급하면 지푸라기라도 부여잡는다는 말 그대로 나는 곁의 간호사를 붙들고 뭔가 말하려 했지만 제대로 된 말은 한마디도 나오지 않았다. 그저 스타카토로 공포를 뱉어내고 있을 뿐이었다.

"아기, 성은, 포시, 어디?"

그 순간에 뭔가 설명하기 어렵지만 이상하게 맥이 풀리는 것을 느꼈다. 이전에 한 번도 초대받은 적이 없던 어두운 곳으로 빨려 들어가는 것 같아 두려웠다.

그러나 간호사는 그저 미소 지었다. "아, 아기가 아주 건강해져서 위층의 격리되지 않은 요람으로 옮겼어요." 그녀가 말했다. 아이는 그동안 인큐베이터의 좀 더 온화한 표현인 '닫힌 요람'이라 불리는 곳에서 지냈었다.

Vocab.
neonatal 신생아(기(期))의 simultaneously 동시에, 일제히 dissonant 귀에 거슬리는, 부조화의, 동조화 않는 respirator 인공호흡기 bassinette* 바시넷 (유아용의 휴대식 옥조, 상표명) lapel (양복의) 접은 옷깃 gasp out 숨넘어가는 소리로 말하다 drained 진이 빠진

III. ADVENTURES ··· AND LESSONS LEARNED

In relief, we raced up the stairs to the other ward, and there was Dylan, screaming his way into his childhood.

Dylan's birth was a reminder to me of the roles we get to play in our destinies. Jai and I could have made things worse by falling into pieces. She could have gotten so hysterical that she'd thrown herself into shock. I could have been so stricken that I'd have been no help in the operating room.

Through the whole ordeal, I don't think we ever said to each other: "This isn't fair." We just kept going. We recognized that there were things we could do that might help the outcome in positive ways … and we did them. Without saying it in words, our attitude was, "Let's saddle up and ride."

안도한 우리 부부는 경쟁하듯 계단을 뛰어올라 다른 병동으로 달려갔다. 거기에는 마침내 영아기로 돌입한 아기답게 앙앙 울고 있는 딜런이 있었다.

딜런의 탄생은 우리가 운명적으로 맡아야 하는 임무에 대해 상기시켜주었다. 우리는 좌절해버림으로써 상황을 악화시킬 수도 있었다. 재이는 너무나 이성을 잃은 나머지 스스로를 쇼크상태로 내던질 수도 있었다. 나는 공포에 사로잡혀 수술실에서 아무런 도움이 되지 못할 수도 있었다.

이 모든 고난을 겪으면서도 우리는 서로에게 한 번도 "이건 불공평한 일이야."라는 말을 하지 않은 것 같다. 우리는 그냥 앞으로 나갔다. 재이와 나는 긍정적인 결과를 얻는 데 도움이 되는 우리만이 할 수 있는 일이 있다는 것을 알았다. 그리고 그 일을 했다. 굳이 말로 할 필요 없이 그저 우리의 태도는 '안장을 얹고 말 달리자'였다.

Vocab.
ward 구, 병동, 보호, 감독 ordeal 호된 시련, 고된 체험 saddle up (말에) 안장을 얹다

20
"In Fifty Years, It Never Came Up"

AFTER MY father passed away in 2006, we went through his things. He was always so full of life and his belongings spoke of his adventures. I found photos of him as a young man playing an accordion, as a middle-aged man dressed in a Santa suit (he loved playing Santa), and as an older man, clutching a stuffed bear bigger than he was. In another photo, taken on his eightieth birthday, he was riding a roller coaster with a bunch of twenty somethings, and he had this great grin on his face.

In my dad's things, I came upon mysteries that made me smile. My dad had a photo of himself—it looks like it was taken in the early 1960s. and he was in a jacket and tie, in a grocery store. In one hand, he held up a small brown paper bag. I'll never know what was in that bag, but knowing my father, it had to be something cool.

After work, he'd sometimes bring home a small toy or a piece of candy, and he'd present them with a flourish, building a bit of drama. His delivery was more fun than whatever he had for us. That's what that bag photo brought to my mind.

My dad had also saved a stack of papers. There were letters regarding his insurance business and documents about his charitable projects. Then, buried in the stack, we found a citation issued in 1945, when my father was in the army. The citation for "heroic achieve-

20
50년 동안, 한 번도……

    2006년에 아버지가 돌아가시고 나서 우리는 유품을 정리했다. 그는 언제나 활력이 넘쳤고 남겨진 소지품은 그의 모험을 대변하고 있다. 나는 젊은 아버지가 아코디언을 연주하는 사진, 산타 복장을 한 중년의 모습(그는 산타가 되는 것을 무척 좋아했다), 당신보다 더 큰 곰 인형을 붙잡고 있는 노후의 모습이 담긴 사진들을 발견했다. 여든 번째 생일에 찍은 다른 사진에서 아버지는 20대 청년들과 같이 롤러코스터를 타며 이를 다 드러낸 채 커다랗게 웃고 있었다.

    유품들을 정리하다 나는 슬그머니 미소 짓지 않을 수 없었다. 아버지는 당신 사진 한 장을 간직하고 있었는데-1960년대 초에 찍은 것으로 생각되는-재킷과 타이까지 다 갖춘 차림으로 배경은 식료품 상점이었다. 한 손에는 갈색의 작은 종이 봉투를 들고 있다. 봉투 안에 무엇이 들어 있는지는 모르겠고 앞으로도 그것은 확인할 수 없겠지만 내가 아는 아버지라면 봉투 안에 뭔가 멋진 것이 들어 있을 게 분명했다.

    아버지는 가끔씩 자그마한 장난감이나 사탕을 들고 퇴근했는데 극적인 상황을 연출해 과장된 몸짓으로 그것을 우리에게 수여하곤 했다. 그 전달 방식이 언제나 선물보다 더 흥미진진했다. 봉투를 손에 든 사진 속 아버지의 모습이 그런 추억을 떠오르게 했다.

    아버지는 서류도 한 뭉치 보관하고 있었다. 보험업을 할 때의 편지 또는 자선 프로젝트와 관련된 서류도 있었다. 서류더미 속에서 우리는 군인이었던 아버지가 1945년에 받은 표창장 하나를 찾아냈다. '용맹스러운 공로'를 치하하는 내용의 표

Vocab.
clutch 꽉 잡다, 붙들다 flourish 화려한(과장된) 몸짓, 번영하다, 번창하다 citation 인증, 인용, 인용문, 언급, 열거

ment" came from the commanding general of the 75th Infantry Division.

My father, in uniform.

On April 11, 1945, my father's infantry company was attacked by German forces, and in the early stages of battle, heavy artillery fire led to eight casualties. According to the citation: "With complete disregard for his own safety, Private Pausch leaped from a covered position and commenced treating the wounded men while shells continued to fall in the immediate vicinity. So successfully did this soldier administer medical attention that all the wounded were evacuated successfully."

In recognition of this, my dad, then twenty-two years old, was issued the Bronze Star for valor.

In the fifty years my parents were married, in the thousands of conversations my dad had with me, it had just never come up. And so there I was, weeks after his death, getting another lesson from him about the meaning of sacrifice — and about the power of humility.

창장은 제75 보병사단 군단장이 수여한 것이었다.

[사진 캡션: 군복을 입고 있는 아버지]

1945년 4월 11일 아버지가 속한 보병 중대는 독일군으로부터 공격을 받았다. 전투 초반에 집중적인 포격을 받아 여덟 명의 사상자가 발생했는데 표창장에 따르면 '포시 일병은 자신에 대한 안전은 전혀 고려하지 않은 채 진지에서 뛰어나와 사방에서 총알이 날아오고 있음에도 불구하고 즉각적으로 부상자들을 치료하기 시작했다. 포시 병사의 성공적인 응급치료로 부상자들은 모두 안전하게 후송되었다.'

이것이 인정되어 당시 스물두 살의 청년이었던 아버지는 용감한 군인에게 주어지는 청동 성장(星章)을 받았다.

부모님이 함께 사셨던 50년 동안 그리고 아버지와 내가 나누었던 그 수많은 대화에서도 훈장에 관한 이야기는 한마디도 없었다. 아버지는 돌아가신 후에도 여전히 내 곁에 남아 진정한 희생이란 무엇인지 가르치고 있었다. 더불어 겸손의 힘에 관해서도.

Vocab.
infantry 보병, 보병대 Infantry Division 보병 사단 artillery 포, 대포, 포병과, 포병(대) commence 시작하다, 개시하다, 착수하다 vicinity 가까움, 근접, 가까운 곳, 부근 evacuate (장소·집 등을) 비우다, 피난시키다, (군대를) 철수시키다, (위장을) 비우다, 배출하다 valor 용기, 용맹 humility 겸손, 겸양

Grammar
※ 수동태의 구분: 아버지의 보병대는 공격을 할 수도 있고(능동), 공격을 받을 수도 있다(수동). 따라서 해석에 의존하면 안 되고 목적어가 있으면 능동, 없으면 수동으로 알아두자. 본문에는 목적어가 없다.

III. ADVENTURES ··· AND LESSONS LEARNED

21
Jai

I'VE ASKED Jai what she has learned since my diagnosis. Turns out, she could write a book titled *Forget the Last Lecture; Here's the Real Story*.

She's a strong woman, my wife. I admire her directness, her honesty, her willingness to tell it to me straight. Even now, with just months to go, we try to interact with each other as if everything is normal and our marriage has decades to go. We discuss, we get frustrated, we get mad, we make up.

Jai says she's still figuring out how to deal with me, but she's making headway.

"You're always the scientist, Randy," she says. "You want science? I'll give you science." She used to tell me she had "a gut feeling" about something. Now, instead, she brings me data.

For instance, we were going to visit my side of the family over this past Christmas, but they all had the flu. Jai didn't want to expose me or our kids to the chance of infection. I thought we should take the trip. After all, I won't have many more opportunities to see my family.

"We'll all keep our distance," I said. "We'll be fine."

Jai knew she'd need data. She called a friend who is a nurse. She called two doctors who lived up the street. She got their medical opinions. They said it wouldn't be smart to take the kids. "I've got un-

21

재이

남편인 내가 암 진단을 받은 후 재이는 어떤 것을 배웠는지 나는 궁금했다. 이야기를 들어보니 재이는 '마지막 강의 따위는 잊어버려라. 이것이 바로 리얼 스토리.'라는 제목으로 책 한 권을 쓸 정도였다.

내 아내는 강한 여자다. 나는 그녀의 직선적이고 정직한 성품, 무슨 이야기든 솔직하게 해버리고 마는 그런 면을 존경한다. 내 삶이 몇 달밖에 남지 않은 지금조차도 우리는 마치 모든 것이 정상이고 앞으로도 수십 년 결혼생활이 지속될 것처럼 지내려고 노력한다. 우리는 토론하고 좌절하며 화를 내고 화해한다.

재이는 아직도 나를 어떻게 다뤄야 하는지 알아가고 있는 중이라는데 요즘은 진도가 꽤 빠르다.

"당신은 늘 과학자다웠지요, 랜디. 과학을 원해요? 그럼 과학을 줄게요." 그녀는 '육감'을 중요하게 여겼지만 지금은 느낌 대신 데이터를 보여준다.

예를 들어 작년 크리스마스에 우리는 나의 가족을 방문하기로 했는데 가족 모두 독감에 걸려 있었다. 재이는 나나 아이들이 전염의 위험에 노출되는 것을 꺼렸다. 그래도 나는 가야 한다는 쪽이었다. 어찌됐든 나한테는 가족을 만날 기회가 별로 남아 있지 않으니까.

"식구들과 떨어져서 앉도록 주의할게. 그러면 우리 모두 괜찮을 거야."

재이는 그쯤에서 결정을 짓기 위한 자료가 필요하다고 생각했다. 그녀는 간호사인 친구에게 전화를 했고 또 근처에 사는 의사 두 명에게도 전화를 걸어 그들의 의학적 견해를 수집했다. 그들은 아이들을 데리고 가는 건 결코 현명하지 않은 일이

Vocab.
even now 그랬는데도, 바로 지금 이 순간에(도)   infection 전염, 감염

biased third-party medical authorities, Randy," she said. "Here's their input." Presented with the data, I relented. I went for a quick trip to see my family and Jai stayed home with the kids. (I didn't get the flu.)

I know what you're thinking. Scientists like me probably aren't always easy to live with.

Jai handles me by being frank. When I've gone off course, she lets me know. Or she gives me a warning: "Something is bugging me. I don't know what it is. When I figure it out, I'll tell you."

At the same time, given my prognosis, Jai says she's learning to let some of the little stuff slide. That's a suggestion from our counselor. Dr. Reiss has a gift for helping people recalibrate their home lives when one spouse has a terminal illness. Marriages like ours have to find their way to "a new normal."

I'm a spreader. My clothes, clean and dirty, are spread around the bedroom, and my bathroom sink is cluttered. It drives Jai crazy. Before I got sick, she'd say something. But Dr. Reiss has advised her not to let small things trip us up.

Obviously, I ought to be neater. I owe Jai many apologies. But she has stopped telling me about the minor stuff that bugs her. Do we really want to spend our last months together arguing that I haven't hung up my khakis? We do not. So now Jai kicks my clothes into a corner and moves on.

A friend of ours suggested that Jai keep a daily journal, and Jai says it helps. She writes in there the things that get on her nerves about me. "Randy didn't put his plate in the dishwasher tonight," she wrote one night. "He just left it there on the table, and went to his computer." She knew I was preoccupied, heading to the Internet to research possible medical treatments. Still, the dish on the table bothered her. I can't blame her. So she wrote about it, felt better, and again we

라고 말했다. "랜디, 내가 권위 있는 의료진의 의견을 모아봤어요. 누구의 편도 들어주지 않을 제삼자예요." 데이터와 함께 제출된 자료를 보자 내 마음도 누그러졌다. 나는 잠시 가족을 방문했고 재이는 아이들과 집에 머물렀다. (나는 감기에 걸리지 않았다.)

다들 짐작하고 있듯이 나 같은 과학자와 함께 사는 일은 쉽지 않다. 재이는 솔직함을 내세워 나를 다룬다. 내가 샛길로 새면 즉각 알려준다. 아니면 이렇게 주의를 준다. "무언가 마음에 걸려요. 뭔지는 잘 모르겠어요. 알게 되면 말해줄게요."

그런가 하면 내 병의 예후에 영향이 있을까 봐 재이는 작은 일은 흘려버리는 방법을 배우고 있는 중이었다. 우리 부부의 카운슬러 리스 박사의 제안이었다. 리스 박사는 배우자가 불치의 병에 걸렸을 때 어떻게 가정생활을 다시 조정해야 하는지 훌륭한 도움을 주고 있다.

나는 어지럽히는 데 아주 선수다. 입었거나 입지 않았거나 상관없이 침실에는 온갖 옷이 곳곳에 흩어져 있고 욕실 세면대 위는 물건들이 널려 있다. 이런 것이 재이를 화나게 만든다. 내가 아프기 전에는 어김없이 재이의 잔소리가 뒤따랐다. 그러나 리스 박사는 작은 일로 관계를 망치지 말라고 조언했다.

확실히 나는 좀 깔끔해져야 한다. 재이에게 심심한 사과를 하는 바이다. 하지만 이제 재이는 짜증나는 소소한 일에 대해 잔소리하는 것을 멈추었다. 우리에게 주어진 마지막 시간을 내가 바지를 걸어 놓지 않았다고 싸우면서 보내기를 바라겠는가? 그러니 이제 재이는 널브러진 옷 따위는 구석으로 차버리고 그냥 넘긴다.

우리 친구 가운데 한 사람이 재이에게 매일 일기를 써보라고 권유했는데 그게 도움이 되었다. 내가 하는 일에 슬그머니 짜증이 나면 그녀는 일기에 적었다. '랜디가 오늘 자신의 접시를 식기 세척기에 넣지 않았다. 그냥 식탁에 놓아 둔 채 컴퓨터를 하러 가버렸다.' 재이는 내가 혹시 더 나은 치료법이 있을까 싶어 정신없이 인터넷을 뒤져보고 있다는 사실을 알고 있었다. 알고는 있었지만 식탁 위의 접시는 여전히 거슬렸다. 그녀를 나무랄 일은 아니다. 그래서 일기에 썼고 기분이 나아졌으며

Vocab.
bug 도청하다, 괴롭히다 prognosis 예지, 예측 recalibrate 조정하다, 수정하다 clutter 어수선하게 하다, 혼란케 하다 preoccupy 먼저 점유하다, 마음을 빼앗다, 선취하다

didn't have to get into an argument.

Jai tries to focus on each day, rather than the negative things down the road. "It's not helpful if we spend every day dreading tomorrow," she says.

This last New Year's Eve, though, was very emotional and bittersweet in our house. It was Dylan's sixth birthday, so there was a celebration. We also were grateful that I had made it to the new year. But we couldn't bring ourselves to discuss the elephant in the room: the future New Year's Eves without me.

I took Dylan to see a movie that day, *Mr. Magorium's Wonder Emporium*, about a toymaker. I had read an online description of the film, but it didn't mention that Mr. Magorium had decided it was time to die and hand over the shop to an apprentice. So there I was in the theater, with Dylan on my lap, and he was crying about how Mr. Magorium was dying. (Dylan doesn't yet know my prognosis.) If my life were a movie, this scene of me and Dylan would get slammed by critics for over-the-top foreshadowing. There was one line in the film, however, that remains with me. The apprentice (Natalie Portman) tells the toymaker (Dustin Hoffman) that he can't die; he has to live. And he responds: "I already did that."

Later that night, as the new year approached, Jai could tell I was depressed. To cheer me up, she reviewed the past year and pointed out some of the wonderful things that had happened. We had gone on romantic vacations, just the two of us, that we wouldn't have taken if cancer hadn't offered a reminder about the preciousness of time. We had watched the kids grow into their own; our house was really filled with a beautiful energy and a great deal of love.

Jai vowed she'd continue to be there for me and the kids. "I have four very good reasons to suck it up and keep going. And I will," she

한 번 더 싸우지 않는 데 성공했다.

재이는 미래에 닥칠 불행을 걱정하기보다는 오늘 지금 주어진 하루에 집중하려고 노력했다. 그녀는 말했다. "우리가 매일 내일을 두려워하며 지내는 것은 도움이 되지 않아요."

그럼에도 불구하고 지난 송년의 밤에는 감정을 이기지 못해 달콤 씁쓰름한 기분에 빠져버렸다. 그날은 딜런의 여섯 번째 생일이어서 축하 파티가 있었다. 우리 가족은 내가 새해에도 살아 있다는 사실에 감사했다. 하지만 차마 방 안의 코끼리에 대해 털어놓고 대화를 나누지는 못했다. 오늘은 있지만 내가 없게 될 앞으로의 새해 전야에 대해.

나는 그날 딜런과 함께 장난감 발명가가 등장하는 영화 〈마고리엄의 장난감 백화점〉을 보러 갔다. 미리 인터넷에서 영화의 줄거리를 읽긴 했지만 미스터 마고리엄이 죽을 때가 되었음을 느끼고 그의 후계자에게 백화점을 넘겨주는 부분은 언급되지 않아 몰랐다. 덕분에 나는 딜런을 무릎에 앉히고 죽어가는 미스터 마고리엄 때문에 우는 어린 후계자를 속수무책으로 지켜봐야 했다. (딜런은 아직 내 병의 예후에 대해 모른다.) 만약 내 삶을 다룬 영화가 있어 딜런과 내가 등장하는 이 장면이 나온다면 너무 뻔한 암시 아니냐고 비평가의 혹평이 난무했을 것이다.

그러나 영화 속 대사 하나는 내게 깊이 각인되었다. 나탈리 포트만이 분한 도제(徒弟)가 장난감 발명가 더스틴 호프만에게 죽으면 안 된다고, 살아야 한다고 말하는 장면이 있다. 그러자 발명가가 대답한다. "그건 이미 했잖아."

그날 밤 어둠이 깊어지고 점점 새해가 다가오면서 재이는 내가 우울한 것을 눈치챘다. 기운을 북돋아주기 위해 재이는 지난 한 해 동안 일어났던 즐거운 일들을 이야기했다. 우리는 지난해 둘만의 낭만적인 휴가를 보냈다. 만약 암이라는 병이 시간의 소중함을 알려주지 않았다면 없었을 일이다. 우리는 아이들이 나름대로 잘 자라나는 것도 지켜봤다. 우리 가정은 진정 아름다운 기운과 사랑이 넘치고 있었다.

재이는 나와 세 아이들을 위해 이 자리를 지키겠노라 다짐했다. "나에게는 무조건 참고 앞으로 나가야 하는 훌륭한 이유가 넷이나 되는걸요. 그러니 그렇게 할 거

Vocab.
dread ~을 몹시 무서워하다, (안 좋은 일이 생길까 봐) 두려워하다 emporium 큰 상점, (특정 상품을 파는) 상점
apprentice 도제(徒弟), 수습생, 초심자 foreshadowing 예시, 전조

promised.

Jai also told me that one of the best parts of her day is watching me interact with the kids. She says my face lights up when Chloe talks to me. (Chloe is eighteen months old and is already talking in four-word sentences.)

At Christmas, I had made an adventure out of putting the lights on the tree. Rather than showing Dylan and Logan the proper way to do it—carefully and meticulously—I just let them have at it haphazardly. However they wanted to throw those lights on the tree was fine by me. We got video of the whole chaotic scene, and Jai says it was a "magical moment" that will be one of her favorite memories of our family together.

* * *

Jai has gone on Web sites for cancer patients and their families. She finds useful information there, but she can't stay on too long. "So many of the entries begin: 'Bob's fight is over.' 'Jim's fight is over.' I don't think it's helpful to keep reading all of that," she says.

However, one entry she came upon moved her into action. It was written by a woman whose husband had pancreatic cancer. They planned to take a family vacation but postponed it. He died before they could reschedule. "Go on those trips you've always wanted to take," the woman advised other caregivers. "Live in the moment." Jai vows to keep doing just that.

Jai has gotten to know people locally who are also caregivers of spouses with terminal illnesses, and she finds it helpful to talk to them. If she needs to complain about me, or to vent about the pressure she's under, these conversations have been a good outlet for her.

At the same time, she tries to focus on our happiest times. When I

예요."

재이는 하루 중에 가장 좋은 때는 내가 아이들과 지내는 걸 바라보는 것이라고도 했다. 그녀는 클로이가 나에게 말을 걸 때 내 얼굴에서 빛이 난다고 말한다. (클로이는 18개월이고 벌써 네 단어가 들어간 문장을 말할 줄 안다.)

크리스마스에는 아이들과 트리에 전구를 다는 모험을 했었다. 딜런과 로건에게 제대로 된 방법-조심스럽고 꼼꼼한-을 보여주는 대신 자기들 마음대로 하도록 내버려 두었다. 아이들이 트리에 전구를 내던져도 즐겁기만 했다. 그날의 무질서한 광경은 모두 비디오로 녹화되었는데 재이는 이를 '마법의 시간'이라고 부르며 아마 가장 오랫동안 기억에 남을 순간이 될 것이라고 했다.

* * *

재이는 암에 걸린 환자와 가족을 위한 웹사이트를 찾았다. 사이트에서 유용한 정보를 많이 얻기도 하지만 오랫동안 보고 있지는 못했다. "'밥의 투쟁은 끝났다' '짐의 투쟁은 끝났다' 식의 제목이 너무 많아요. 그런 글을 계속 읽는 것이 좋을지 모르겠어요."

그러나 그녀가 읽은 게시물 중 하나는 실제적으로 도움을 주었다. 나처럼 남편이 췌장암 환자였던 여성의 글이었다. 그들은 가족 여행을 떠나기로 했다가 그 계획을 연기했다. 여행 일정을 다시 잡기 전에 남편은 죽어버렸다. "언제나 마음으로만 계획하고 있던 그 여행을 지금 당장 떠나세요." 그녀는 다른 가족에게 조언했다. "바로 이 순간을 즐겨야 해요." 재이는 그렇게 하기로 다짐했다.

재이는 근처에 사는 같은 처지의 사람들을 알게 되었고 그들과 대화를 나누는 것이 도움이 된다고 한다. 나를 향한 불만이 있거나 터질 것 같은 중압감을 해소해야 할 때는 이런 대화가 적당한 분출구 역할을 한다.

동시에 재이는 우리가 보낸 가장 행복했던 시간에 집중하려 노력한다. 연애 시절

Vocab.
meticulously 너무 세심하게, 지나치게 소심하여 haphazardly 우연히, 되는 대로, 아무렇게나 caregiver (병자·불구자·아이들을) 돌보는 사람 vent (감정 등에) 배출구를 주다, (감정 등을) 터뜨리다, 발산하다

Grammar
※ 부사와 접속사로 쓰이는 however: However, S+V: 이 경우는 부사이며 '그러나'라는 뜻. 동의어로 still도 알아두자. However 형용사/부사 S+V, S+V: 이때 however는 접속사이며 "아무리 ~한다 해도"라는 뜻. 바로 뒤에 형용사나 부사가 오는 것이 포인트.

was courting* her, I sent her flowers once a week. I hung stuffed animals in her office. I went overboard, and—when I wasn't scaring her off—she enjoyed it! Lately, she says, she'd been pulling up her memories of Randy the Romantic, and that makes her smile and helps her get through her down moments.

Jai, by the way, has lived out a good number of her childhood dreams. She wanted to own a horse. (That never happened, but she has done a lot of riding.) She wanted to go to France. (That happened; she lived in France one summer in college.) And most of all, she dreamed as a girl of having children of her own someday.

I wish I had more time to help her realize other dreams. But the kids are a spectacular dream fulfilled, and there's great solace in that for both of us.

When Jai and I talk about the lessons she has learned from our journey, she talks about how we've found strength in standing together, shoulder to shoulder. She says she's grateful that we can talk, heart to heart. And then she tells me about how my clothes are all over the room and it's very annoying, but she's giving me a pass, all things considered. I know: Before she starts scribbling in her journal, I owe it to her to straighten up my mess. I'll try harder. It's one of my New Year's resolutions.

나는 재이에게 매주 꽃을 보냈었다. 그녀의 사무실에 봉제인형들을 매달아놓기도 했다. 가끔은 좀 지나치다고 여기기도 했지만 재이는 나의 이런 행동을 즐거워했다. 최근 들어 재이는 로맨틱한 남자 랜디에 대한 추억을 되새기는 시간을 자주 가졌다. 그러면 웃음이 절로 나오고 우울한 시간을 견디는 데 도움이 된다고 한다.

재이도 어린 시절 꿈을 꽤 많이 이루어냈다. 그녀는 말 한 마리를 가지고 싶다는 소망이 있었다. (말은 갖지 못했지만 자주 승마를 했다.) 프랑스에도 가보고 싶어 했었다. (이건 이루어냈다. 대학 시절 한 여름을 프랑스에서 지냈다.) 그리고 가장 소중한 꿈, 소녀 시절부터 재이는 언젠가 자신의 아이들을 가지는 꿈을 꾸었다.

나는 그녀의 다른 꿈도 이루어질 수 있도록 돕고 싶다. 그렇게 할 수 있게 내게 더 많은 시간이 있었으면 좋겠다. 그렇지만 우리의 아이들이야말로 그녀가 꾸었던 꿈의 위대한 실현이고 우리 두 사람은 그 점에서 큰 위안을 받는다.

재이는 나와 함께 살면서 어깨와 어깨를 맞대고 합심하여 서는 힘을 배웠다고 말한다. 그녀는 우리 서로가 마음을 열고 대화할 수 있음에 감사한다고 말한다. 그런 다음 내게 이렇게 말한다. 방 안에 어질러진 옷을 보면 화가 나지만 상황을 감안해 봐주는 거라고. 나도 안다. 그녀가 일기장에 적어놓기 전에 얼른 내가 어지럽힌 것을 치워야 한다는 것을. 더 노력할 것. 이것이 나의 새해 결심 중 하나다.

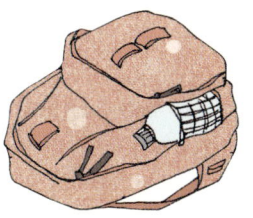

Vocab.
court* ~의 환심을 사려고 하다, (남자가 여자에게) 구애하다 go overboard 잔뜩 흥분[열광]하다 solace 위안, 위로, 기분전환 straighten something up ~을 정돈[정리]하다 resolution 결심, 결의

22

The Truth Can Set You Free

I RECENTLY GOT pulled over for speeding not far from my new home in Virginia. I hadn't been paying attention, and I had drifted a few miles an hour over the speed limit.

"Can I see your license and registration?" the police officer asked me. I pulled both out for him, and he saw my Pittsburgh address on my Pennsylvania driver's license.

"What are you doing here?" he asked. "You with the military?"

"No, I'm not," I said. I explained that I had just moved to Virginia, and I hadn't had time to re-register yet.

"So what brings you here?"

He had asked a direct question. Without thinking very hard, I gave him a direct answer. "Well, officer," I said, "since you've asked, I have terminal cancer. I have just months to live. We've moved down here to be close to my wife's family."

The officer cocked his head and squinted* at me. "So you've got cancer," he said flatly. He was trying to figure me out. Was I really dying? Was I lying? He took a long look at me. "You know, for a guy who has only a few months to live, you sure look good."

He was obviously thinking: "Either this guy is pulling one big fat line on me, or he's telling the truth. And I have no way of knowing." This wasn't an easy encounter for him because he was trying to do

22
진실은 당신을 자유롭게 한다

나는 최근에 버지니아의 집 근처에서 과속을 하다가 걸렸다. 제한 속도에 주의를 기울이지 않아 위반을 하고 있음을 미처 몰랐다.
"면허증과 자동차 등록증 좀 보여주십시오." 단속 경찰관이 말했다. 그는 펜실베이니아에서 발급된 내 면허증에서 피츠버그 주소를 보았다.
"여긴 무슨 일이세요?" 그가 물었다. "군인이신가요?"
"아니요." 내가 말했다. 이사 온 지 얼마 안 돼 재발급받을 시간이 없었다고 했다.
"왜 여기로 오셨어요?"
그가 직접적인 질문을 했다. 별 생각 없이 나도 그에게 직접적인 대답을 해주었다. "물어보니 하는 말입니다만 나는 불치의 암을 앓고 있어요. 이제 몇 달 정도 남았고요. 그래서 아내의 가족과 가까운 곳으로 옮기려고 이리 이사했어요."
그 경찰관은 고개를 갸웃하더니 눈을 가늘게 뜨고 나를 바라보았다. "그러니까 암 환자라는 말씀이군요." 그는 덤덤하게 말했다. 그는 내 말이 진실인지 살피는 듯했다. 정말 죽어가는 사람일까? 거짓말인가? 그는 한참 동안 나를 보았다. "살날이 몇 달밖에 남지 않은 사람치고는 아주 좋아 보이네요."
그가 무슨 생각을 하고 있는지 눈에 보였다. '이 사람이 지금 나한테 허무맹랑한 거짓말을 하고 있거나 아니면 진실을 말하고 있거나 둘 중 하나일 텐데 도무지 알 방법이 없군.' 불가능에 가까운 일을 하려고 하니 그도 나를 상대하기가 쉽지 않을

Vocab.
squint* 눈을 가늘게 뜨고 보다 big fat 노골적인, 뻔뻔스러운, 몰염치한 encounter (반갑지 않은 일에) 맞닥뜨리다, (새롭거나 뜻밖의 대상과) 접하다

Grammar
※ What brings you here?: 여기는 왜 왔니? 직역하자면 "무엇이(주어) 당신을(목적어) 이곳으로(부사) 가지고 왔냐(동사)?"다. 어색하기 짝이 없다. 해석을 외워두자. 비슷한 표현으로 "What made you come here?"도 있다.

Ⅲ. ADVENTURES ⋯ AND LESSONS LEARNED

the near-impossible. He was trying to question my integrity without directly calling me a liar. And so he had forced me to prove that I was being honest. How would I do that?

"Well, officer, I know that I look pretty healthy. It's really ironic. I look great on the outside, but the tumors are on the inside." And then, I don't know what possessed me, but I just did it. I pulled up my shirt, revealing the surgical scars.

The cop looked at my scars. He looked in my eyes. I could see on his face: He now knew he was talking to a dying man. And if by some chance I was the most brazen con man he'd ever stopped, well, he wasn't taking this any further. He handed me back my license. "Do me a favor," he said. "Slow down from now on."

The awful truth had set me free. As he trotted back to his police car, I had a realization. I have never been one of those gorgeous blondes who could bat her eyelashes and get out of tickets. I drove home under the speed limit, and I was smiling like a beauty queen.

터였다. 그는 면전에서 나에게 거짓말쟁이라고 하지는 않았지만 나의 정직함을 의심하고 있는 것이 분명했다. 그는 내게 그 말이 사실인지 증명하라고 말하고 싶은 듯했다. 그런데 그걸 어떻게 증명하지?

"나도 내가 꽤 건강해 보인다는 걸 알아요. 정말 아이러니하죠. 외관상으로는 좋아 보이지만 종양들은 안에 있는걸요." 그러곤 에라 모르겠다 싶어서 그냥 저질러 버렸다. 나는 셔츠를 올려 수술 흉터를 보여주었다.

경찰관은 내 흉터를 보았다. 그리고 내 눈을 보았다. 얼굴에 다 쓰여 있었다. 그는 이제야 자신이 지금 죽어가는 남자와 이야기하고 있다는 것을 깨닫는 중이었다. 만에 하나 내가, 그가 본 중에서 가장 뻔뻔스러운 사기꾼이었더라도 더 이상 일을 크게 만들고 싶지는 않았을 것이다. 그는 내게 면허증을 돌려주었다. "부탁합니다." 그가 말했다. "이제부턴 속력을 낮추세요."

이 지독한 진실이 나를 자유롭게 만들었다. 그가 자신의 경찰차로 바쁘게 사라진 후 나는 깨달았다. 지금까지 나는 단 한 번도 속눈썹 몇 번 깜빡이고 단속을 면하는 아름다운 금발여인이 되어본 적이 없었다. 규정된 속도를 지키며 집으로 돌아오는 동안 나는 내내 마치 미인대회에서 우승한 여왕처럼 미소를 날리고 있었다.

Vocab.
integrity 진실성, (나뉘지 않고) 완전한 상태, 온전함 possess 소유하다, 가지고 있다 surgical 외과의, 외과 의사의
brazen 놋쇠로 만든, 철면피의, 뻔뻔스러운

23

I'm on My Honeymoon, But If You Need Me...

J AI SENT me out to buy a few groceries the other day. After I found everything on the list, I figured I'd get out of the store faster if I used the self-scan aisle. I slid my credit card into the machine, followed the directions, and scanned my groceries myself. The machine chirped, beeped and said I owed $16.55, but issued no receipt. So I swiped my credit card again and started over.

Soon, two receipts popped out. The machine had charged me twice.

At that point, I had a decision to make. I could have tracked down the manager, who would have listened to my story, filled out some form, and taken my credit card to his register to remove one of the $16.55 charges. The whole tedious ordeal could have stretched to ten or even fifteen minutes. It would have been zero fun for me.

Given my short road ahead, did I want to spend those precious minutes getting that refund? I did not. Could I afford to pay the extra $16.55? I could. So I left the store, happier to have fifteen minutes than sixteen dollars.

All my life, I've been very aware that time is finite. I admit I'm overly logical about a lot of things, but I firmly believe that one of my most appropriate fixations has been to manage time well. I've railed about time management to my students. I've given lectures on it. And

23
지금은 신혼여행 중이지만 그래도 내가 필요하다면……

어느 날엔가 재이가 나를 식료품 상점으로 심부름을 보냈었다. 목록에 적힌 것을 다 담고 나자 셀프계산대를 이용하면 더 빨리 일을 마칠 수 있겠다는 생각이 들었다. 나는 신용카드를 집어넣고 지시를 따르며 스스로 물건들을 스캔했다. 기계는 뭐라고 지저귀고 몇 번 삑삑거리더니 16불 55센트를 내라고 말했지만 영수증은 발급하지 않았다. 그래서 나는 다시 신용카드를 긁고 새로 시작했다.

곧 영수증 두 개가 튀어나왔다. 기계가 두 번 계산한 것이었다.

그 순간에 나는 결정을 내려야만 했다. 나는 지배인을 찾아 일어난 일에 대해 들려주고 서류를 작성한 다음 그가 신용카드를 계산대로 가져가 16불 55센트짜리 영수증 하나를 취소시켜주기를 기다려도 되었다. 그 모든 지루한 과정은 10분 혹은 15분까지도 늘어질 수 있었다. 정말 재미없는 일이었.

살날도 얼마 안 남은 판에 환불받기 위해 귀중한 시간을 낭비하고 싶은가? 그렇지 않다. 16불 55센트를 더 낼 만한 경제적 여유가 있나? 있다. 그래서 나는 상점을 나왔고 16불보다 15분을 더 얻은 것에 만족했다.

인생을 살면서, 나는 시간은 한정되어 있다는 사실을 매우 잘 인식하고 있었다. 나도 내가 많은 부분에서 과도하게 논리적이라는 건 인정하지만 시간관리에 대한 집착만큼은 꽤 괜찮은 버릇 중 하나라고 굳게 믿고 있다. 나는 학생들에게 시간관리에 대해 수없이 꾸짖어왔다. 그것에 대해 긴 강연도 했었다. 평소의 태도가 그런

Vocab.
aisle 통로, 복도 chirp (새·벌레의 울음소리) 찍찍, 짹짹, 찍찍 울다 swipe (신용 카드 같은 전자 카드를 인식기에) 대다, 후려치다 track somebody/something down~을 찾아내다 tedious 지루한, 싫증나는 finite 한정된, 유한의 fixation 고착, 고정 rail 욕하다, 꾸짓다, 조롱하다, 불평하다

because I've gotten so good at it, I really do feel I was able to pack a whole lot of life into the shortened lifespan I've been handed.

Here's what I know:

Time must be explicitly managed, like money. My students would sometimes roll their eyes at what they called "Pauschisms," but I stand by them. Urging students not to invest time on irrelevant details, I'd tell them: "It doesn't matter how well you polish the underside of the banister*."

You can always change your plan, but only if you have one. I'm a big believer in to-do lists. It helps us break life into small steps. I once put "get tenure" on my to-do list. That was naive. The most useful to-do list breaks tasks into small steps. It's like when I encourage Logan to clean his room by picking up one thing at a time.

Ask yourself: Are you spending your time on the right things? You may have causes, goals, interests. Are they even worth pursuing? I've long held on to a clipping from a newspaper in Roanoke, Virginia. It featured a photo of a pregnant woman who had lodged* a protest against a local construction site. She worried that the sound of jackhammers was injuring her unborn child. But get this: In the photo, the woman is holding a cigarette. If she cared about her unborn child, the time she spent railing against jackhammers would have been better spent putting out that cigarette.

Develop a good filing system. When I told Jai I wanted to have a place in the house where we could file everything in alphabetical order, she said I sounded way too compulsive for her tastes. I told her: "Filing in alphabetical order is better than running around and saying, 'I know it was blue and I know I was eating something when I had it.'"

Rethink the telephone. I live in a culture where I spend a lot of

까닭에 나는 시간관리에 아주 능했고 덕분에 갑자기 수명이 단축되었다는 통고를 받고도 남은 시간에 막대한 인생을 쑤셔 넣을 수 있었다고 믿는다.

여기 내가 아는 것이 있다.

시간은 명쾌하게 관리되어야 한다. 마치 돈처럼. 내 학생들은 가끔씩 그들이 '포시즘'이라 부르는 것에 의심의 눈초리를 보내곤 했지만 나는 확신한다. 학생들에게 불필요한 사소한 일에 시간을 투자하지 말라고 주장할 때 나는 이런 표현을 쓴다. "난간의 밑면을 얼마나 광나게 닦는지는 아무도 상관하지 않는다."

계획은 늘 바뀔 수 있지만 단 분명할 때만 바꿔라. 나는 '할 일'을 기록한 리스트를 광신하는 편이다. 그것은 삶을 작은 단계로 나누어준다. 한번은 '종신 교수 재직권을 받자.'를 내가 해야 할 일 목록에 넣었다. 어리석은 일이었다. 가장 실용적인 목록은 과제를 잘게 쪼개 놓은 것이다. 그건 마치 내가 로건에게 한 번에 하나씩만 물건을 치우는 걸로 자기 방을 스스로 청소하게 격려하는 것과 같다.

스스로에게 물어라. 옳은 일에 시간을 쓰고 있는가? 당신은 아마도 여러 가지 목표 그리고 관심거리를 가지고 있을 것이다. 그것들이 추구할 만한 가치가 있는가? 나는 버지니아 주 로어노크에서 발행되는 신문에서 오려낸 기사를 오랫동안 가지고 있었다. 기사에는 한 임신부가 지역의 공사장에 항의 시위를 하는 사진이 실려 있었다. 그녀는 공사장의 착암기 소리가 태아에게 해를 끼칠 것을 염려했다. 그러나 흥미로운 점은 사진 속 여자가 담배를 들고 있었다는 사실이다. 만약 그녀가 배 속의 아이를 걱정한다면 착암기에 반대해 시위하는 시간을 담배를 끊는 데 쓰는 것이 더 나았을 것이다.

체계적인 파일 시스템을 만들어라. 언젠가 나는 재이에게 집 안에 알파벳 순서로 모든 자료를 철해놓을 수 있는 공간이 있으면 좋겠다고 말했다. 그녀는 나의 강박증이 지나치다고 했다. 나는 그녀를 설득했다. "파일을 만들어 알파벳 순서로 정리해두는 것이 집 안을 헤집고 다니며 '그건 파란색이었고 아마 뭔가를 먹고 있을 때 마지막으로 본 것 같아.' 어쩌고 하는 것보다 훨씬 낫잖아."

전화를 걸기 전 다시 생각해봐라. 나는 "고객님의 전화를 매우 소중하게 여기겠

Vocab.
explicitly 명백[명쾌]히 irrelevant 관계없는, 부적절한 banister* 계단의 난간 naïve 순진한, 때 묻지 않은, 소박한, 고지식한 lodge* (공공 기관·당국에 이의 등을) 제기[제출]하다 jackhammer 휴대용 압축 공기식 드릴(착암기) compulsive 강제적인, 강박적인

time on hold, listening to "Your call is very important to us." Yeah, right. That's like a guy slapping a girl in the face on a first date and saying, "I actually do love you." Yet that's how modern customer service works. And I reject that. I make sure I am never on hold with a phone against my ear. I always use a speaker phone, so my hands are free to do something else.

I've also collected techniques for keeping unnecessary calls shorter. If I'm sitting while on the phone, I never put my feet up. In fact, it's better to stand when you're on the phone. You're more apt to speed things along. I also like to have something in view on my desk that I want to do, so I have the urge to wrap things up with the caller.

Over the years, I've picked up other phone tips. Want to quickly dispatch telemarketers? Hang up while you're doing the talking and they're listening. They'll assume your connection went bad and they'll move on to their next call. Want to have a short phone call with someone? Call them at 11:55 a.m., right before lunch. They'll talk fast. You may think you are interesting, but you are not more interesting than lunch.

It is never too early to delegate

습니다."를 하염없이 들으며 기다리는 일로 시간을 낭비해야 하는 문화 속에 살고 있다. 어련하랴. 그건 마치 첫 데이트에서 남자가 여자의 따귀를 날리면서 "사실은 당신을 사랑해."라고 말하는 것과 다름없다. 그러나 그게 현대의 고객 서비스 실태다. 나는 그것을 거부한다. 나는 가능한 한 전화를 귀에 대고 기다리는 일이 없도록 주의한다. 언제나 스피커폰을 이용하기 때문에 내 손은 다른 일을 할 수 있다.

불필요한 전화를 짧게 끝내는 방법도 터득했다. 만약 내가 앉아서 전화를 받고 있다면 절대로 편한 자세를 취하지 않는다. 더 좋은 방법으로는 일어나서 전화하는 것이다. 그래야 빨리 끝낼 수 있다. 책상 위에 좋아하는 일거리를 눈에 보이도록 펼쳐놓는 것도 괜찮다. 그래야 대화를 빨리 끝내고 싶은 충동을 느끼기 때문이다.

살다보니 그 밖의 다른 비법도 터득했다. 전화 판매원을 빨리 따돌리고 싶은가? 당신이 말하고 그들이 듣는 동안에 전화를 끊어버려라. 그들은 전화 상태가 나빠졌다고 짐작하고 다음 전화를 준비할 것이다. 누군가와 짧게 전화하고 싶은가? 그렇다면 점심시간 직전인 오전 11시 55분에 전화해라. 그들은 빠른 속도로 용무를 말할 것이다. 당신을 반길 것이라 생각할 수도 있겠으나 점심보다 더 반갑지는 않다.

[사진 캡션: 위임하기에 너무 이른 때란 없다.]

Grammar

※ be apt to do: ~할 것 같다. be likely to do나 be liable to do로도 바꾸어 쓸 수 있다. 이때 to do는 바로 앞 형용사를 수식하는 부사적 용법으로 쓰였다.

Delegate. As a professor, I learned early on that I could trust bright, nineteen-year-old students with the keys to my kingdom, and most of the time, they were responsible and impressive. It's never too early to delegate. My daughter, Chloe, is just eighteen months old, but two of my favorite photos are of her in my arms. In the first, I'm giving her a bottle. In the second, I've delegated the task to her. She looks satisfied. Me, too.

Take a time out. It's not a real vacation if you're reading email or calling in for messages. When Jai and I went on our honeymoon, we wanted to be left alone. My boss, however, felt I needed to provide a way for people to contact me. So I came up with the perfect phone message:

"Hi, this is Randy. I waited until I was thirty-nine to get married, so my wife and I are going away for a month. I hope you don't have a problem with that, but my boss does. Apparently, I have to be reachable." I then gave the names of Jai's parents and the city where they live. "If you call directory assistance, you can get their number. And then, if you can convince my new in-laws that your emergency merits interrupting their only daughter's honeymoon, they have our number."

We didn't get any calls.

Some of my time management tips are dead-on serious and some are a bit tongue-in-cheek. But I believe all of them are worth considering.

Time is all you have. And you may find one day that you have less than you think.

위임해라. 교수로 일하면서 나는 일찌감치 명석한 열아홉 살짜리 학생들에게 열쇠를 건네주어도 아무 탈이 없다는 것을 배웠다. 그들은 거의 대부분 책임감 있고 일도 잘했다. 책임을 넘겨주기에 너무 이른 때란 절대 없다. 내 딸 클로이는 이제 18개월밖에 되지 않았다. 내 품에 안겨서 찍은 클로이의 사진 두 장은 내가 가장 좋아하는 것이다. 첫 번째 사진에서 나는 딸에게 젖병을 물려주고 있다. 두 번째 사진에서는 그 임무를 딸에게 위임했다. 딸도 만족스러워 보인다. 나도 그랬다.

제대로 쉬어라. 만약 휴가 중에 이메일이나 전화 메시지를 체크하고 있다면 그것은 진정한 휴가가 아니다. 재이와 내가 신혼여행을 떠났을 때 우리는 아무런 방해도 받고 싶지 않았다. 내 상사는 아무리 그래도 연락할 수 있는 방법은 하나 있어야 한다고 고집했다. 그래서 나는 아주 완벽한 자동응답기 멘트를 준비했다.

"랜디입니다. 서른아홉이 될 때까지 이 결혼을 기다렸으므로 저희 부부는 한 달간 이곳을 떠나려 합니다. 전혀 문제될 게 없기를 바라지만 제 상사는 문제가 있답니다. 꼭 연락이 닿아야 한다더군요." 그러고서 나는 재이의 부모님 이름과 그들이 사는 도시의 이름을 댔다. "전화 안내원에게 물으면 그들의 전화번호를 알 수 있을 겁니다. 그런 다음 당신이 저의 장인 장모님에게 아주 급한 일로 따님의 신혼여행을 좀 방해하겠다고 설득할 수 있다면 그들이 연락할 번호를 줄 것입니다."

당연히 우리는 아무 전화도 받지 않았다.

나의 시간관리 비법 중 일부는 아주 진지하고, 일부는 약간 농담조이기도 하다. 그러나 나는 이 모든 것이 고려해볼 가치가 있다고 생각한다.

시간은 당신이 가진 전부다. 그리고 당신은 언젠가 생각보다 시간이 얼마 남지 않았다는 사실을 알게 될 것이다.

Vocab.
apparently 보기에, 분명히, 듣자 하니 reachable 닿을 수 있는 directory 주소 성명록, 전화번호부 convince 확신시키다, 납득시키다 tongue-in-cheek 놀림, 조롱, 빈정댐

24

A Recovering Jerk

IT IS an accepted cliché in education that the number one goal of teachers should be to help students learn how to learn.

I always saw the value in that, sure. But in my mind, a better number one goal was this: I wanted to help students learn how to judge themselves.

Did they recognize their true abilities? Did they have a sense of their own flaws? Were they realistic about how others viewed them?

In the end, educators best serve students by helping them be more self-reflective. The only way any of us can improve—as Coach Graham taught me—is if we develop a real ability to assess ourselves. If we can't accurately do that, how can we tell if we're getting better or worse?

Some old-school types complain these days that higher education too often feels like it is all about customer service. Students and their parents believe they are paying top dollar for a product, and so they want it to be valuable in a measurable way. It's as if they've walked into a department store, and instead of buying five pairs of designer jeans, they've purchased a five-subject course-load.

I don't fully reject the customer-service model, but I think it's important to use the right industry metaphor. It's not retail. Instead, I'd compare college tuition to paying for a personal trainer at an athletic

24
재생 중인 얼간이

    이미 널리 알려져 진부하게도 들리는 말이지만 교육을 담당한 교사들의 최고 목표는 학생들에게 공부하는 법을 가르치는 것이다.
    물론 나도 그 가치를 잘 알고 있다. 그러나 내가 진정으로 추구하는 교육의 최고 목표는 좀 달랐다. 나는 학생들에게 스스로를 판단하는 법을 가르쳐주고 싶었다.
    그들은 자신의 진짜 능력을 알고 있을까? 그들은 스스로의 단점을 파악하고 있는 것인가? 다른 사람의 견해를 곡해하지 않고 받아들일 수 있는가?
    결국 가장 좋은 교육이란 학생들로 하여금 자기성찰을 할 수 있도록 돕는 것이다. 우리 스스로 발전할 수 있는 유일한 방법은 그레이엄 코치가 내게 가르쳐주었듯이 자기 자신을 평가하는 능력을 개발하는 것이다. 만약 우리가 그 일을 명확하게 해낼 수 없다면 우리가 나아지고 있는지 나빠지고 있는지 어떻게 알 수 있을까?
    일부 보수적인 사람들은 현대의 대학 교육이 너무 고객 서비스 같다고 불평한다. 학생과 학부모 역시 기성 제품을 얻기 위해 큰돈을 지불하고 있다는 태도다. 그래서 그들은 당장 눈으로 확인할 수 있는 가치를 추구한다. 이는 마치 백화점에서 다섯 벌의 디자이너 청바지를 사는 대신 다섯 개의 학과목을 구입하는 것과 같다.
    고객 서비스 운운하는 말을 완전히 부인하는 것은 아니다. 그러나 대학이라는 교육기관에 올바른 비유는 아니라고 생각한다. 교육은 판매업이 아니다. 대신 나는 대학 수업료를 헬스클럽에서 퍼스널 트레이너에게 지불하는 돈과 비교하고 싶다.

Vocab.
cliché 진부한 표현[사상, 행동], 상투적인 문구 metaphor 은유, 비유 tuition (대학의) 수업료

Grammar
※ **by -ing**: 함으로써. 전치사+동명사 구조인데 워낙 널리 쓰이니 아예 외워두자. 이외에도 (up)on -ing(~하지 마라), in -ing(~라는 점에서), without -ing(~하지 않고서), besides -ing(=in addition to -ing, ~할 뿐만 아니라 또한 ~도) 등도 함께 외우자.

IV. ENABLING THE DREAMS OF OTHERS

club. We professors play the roles of trainers, giving people access to the equipment (books, labs, our expertise) and after that, it is our job to be demanding. We need to make sure that our students are exerting themselves. We need to praise them when they deserve it and to tell them honestly when they have it in them to work harder.

Most importantly, we need to let them know how to judge for themselves how they're coming along. The great thing about working out at a gym is that if you put in effort, you get very obvious results. The same should be true of college. A professor's job is to teach students how to see their minds growing in the same way they can see their muscles grow when they look in a mirror.

To that end, I've tried hard to come up with mechanical ways to get people to listen to feedback. I was constantly helping my students develop their own feedback loops. It was not easy. Getting people to welcome feedback was the hardest thing I ever had to do as an educator. (It hasn't been easy in my personal life, either.) It saddens me that so many parents and educators have given up on this. When they talk of building self-esteem, they often resort to empty flattery rather than character-building honesty. I've heard so many people talk of a downward spiral in our educational system, and I think one key factor is that there is too much stroking and too little real feedback.

When I taught the "Building Virtual Worlds" class at Carnegie Mellon, we'd do peer feedback every two weeks. This was a completely collaborative class, with the students working in four-person teams on virtual-reality computer projects. They were dependent on each other, and their grades reflected it.

We would take all of the peer feedback and put together a spreadsheet. At the end of the semester, after each student had worked on five projects, with three different teammates on each, everyone would

우리 교수들은 트레이너의 역할을 맡아 학생들에게 여러 가지 장비(책, 연구실, 우리의 전문지식)를 쓸 수 있게 허락한다. 그런 다음 우리의 임무는 학생들에게 더 큰 노력을 요구하는 것이다. 학생들 스스로 최선의 노력을 하도록 이끌어야 한다. 칭찬받아 마땅하면 칭찬해주고 재능이 보이면 정직하게 더 열심히 하라고 격려해주어야 한다.

여기서 가장 중요한 것은 학생들 스스로 자신이 제대로 하고 있는지 아닌지 판단할 수 있게 지도하는 것이다. 체력단련을 위해 헬스클럽을 다니는 것의 좋은 점은 공을 들이면 눈에 보이는 결과를 얻을 수 있다는 점이다. 대학도 그래야 한다. 교수의 책임은 거울을 보았을 때 자라나는 근육을 확인할 수 있는 것처럼 학생들도 자신의 내면이 성장하는 것을 볼 수 있도록 가르치는 것이다.

그런 이유로 나는 사람들이 피드백 귀담아들을 수 있게 만드는 규칙을 구상해보려 노력했다. 또 학생들이 스스로 피드백 체계를 구축하도록 꾸준히 곁에서 도왔다. 쉽지는 않았다. 학생들이 쓰디쓴, 남의 평가를 달게 받아들이도록 가르치는 것이 교육자로 살며 가장 어려웠던 일이었다. (개인적인 삶에서도 결코 쉬운 일은 아니었다.) 너무나 많은 부모와 교육자들이 이 부분을 포기했다는 것이 나를 슬프게 한다. 그들은 자신감을 키워주고자 할 때 인격 함양에 도움이 되는 정직한 방법이 아닌 속이 텅 빈 추켜세우기를 수단으로 삼는다. 많은 사람들이 우리 교육구조의 쇠퇴 현상에 대해 우려하고 있는 것을 나도 알고 있는데 그 중요한 원인이 너무 아이들 눈치만 보면서 솔직한 피드백은 해주지 않는 데 있다고 생각한다.

나는 카네기멜론대학의 '가상세계의 구축' 수업을 지도하면서 격주마다 팀원 평가제를 시행해보았다. 그 강의는 네 명이 한 팀이 되어 가상현실 컴퓨터 프로젝트를 해야 하는 완벽한 협력 방식을 택했다. 팀원 각각은 서로에게 의지했고 성적이 그것을 반영했다.

우리는 팀원 평가를 모두 모아서 도표로 만들었다. 학기 마지막이 되자 모든 학생들은 과제마다 다르게 편성된 나머지 세 명의 팀원들과 각각 다섯 개의 과제를

| Vocab. |
exert (힘·지력 따위를) 발휘하다, 쓰다　flattery　아첨, 치렛말, 빌붙음　collaborative 협력적인, 합작의, 공동 제작의
semester 학기

have fifteen data points. That was a pragmatic, statistically valid way to look at themselves.

I would create multicolored bar charts in which a student could see a ranking on simple measures such as:

1) Did his peers think he was working hard? Exactly how many hours did his peers think he had devoted to a project?

2) How creative was his contribution?

3) Did his peers find it easy or hard to work with him? Was he a team player?

As I always pointed out, especially for No. 3, what your peers think is, by definition, an accurate assessment of how easy you are to work with.

The multicolored bar charts were very specific. All the students knew where they stood relative to their forty-nine peers.

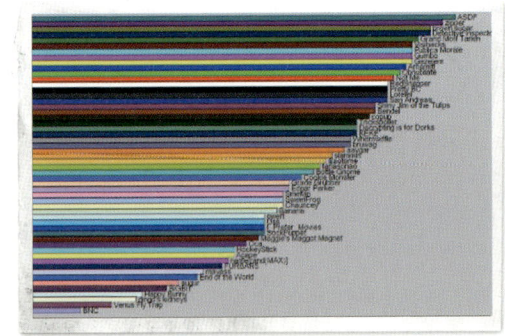

Easy to Work With(longer bars are better)

완수했고 그에 따라 한 사람 당 총 열다섯 개의 점수가 주어졌다. 그것은 자신의 본모습을 볼 수 있는 가장 실용적이면서도 통계학적으로도 타당한 방법이었다.

나는 여러 색깔의 막대그래프를 만들어 학생들이 직접 자신의 순위를 볼 수 있게 했다.

1) 팀원으로서 그가 열심히 했다고 생각하는가? 그가 과제에 바친 시간이 정확히 몇 시간이라고 생각하는가?
2) 그의 기여가 얼마나 창의적이었나?
3) 그와 일하기가 쉬웠는가, 어려웠는가? 그는 팀 플레이어였나?

특히 세 번째 질문은 내가 늘 말했던 것처럼 동료의 평가가 당신이 팀원으로 얼마나 적합한 사람인지를 정확히 알려준다.

이 막대그래프는 매우 구체적이었다. 모든 학생들이 다른 마흔아홉 명과 비교해 자기가 어디쯤에 있는지 잘 알 수 있었다.

[사진 캡션: 같이 일하기 좋은 사람(막대가 길수록 점수가 높다).]

Vocab.

pragmatic 실용적인 statistically 통계적으로 valid 근거가 확실한, 정확한, 정당한, 유효한, 효과적인 peer (나이·신분이 같거나 비슷한) 또래

IV. ENABLING THE DREAMS OF OTHERS

The bar charts were coupled with more free-form peer feedback, which was essentially specific suggestions for improvement, such as "Let other people finish their sentences when they're talking."

My hope was that more than a few students would see this information and say, "Wow, I've got to take it up a notch." It was hard feedback to ignore, but some still managed.

For one course I taught, I'd had students assess each other in the same way, but only let them know the quartile in which they ranked. I remember a conversation I had with one student whom others found particularly obnoxious. He was smart, but his healthy sense of himself left him clueless about how he was coming off. He saw the data ranking him in the bottom quartile and remained unfazed*.

He figured that if he was ranked in the bottom 25 percent, he must have been at the 24 percent or 25 percent level (rather than, say, in the bottom 5 percent). So in his mind, that meant he was almost in the next higher quartile. So he saw himself as "not so far from 50 percent," which meant peers thought he was just fine.

"I'm so glad we had this chat," I told him, "because I think it's important that I give you some specific information. You are not just in the bottom 25 percent. Out of fifty students in the class, your peers ranked you dead last. You are number fifty. You have a serious issue. They say you're not listening. You're hard to get along with. It's not going well."

The student was shocked. (They're always shocked.) He had had all of these rationalizations, and now here I was, giving him hard data.

And then I told him the truth about myself.

"I used to be just like you," I said. "I was in denial. But I had a professor who showed he cared about me by smacking the truth into my head. And here's what makes me special: I listened."

순위가 적힌 막대 도표는 더 자유로운 형식의 다른 평가와 같이 제공되었는데 예를 들면 '남들이 말할 때 끼어들지 않기'처럼 그것은 발전을 위한 본질적이고 세밀한 제안이었다.

내가 바라는 것은 단지 일부라 해도 학생들이 이것을 보고 '더 잘해야겠는데.'라고 생각해주는 것이었다. 쉽게 무시할 수 없는 평가였음에도 여전히 몇몇은 잘도 무시해주었다.

다른 수업에서도 나는 학생들에게 같은 방법으로 서로를 평가하도록 했다. 하지만 직접적인 순위를 보여주는 대신 4등급으로 분류해서 어디에 해당하는지만 알려주었다. 나는 한 학생과 나눈 대화를 기억한다. 특별히 학생들 사이에서 따돌림을 받는 학생이었다. 그는 머리가 좋았지만 자신이 어떻게 비쳐지는지 감을 잡지 못했다. 그는 자신이 꼴찌 그룹 25퍼센트에 속해 있는 것을 보고도 당황하지 않았다.

그는 자신이 설령 하위 25퍼센트에 해당된다 하더라도 그중에서도 필시 윗부분에 속했을 거라고 생각했다. (하위 5퍼센트로 짐작하는 것이 아니라.) 나아가 그렇다면 바로 윗 그룹 25퍼센트에 속한 거나 다름없다고 여겼다. 더욱 비약해서 자신의 점수가 '중간에서 그리 멀지 않다'고 생각했는데 이는 동료들이 자신에게 나쁜 평가를 내린 것은 아니라고 간주한다는 뜻이었다. 하는 수 없이 나는 그에게 말했다.

"우리에게 대화의 기회가 주어져서 기쁘게 생각한다네. 나는 자네에게 정확한 정보를 주는 것이 중요하다고 판단했네. 자네는 그냥 하위 25퍼센트에 속한 게 아니야. 이 수업의 학생이 50명인데 동료 학생들이 자네를 맨 꼴찌로 뽑았어. 그러니까 자네는 50등이라고. 이건 심각한 문제야. 내가 알기로 자넨 남의 이야기를 잘 듣지 않는다고 하더군. 함께 일하기 힘든 사람이라고. 이건 결코 좋은 게 아니야."

그 학생은 충격을 받았다. (그들은 언제나 충격을 받는다.) 그는 늘 스스로를 합리화시키는 데 익숙했는데 내가 그 자리에서 정확한 데이터를 들이민 것이다.

그런 후 그에게 나에 대한 진실을 들려주었다.

"나도 딱 자네 같은 학생이었네. 나도 늘 부정했지. 그러나 나에게도 진실을 말해주는 것으로 나에 대한 애정을 표현해주신 교수님이 한 분 계셨어. 나를 특별하게 만든 것이 있다면 바로 내가 그의 충고를 귀담아들었다는 사실이지."

Vocab.

notch (V자 모양의) 새김눈, 단계, 급 quartile 4분위 수 obnoxious 밉살스러운, 불쾌한, 싫은 unfazed* (뜻밖의 일에) 동하지 않는, 당황하지 않는 smack (손바닥으로, 별로) 때리다

This student's eyes widened. "I admit it," I told him. "I'm a recovering jerk. And that gives me the moral authority to tell you that you can be a recovering jerk, too."

For the rest of the semester, this student kept himself in check. He improved. I'd done him a favor, just as Andy van Dam had done for me years before.

그 학생의 눈이 커졌다. "나도 알아. 나는 재생 중인 얼간이야. 그러니 자네도 언젠가는 나처럼 재생될 수 있다고 말할 만한 도덕적 권한이 있는 셈이지."

나머지 학기 동안 그 학생은 스스로를 엄격히 감독했다. 그는 발전했다. 나는 그에게 호의를 베풀었다. 수년 전 앤디 밴 댐 교수가 나에게 그랬던 것처럼.

25

Training a Jedi

It's A thrill to fulfill your own childhood dreams, but as you get older, you may find that enabling the dreams of others is even more fun.

When I was teaching at the University of Virginia in 1993, a twenty-two-year-old artist-turned computer-graphics-wiz named Tommy Burnett wanted a job on my research team. After we talked about his life and goals, he suddenly said, "Oh, and I have always had this childhood dream."

Anyone who uses "childhood" and "dream" in the same sentence usually gets my attention.

"And what is your dream, Tommy?" I asked.

"I want to work on the next Star Wars film," he said.

Remember, this was in 1993. The last *Star Wars* movie had been made in 1983, and there were no concrete plans to make any more. I explained this. "That's a tough dream to have because it'll be hard to see it through," I told him. "Word is that they're finished making *Star Wars* films."

"No," he said, "they're going to make more, and when they do, I'm going to work on them. That's my plan."

Tommy was six years old when the first *Star Wars* came out in 1977. "Other kids wanted to be Han Solo," he told me. "Not me. I wanted

25
제다이 교육시키기

자신의 어릴 적 꿈을 성취하는 것도 신 나는 일이지만 나이가 들수록 당신은 다른 사람들의 꿈을 돕는 일에 더 흥미를 느낄 수도 있다.

1993년 버지니아대학에 있을 때 예술학도에서 길을 바꿔 컴퓨터그래픽의 귀재가 된 스물두 살의 토미 버넷이라는 학생이 내 연구 팀에서 일하고 싶어 했다. 그를 만나 삶과 인생의 목표 등에 대해 이야기를 나누고 있는데 갑자기 그가 말했다. "아, 저한테는 어릴 적부터 간직한 꿈이 하나 있어요."

'어릴 적'과 '꿈'이란 단어를 한 문장에 사용하는 사람은 누구든 내 관심을 끈다.
"그 꿈이 뭔데, 토미?" 내가 물었다.
"다음 〈스타워즈〉 영화 작업에 참여하고 싶어요." 그가 말했다.

기억하라. 당시는 1993년이었다. 마지막 〈스타워즈〉는 1983년에 만들어졌으며 계속 제작된다는 구체적인 계획도 없던 시기였다. "이루어지기 힘든 꿈 같은데." 내가 말했다. "〈스타워즈〉 시리즈는 3부작으로 끝이 났고 더 이상 영화화되지 않는다는 말이 있거든."

"아니에요." 그가 말했다. "분명 더 만들 거예요. 그리고 그때가 되면 나는 그들과 함께 일할 겁니다. 그게 제 꿈이에요."

1977년 첫 번째 〈스타워즈〉 영화가 나왔을 때 토미는 여섯 살이었다. "다른 애들은 주인공 역할인 한 솔로가 되고 싶어 했어요. 저는 아니었죠. 저는 특수효과를

Vocab.
concrete 콘크리트로 된, 사실에 의거한, 구체적인, 실체가 있는

to be the guy who made the special effects—the space ships, the planets, the robots."

He told me that as a boy, he read the most technical *Star Wars* articles he could find. He had all the books that explained how the models were built, and how the special effects were achieved.

As Tommy spoke, I had a flashback to my childhood visit to Disneyland, and how I had this visceral urge to grow up and create those kinds of rides. I figured Tommy's big dream would never happen, but it might serve him well somehow. I could use a dreamer like that. I knew from my NFL desires that even if he didn't achieve his, they could serve him well, so I asked him to join our research team.

Tommy will tell you I was a pretty tough boss. As he now recalls it, I rode him hard and had very high expectations, but he also knew I had his best interests at heart. He compares me to a demanding football coach. (I guess I was channeling Coach Graham.) Tommy also says that he learned not just about virtual reality programming from me, but also about how work colleagues need to be like a family of sorts. He remembers me telling him: "I know you're smart. But everyone here is smart. Smart isn't enough. The kind of people I want on my research team are those who will help everyone else feel happy to be here."

Tommy turned out to be just that kind of team player. After I got tenure, I brought Tommy and others on my research team down to Disney World as a way of saying thanks.

When I moved on to Carnegie Mellon, every member of my team from the University of Virginia came with me—everyone except Tommy. He couldn't make the move. Why? Because he had been hired by producer/director George Lucas's company, Industrial Light & Magic. And it's worth noting that they didn't hire him for his dream;

만드는 사람이 되고 싶었어요. 우주선, 행성, 로봇, 그런 것들 말이에요."

그는 어렸을 때부터 지금까지 영화 〈스타워즈〉의 특수효과 기술에 대한 기사는 모조리 찾아서 읽었다고 말했다. 영화 속 모형들이 어떻게 설계되었는지 특수효과가 어떻게 이루어졌는지를 설명한 책도 모두 가지고 있었다.

토미의 이야기를 들으면서 어렸을 때 갔던 디즈니랜드를 떠올렸다. 나 역시 어른이 되면 반드시 그런 놀이기구를 만들고야 말겠다는 충동에 휩싸였음을 회상했다. 토미의 꿈이 실현될 가능성은 희박했지만 어쨌든 나쁜 꿈은 아니었다. 나는 몽상가가 좋았다. 나는 NFL 풋볼 선수가 되는 꿈을 통해서 이루지 않았더라도 꿈꾸기는 삶에 유익하게 작용한다는 것을 알고 있었다. 나는 그에게 연구팀 합류를 권했다.

토미는 내가 녹록한 상사가 아니었다고 자신 있게 말할 것이다. 요즘 그가 지난 시절을 회상하는 것을 들으면 내가 그를 거칠게 다루었고 기대치도 높았다고 한다. 그러나 그도 내가 그를 위해 최선을 다하고 있는 것은 알고 있었다. 그는 나를 요구 사항이 많은 풋볼 코치에 비유했다. (나는 아마도 그레이엄 코치를 흉내 내고 있었나 보다.) 그때 그는 가상현실 프로그램에 대해서만 배운 게 아니라 함께 일하는 동료들은 가족 이상이어야 한다는 사실을 배웠다고 말한다. 그는 내가 했던 말을 기억했다. "나는 자네 머리가 좋다는 것을 알지. 하지만 여기 있는 모두가 다 똑똑한 사람들이야. 머리 좋은 것이 다가 아니야. 내가 우리 팀에 원하는 사람은 다른 이들을 도와가며 행복하게 일하는 사람이야."

되돌아보면 토미야말로 내가 원하는 스타일의 팀 플레이어였다. 그 얼마 후 나는 대학의 종신 재직 교수가 되었고 고마운 마음을 전하기 위해 토미를 비롯한 모든 팀원을 디즈니월드에 데려갔다.

내가 학교를 카네기멜론대학으로 옮겼을 때 버지니아대학에서 함께 일했던 연구팀도 모두 나와 같이 카네기멜론대학으로 왔다. 토미만 빠졌다. 그는 같이 올 수가 없었다. 왜냐고? 감독이자 제작자인 조지 루카스가 설립한 ILM에 입사했기 때문이었다. 그들이 토미의 꿈이 아닌 그의 능력을 보고 고용했다는 것은 주목해야 할 부

Vocab.
flashback (갑자기 너무 생생히 떠오르는) 회상 tenure 재임, (특히 대학 교수의) 종신 재직권

Grammar
※ say to/ tell (사람) that S+V: ~에게 that~를 말하다. 둘 다 해석은 같지만 say는 3형식이라 'to 사람'은 전명구, 즉 수식어로 빼고 that 이하만 목적어로 가진다. tell은 4형식이라 I.O.+D.O.의 형식을 갖춘 것.

IV. ENABLING THE DREAMS OF OTHERS   213

they hired him for his skills. In his time with our research group, he had become an outstanding programmer in the Python language, which as luck would have it, was the language of choice in their shop. Luck is indeed where preparation meets opportunity.

It's not hard to guess where this story is going. Three new *Star Wars* films would be made—in 1999, 2002, and 2005—and Tommy would end up working on all of them.

On *Star Wars Episode II: Attack of the Clones*, Tommy was a lead technical director. There was an incredible fifteen-minute battle scene on a rocky red planet, pitting clones against droids, and Tommy was the guy who planned it all out. He and his team used photos of the Utah desert to create a virtual landscape for the battle. Talk about cool jobs. Tommy had one that let him spend each day on another planet.

A few years later, he was gracious enough to welcome me and my students on a visit to Industrial Light & Magic. My colleague Don Marinelli had started an awesome tradition of taking students on a trip out west every year, so they could check out entertainment and high-tech companies that might give them a start in the world of computer graphics. By then, a guy like Tommy was a god to these students. He was living their dreams.

Tommy sat on a panel with three other former students of mine, and my current students asked questions. This particular bunch of current students was still unsure what to make of me. I'd been my usual self—a tough teacher with high expectations and some quirky ways—and they weren't at the point where they appreciated that. I'm a bit of an acquired taste in that sense, and after only one semester, some were still noticeably wary of me.

The discussion turned to how hard it was to get a first break in the

분이다. 그가 우리와 일할 동안 그는 컴퓨터 프로그래밍을 위한 파이썬 언어에 능통한 뛰어난 프로그래머가 되었고 운이 좋게도 그들이 찾는 사람이 바로 그 언어를 다루는 사람이었다. 행운이란 정말로 준비가 기회를 만나는 지점에 있는 것임에 틀림없다.

이 이야기가 어떻게 전개될지 추측하기는 어렵지 않다. 세 편의 새로운 〈스타워즈〉 영화가 만들어질 것이었고-1999년, 2002년, 2005년-토미는 세 편 모두를 작업하게 될 것이다.

〈스타워즈 2: 클론의 습격〉에서 토미는 기술 파트 팀장이었다. 붉은 암석으로 이루어진 행성에서 클론 군대가 드로이드 군대와 결투를 벌이는 15분짜리 굉장한 장면이 있는데 토미가 바로 그 장면을 주도한 장본인이다. 그와 팀원들은 유타 주의 사막 사진을 이용해 전투를 위한 가상 지형을 만들어냈다. 이보다 더 멋진 직업이 있을까. 토미는 매일매일을 다른 행성에서 보내는 일도 가능한 직업을 가졌다.

몇 년 후 나와 내 학생들이 ILM을 방문했을 때 토미를 만났고 그는 우리를 진심으로 환영해주었다. 내 동료 돈 마리넬리는 매년 학생들을 서부로 견학시키는 훌륭한 전통을 만들었다. 이 프로그램은 학생들이 미래의 첫 직장이 될지도 모를 컴퓨터 그래픽 분야의 엔터테인먼트와 하이테크 회사들을 체험할 수 있게 했다. 당연히 토미 같은 전문가는 우리 학생들에게는 신이나 다름없었다. 토미는 그들의 꿈을 이룬 사람이었다.

토미는 내가 가르친 세 명의 졸업생들과 함께 앞에 앉아서 학생들의 질문을 받았다. 학생들은 아직까지도 내게서 무엇을 취해 자신에게 활용해야 하는지 잘 모르고 있었다. 나야 언제나처럼 높은 기대를 걸어놓고 기이한 방법을 사용하는 엄한 교수로 그들과 함께하고 있었지만 학생들은 내 교육방식의 진가를 알지 못했다. 내 방법은 대체적으로 늦게 깨달음을 주는 편이어서 아직도 몇몇은 눈에 띄게 나를 경계하는 눈치였다.

토론은 영화 산업체에 취업하기가 대단히 힘들다는 내용으로 이어졌다. 그때 누

Vocab.
gracious 상냥한, 정중한 noticeably 두드러지게, 현저히 wary 경계하는, 주의 깊은, 신중한

IV. ENABLING THE DREAMS OF OTHERS

movie business, and someone wanted to know about the role of luck. Tommy volunteered to answer that question. "It does take a lot of luck," he said. "But all of you are already lucky. Getting to work with Randy and learn from him, that's some kind of luck right there. I wouldn't be here if not for Randy."

I'm a guy who has floated in zero gravity. But I was floating even higher that day. I was incredibly appreciative that Tommy felt I helped enable his dreams. But what made it really special was that he was returning the favor by enabling the dreams of my current students (and helping me in the process). That moment turned out to be a turning point in my relationship with that class. Because Tommy was passing it on.

군가 운은 얼마나 작용하는지 알고 싶다는 질문을 던졌다. 토미가 그 질문에 대답하기를 자청했다. "운이 아주 많이 작용하지요." 그가 말했다. "그렇지만 여러분 모두는 벌써 운이 좋은 거예요. 랜디 교수님과 같이 일하고 배울 수 있다는 것 자체가 바로 행운이에요. 랜디 교수님이 아니었다면 나는 여기 있지 못했을 거예요."

나는 무중력상태에서도 떠올라본 사람이다. 그러나 그날의 나는 그보다 더 높게 떠올랐다. 토미가 자신의 꿈이 실현된 것은 나의 도움 덕분이라고 말해준 것은 정말 고마운 일이었다. 그러나 더 특별했던 것은 토미가 내 학생들이 간직한 꿈에 그것에 한 걸음 더 앞으로 나갈 수 있게 돕는 것으로 내게 보답하고 있었다는 사실이다. (그것은 바로 나를 돕는 것이기도 했다.) 그 순간이 나와 학생들과의 관계에 전환점이 되었다. 토미가 자신의 꿈을 후배들에게 물려주고 있었기 때문이었다.

Vocab.
appreciative 고마워하는, 감탄하는, 감상을 즐기는

26

They Just Blew Me Away

P<small>EOPLE WHO</small> know me say I'm an efficiency freak. Obviously, they have me pegged. I'd always rather be doing two useful things at once, or better yet, three. That's why, as my teaching career progressed, I started to ponder this question:

If I could help individual students, one on one, as they worked toward achieving their childhood dreams, was there was a way to do it on a larger scale?

I found that larger scale after I arrived at Carnegie Mellon in 1997 as an associate professor of computer science. My specialty was "humancomputer interaction," and I created a course called "Building Virtual Worlds," or BVW for short.

The premise was not so far removed from the Mickey Rooney/Judy Garland idea of "Let's put on a show," only it was updated for the age of computer graphics, 3-D animation and the construction of what we called "immersive (helmet-based) interactive virtual reality worlds."

I opened the course to fifty undergraduates from all different departments of the university. We had actors, English majors and sculptors mixed with engineers, math majors and computer geeks. These were students whose paths might never have had reason to cross, given how autonomous the various disciplines at Carnegie Mellon could be. But we made these kids unlikely partners with each other,

26
그들이 나를 감동시켰다

　나를 아는 사람들은 내가 거의 병적으로 효율을 따진다고 말한다. 물론 그들이 바로 맞추었다. 나는 늘 동시에 두 가지의 유용한 일을 하는 쪽이 낫다고 생각하는 편이다. 아니 세 가지면 더욱 좋다. 그런 연유로 시간이 지나면서 나는 다음과 같은 질문을 놓고 고민하기 시작했다.
　만약 나의 도움이 있어 학생들이 자신의 어린 시절 꿈에 도달하는 데 성공했다면 이 일을 보다 큰 규모로 할 수 있는 방법은 없을까?
　1997년 카네기멜론대학의 컴퓨터과학부 부교수로 옮기면서 마침내 나는 내가 원했던 스케일을 찾아냈다.
　내 전공은 '인간과 컴퓨터의 상호작용'이었고 나는 '가상세계 구축'이라 명명한, 줄여서 BVW로 호칭되는 강의 과목을 만들었다. 전제 조건은 미키 루니와 주디 갈랜드의 저 유명한 대사 "이제 쇼를 해보자고."의 발상과 그리 다르지 않았다. 다만 컴퓨터 그래픽 3D 애니메이션 그리고 우리가 '몰입형(헬멧을 이용하는) 가상현실 세계'라고 부르는 요즘 시대의 수준에 맞춰 수업 내용을 진전시킨 것뿐이다.
　50명이 정원인 이 수업은 대학의 모든 학생들에게 열려 있었다. 배우, 영문학 전공자, 조각가 들이 공학도, 수학 전공자, 컴퓨터 벌레 사이에 뒤섞였다. 카네기멜론대학의 많은 자율 정책에 의해 이 학생들은 그들의 진로와 아무 상관이 없는 수업을 듣고 있는 것이다. 나는 서로 어울리지 않는 학생들끼리 파트너가 되게 해서 혼

Vocab.
freak (~에) 광적으로 관심이 많은 사람, 괴짜, 괴물(같은 사람)　peg (못·집게 등으로) 고정하다　ponder 숙고하다, 곰곰이 생각하다　immersive 몰입적인　geek 괴짜, 기인　autonomous 자주적인, 자치의, 자율적인　discipline 규율, 훈육, 단련법, 수련법, 절제력

forcing them to do together what they couldn't do alone.

There were four people per team, randomly chosen, and they remained together for projects that lasted two weeks. I'd just tell them: "Build a virtual world." And so they'd program something, dream up something, show everyone else, and then I'd reshuffle the teams, and they'd get three new playmates and start again.

I had just two rules for their virtual reality worlds: No shooting violence and no pornography. I issued that decree mostly because those things have been done in computer games only about a zillion times, and I was looking for original thinking.

You'd be amazed at how many nineteen-year-old boys are completely out of ideas when you take sex and violence off the table. And yet, when I asked them to think far beyond the obvious, most of them rose to the challenge. In fact, the first year I offered the course, the students presented their initial projects and they just blew me away. Their work was literally beyond my imagination. I was especially impressed because they were programming on weak computers by Hollywood's virtual reality standards, and they turned out these incredible gems.

I had been a professor for a decade at that point, and when I started BVW, I didn't know what to expect. I gave the first two-week assignment, and ended up being overwhelmed by the results. I didn't know what to do next. I was so at sea that I called my mentor, Andy van Dam.

"Andy, I just gave my students a two-week assignment and they came back and did stuff that, had I given them an entire semester to complete it, I would have given them all A's. What do I do?"

Andy thought for a minute and said: "OK. Here's what you do. Go back into class tomorrow, look them in the eyes and say, 'Guys, that

자서는 할 수 없는 일을 같이 해나가도록 이끌어 나갔다.

하나의 팀은 무작위로 뽑은 네 명의 학생으로 이루어졌고 그들은 2주 동안 진행되는 프로젝트를 함께했다. 내가 준 과제는 아주 간단했다. '가상세계 구축.' 그러면 그들은 무언가를 프로그래밍했고 무언가를 만들어냈고 모두에게 보여주었다. 그런 후면 나는 다시 팀을 섞었으며 그들 각각은 다른 세 명의 학생과 팀을 짜서 새로 시작했다.

나는 학생들이 만드는 가상현실 세계에 두 가지 규칙만을 내세웠다. 총기를 사용하는 폭력물과 포르노그래피는 절대 금지. 그런 명령을 내린 것은 컴퓨터 게임에서 이미 셀 수도 없을 만큼 사용되었던 소재 말고 독창적인 아이디어를 원했기 때문이었다.

당신은 수많은 열아홉 살짜리 소년들이 섹스와 폭력을 빼고 나면 어떤 것도 생각할 수 없다는 사실에 놀랄 것이다. 현실이 그러함에도 내가 그들에게 식상한 소재를 뛰어넘어 생각해보라고 요청했을 때 거의 대부분은 나의 기대에 부응했다. 사실 내가 이 강의를 시작한 첫 해 학생들이 첫 번째 과제를 발표했을 때 그것은 나를 감동시키고도 남았다. 결과는 말 그대로 상상 이상이었다. 특히나 할리우드의 고성능 장비를 기준으로 생각하면, 그들은 취약한 기능의 컴퓨터로 보석처럼 영롱한 결과물을 제출했기에 더욱 감명받지 않을 수 없었다.

이 수업을 시작했을 당시 나는 10년 경력의 교수였다. 그런데도 학생들에게 무얼 기대해야 하는지 잘 알지 못했다. 나는 처음으로 2주짜리 과제를 제시했는데 결국 그 성과에 압도당하고 말았다. 이제는 어떻게 해야 하는지 알 수가 없었다. 나는 너무 당황하여 나의 멘토인 앤디 밴 댐 교수에게 전화를 했다.

"앤디 교수님, 제가 이번에 학생들에게 2주짜리 과제를 내주었는데 모두 A를 줄 만큼 놀라운 작품을 제출했어요. 이제 어떻게 하죠?"

앤디 교수님은 잠깐 생각하더니 대답했다. "자, 이렇게 한번 해보자고. 내일 강의실로 돌아가서 강의 시간에 학생들 눈을 똑바로 쳐다보면서 이런 식으로 말해. 너

Vocab.
reshuffle (조직을) 개편하다, (특히 정부에서) 개각하다 **decree** 판결하다 **zillion** (몇 조억이라는) 엄청난 수

Grammar
※ 의문사+주어+동사 = 의문사 to do. 명사절 역할을 하는 '의문사+주어+동사'는 '의문사 to do'로 바꾸어 써도 된다. 즉 본문은 원래 'I didn't know what I should expect.'가 줄어든 것.

was pretty good, but I know you can do better.'"

His answer left me stupefied*. But I followed his advice and it turned out to be exactly right. He was telling me I obviously didn't know how high the bar should be, and I'd only do them a disservice by putting it anywhere.

And the students did keep improving, inspiring me with their creations. Many projects were just brilliant, ranging from you-are-there white-water rafting adventures to romantic gondola trips through Venice to rollerskating ninjas. Some of my students created completely unlikely existential worlds populated by lovable 3-D creatures they first dreamed about as kids.

On show-and-tell days, I'd come to class and in the room would be my fifty students and another fifty people I didn't recognize — roommates, friends, parents. I'd never had parents come to class before! And it snowballed from there. We ended up having such large crowds on presentation days that we had to move into a large auditorium. It would be standing room only, with more than four hundred people cheering for their favorite virtual-reality presentations. Carnegie Mellon's president, Jared Cohon, once told me that it felt like an Ohio State pep rally, except it was about academics.

On presentation days, I always knew which projects would be the best. I could tell by the body language. If students in a particular group were standing close together, I knew they had bonded, and that the virtual world they created would be something worth seeing.

What I most loved about all of this was that teamwork was so central to its success. How far could these students go? I had no idea. Could they fulfill their dreams? The only sure answer I had for that one was, "In this course, you can't do it alone."

희 말이야, 꽤 괜찮긴 했어. 하지만 더 잘할 수도 있었잖아."

그의 대답은 나를 놀라게 했다. 그러나 나는 그의 조언에 따랐고 그의 말이 옳았다. 그는 내가 학생들의 성취 기준을 어느 높이에 두어야 하는지 분명히 모르고 있으며 기준을 대충 아무 높이에나 맞추는 것은 학생들에게 폐를 끼치는 일이라고 지적해주었다.

이후로도 학생들은 그들의 창작물로 나를 고무시키며 계속해서 발전했다. 급류 래프팅 어드벤처에서 베니스의 낭만적인 곤돌라 여행, 롤러스케이트 타는 닌자에 이르기까지 많은 과제들은 설명이 필요 없을 정도로 훌륭했다. 어떤 학생들은 어린 시절에 상상했던 대로 사랑스러운 3D 피조물들이 사는 온전한 환상 속의 세상을 창조해내기도 했다.

과제를 발표하는 날이 되면 강의실은 50명의 학생들과 50명의 모르는 얼굴들로 빼곡했다. 그들은 룸메이트이거나 친구들 혹은 학부모였다. 전에는 한 번도 내 강의에 학부모들이 참석한 적이 없었다! 거기서부터 일이 점차 커졌다. 발표일이 되면 사람들이 너무나 많이 몰려들어서 결국에는 커다란 강당으로 자리를 옮겨야 할 지경이 되었다. 400명 이상의 사람들이 각자 제일 좋아하는 가상현실 발표를 응원하기 위해 입석으로라도 발표를 구경하려고 몰렸다. 카네기멜론대학의 제러드 코헌 총장이 이 광경을 목격하고 학구적인 것만 제외하면 마치 요란하기로 유명한 오하이오 주 풋볼 대항전을 보는 것 같다고 내게 말했다.

발표일이 오면 나는 어떤 팀의 과제물이 가장 좋을지 미리 예상할 수 있었다. 보디랭귀지가 다 알려주었다. 만약 어느 한 팀의 학생들이 몸이 닿을 듯 밀착해 있다면 그들이 서로 가까워졌다는 것을 알 수 있었고 그들이 만들어낸 가상세계는 볼 만한 가치가 있겠다고 짐작되었다.

이 모든 과정에서 내게 제일 흡족했던 사실은 역시 성공을 위해서는 팀워크가 매우 중요하다는 점이었다. 이 학생들이 얼마나 더 앞으로 나아갈 수 있을까? 나는 짐작조차 할 수 없었다. 그들은 그들의 꿈을 이루어낼까? 내가 확신하여 대답할 수 있는 것은 오직 하나뿐이었다. "이 수업에서 혼자서는 절대 살아남을 수 없다."

Vocab.
stupefy* 마취시키다, 지각을 잃게 하다, 망연케 하다 disservice 손해, 폐, 불친절한 행위, 학대, 구박 snowball ~에 눈뭉치[덩이]를 던지다, 눈싸움하다, 눈덩이처럼 커지다 pep rally 궐기 대회, (기세를 올리기 위한) 단합 집회

* * *

Was there a way to take what we were doing up a notch?

Drama professor Don Marinelli and I, with the university's blessing, made this thing out of whole cloth that was absolutely insane. It was, and is still, called "The Entertainment Technology Center" (www.etc.cmu.edu), but we liked to think of it as "the dream-fulfillment factory": a two-year master's degree program in which artists and technologists came together to work on amusement rides, computer games, animatronics, and anything else they could dream up.

The sane universities never went near this stuff, but Carnegie Mellon gave us explicit license to break the mold.

The two of us personified the mix of arts and technology; right brain/left brain, drama guy/computer guy. Given how different Don and I were, at times we became each other's brick walls. But we always managed to find a way to make things work. The result was that students often got the best of our divergent approaches (and they *certainly* got role models on how to work with people different from themselves). The mix of freedom and teamwork made the feeling in the building absolutely electric. Companies rapidly found out about us, and were actually offering written three-year commitments to hire our students, which meant they were promising to hire people we hadn't even admitted yet.

Don did 70 percent of the work on the ETC and deserves more than 70 percent of the credit. He has also created a satellite campus in Australia, with plans for other campuses in Korea and Singapore. Hundreds of students I'll never know, all over the world, will be able to fulfill their craziest childhood dreams. That feels great.

***

우리가 하고 있는 이 일을 한 단계 더 발전시킬 수 있는 방법은 없었을까?

연극과 교수 돈 마리넬리와 나는 대학의 총애에 힘입어 크게 사고를 쳤다. 사고의 결과는 '엔터테인먼트 테크놀로지 센터'(www.etc.cmu.edu)라고 불렸고 아직도 그렇게 불리고 있지만 우리는 '꿈을 완성하는 공장'이라고 생각하고 싶어 한다. 이것은 2년짜리 석사 프로그램인데 예술가와 공학도가 모여서 놀이기구 컴퓨터 게임 애니마트로닉스 혹은 그들이 꿈꾸는 모든 것을 만들어내고 있다.

제정신을 가진 대학들은 이런 일들 근처에도 가지 않았겠지만 카네기멜론대학은 파격적인 권한을 우리에게 부여했다.

우리 두 사람은 예술과 공학의 혼합을 상징했다. 우뇌/좌뇌, 연극하는 사람/컴퓨터하는 사람. 돈 마리넬리와 나는 이렇게 극명하게 구별되었다. 그래서 가끔은 한 사람이 다른 한 사람에게 장벽이 되는 일도 있었다. 그러나 우리는 언제나 해결 방법을 찾았다. 결과적으로 학생들은 우리 두 사람의 서로 다른 접근방식을 최대한 활용할 수 있었다. 하나 확실한 것은 자신과 아주 다른 성향의 인물과 한 팀이 되었을 때 우리가 그 본보기가 된다는 것이다. 자유분방함과 팀워크의 조화는 센터 전체에 영향을 미쳐 학생들에게 큰 자극이 되었다. 회사들은 빠르게 우리의 존재에 대해 알아냈고 우리 학생들을 고용하기 위해 3년짜리 계약서를 들이밀기도 했다. 그 말은 곧 아직 입학하지도 않은 학생들을 고용하겠다는 약속이었다.

돈은 ETC 센터의 일을 70퍼센트 이상 도맡아 해왔다. 그러므로 이 영광의 70퍼센트 이상을 그에게 돌려야 한다. 그는 호주에 위성캠퍼스를 만들었고 한국과 싱가포르에도 캠퍼스를 만들 계획을 세우고 있다. 내가 알지 못할 전 세계의 수많은 학생들은 이제 상상만 해왔던 어린 시절의 꿈을 이룰 수 있게 된다. 기분이 끝내준다.

Vocab.

break the mold 틀을 깨다 personify ~의 화신이다, ~을 전형적으로 보여주다, 의인화하다 divergent 분기하는, 서로 다른, 규준에서 벗어난 satellite 위성, 인공위성, 위성의, 위성과 같은

27
The Promised Land

ENABLING THE dreams of others can be done on several different scales. You can do it one on one, the way I worked with Tommy, the *Star Wars* dreamer. You can do it with fifty or a hundred people at a time, the way we did in the Building Virtual Worlds class or at the ETC. And, if you have large ambitions and a measure of chutzpah, you can attempt to do it on a grand scale, trying to enable the dreams of millions of people.

I'd like to think that's the story of Alice, the Carnegie Mellon software teaching tool I was lucky enough to help develop. Alice allows introductory computing students—and anyone else, young or old—to easily create animations for telling a story, playing an interactive game or making a video. It uses 3-D graphics and drag-and-drop techniques to give users a more engaging, less frustrating first programming experience. Alice is offered free as a public service by Carnegie Mellon, and more than a million people have downloaded it. In the years ahead, usage is expected to soar.

To me, Alice is infinitely scalable. It's scalable to the point where I can picture tens of millions of kids using it to chase their dreams.

From the time we started Alice in the early 1990s, I've loved that it teaches computer programming by use of the head fake. Remember the head fake? That's when you teach somebody something by having

27
약속의 땅

　다른 사람의 꿈을 이루게 돕는 방법은 여러 가지가 있다. 내가 〈스타워즈〉 몽상가였던 토미와 그랬던 것처럼 일 대 일로 할 수 있다. 혹은 ETC 센터의 '가상세계 구축' 강의에서 경험했던 것처럼 한 번에 50명, 100명의 사람을 상대로 할 수도 있다. 그리고 만약 당신이 큰 야망과 적극적인 용기를 가지고 있다면 아주 대단한 규모로 일을 벌여서 수백만 사람들의 꿈을 도울 수도 있다.

　내가 운이 좋게도 개발단계에 참여했던 카네기멜론대학의 소프트웨어 강의용 툴인 '앨리스의 이야기가 여기에 해당한다고 생각한다. 앨리스는 입문 과정의 컴퓨터 전공자 혹은 남녀노소 누구나가 쉽게 스토리텔링 쌍방향 게임 혹은 영상창작을 위해 애니메이션을 만들 수 있도록 도와주는 도구다. 3D 그래픽과 드래그 앤 드롭 기술을 이용해서 사용자들에게 쉽고도 매력적인 첫 프로그래밍 경험을 제공하는 것이다. 앨리스는 카네기멜론대학의 사회봉사 차원으로 무료로 제공되었으며 100만 명 이상의 사람들이 다운로드했다. 앞으로는 사용량이 더욱 치솟을 것으로 전망된다.

　나에게 앨리스는 무한대로 확장 가능한 것이다. 수천만의 아이들이 꿈을 좇으려 이것을 사용하는 것이 상상이 될 정도로 말이다.

　1990년대 초 앨리스를 시작했을 때부터 나는 헤드 페이크를 통해 컴퓨터 프로그래밍을 가르친다는 것에 열광했다. 헤드 페이크를 기억하는가? 그것은 사람들이 다른 흥미로운 것을 배우고 있다고 착각하게 만들고 실제로는 다른 것을 가르치는

Vocab.
frustrating 불만스러운, 좌절감을 주는　chutzpah 뻔뻔스러움, 후안무치　scalable (산 따위에) 오를 수 있는, (저울로) 달 수 있는

them think they're learning something else. So students think they're using Alice to make movies or create video games. The head fake is that they're actually learning how to become computer programmers.

Walt Disney's dream for Disney World was that it would never be finished. He wanted it to keep growing and changing forever. In the same way, I am thrilled that future versions of Alice now being developed by my colleagues will be even better than what we've done in the past. In upcoming iterations, people will think they're writing movie scripts, but they'll actually be learning the Java programming language. And, thanks to my pal Steve Seabolt at Electronic Arts, we've gotten the OK to use characters from the bestselling personal computer video game in history, "The Sims." How cool is that?

I know the project is in terrific hands. Alice's lead designer is Dennis Cosgrove, who was a student of mine at the University of Virginia. Another former student who became a colleague is Caitlin Kelleher. She looked at "Alice" in its earliest stages and said to me, "I know this makes programming easier, but why is it fun?" I replied: "Well, I'm a compulsive male and I like to make little toy soldiers move around on my command, and that's fun."

So Caitlin wondered how Alice could be made just as fun for girls, and figured storytelling was the secret to getting them interested. For her PhD dissertation, she built a system called "Storytelling Alice."

Now a computer science professor at Washington University in St. Louis, Caitlin (oops, I mean, Dr. Kelleher) is developing new systems that revolutionize how young girls get their first programming experiences. She demonstrated that if it is presented as a storytelling activity, girls become perfectly willing to learn how to write software. In fact, they love it. It's also worth noting that it in no way turns the boys off. Everybody loves telling stories. It's one of the truly universal

것을 말한다. 학생들은 영화를 만들거나 비디오 게임을 만들기 위해 앨리스를 이용한다고 생각한다. 여기서 헤드 페이크는 그들은 지금 컴퓨터 프로그래머가 되는 법을 배우고 있다는 사실이다.

디즈니월드를 향한 월트 디즈니의 꿈은 끝이 없었다. 그는 디즈니월드가 영원토록 계속해서 자라나고 변화하기를 원했다. 그와 같이 나는 내 동료들이 지금 개발하고 있는 앨리스의 미래 버전이 과거에 우리가 제작했던 것보다 더 나을 것이라는 점에 매우 신이 나 있다. 곧 나올 프로그램에서는 사람들이 영화 시나리오를 쓰고 있다고 생각하겠지만 사실 자바 프로그래밍 언어를 배우게 된다. 그리고 내 친구 (일렉트로닉 아츠의) 스티브 시볼트 덕택에 역사상 베스트셀러를 기록한 유명 컴퓨터 비디오 게임 '심즈'의 캐릭터들을 사용할 수 있게 되었다. 얼마나 멋진 일인가?

나는 이 프로젝트가 훌륭한 손에 맡겨졌다는 것을 안다. 앨리스의 수석 디자이너는 버지니아대학에서 내 학생이었던 데니스 코스그로브다. 데니스의 동료 케이틀린 켈러허도 내 제자다. 그녀는 초창기 앨리스를 접하곤 이렇게 말했다. "이 도구가 프로그래밍을 쉽게 해준다는 것은 알겠지만 이게 왜 재미가 있나요?" 내가 대답했다. "나는 강압적인 힘을 좋아하는 남자라서 장난감 군사들을 내 명령대로 조종할 수 있다는 것에 아주 흥미를 느끼지."

그래서 케이틀린은 여자들 또한 남자들만큼 앨리스를 좋아하게 만들 방법을 궁리했고 스토리텔링이 그들의 흥미를 유발할 비법임을 알아냈다. 그녀는 자신의 박사학위 논문을 통해 '스토리텔링 앨리스'라는 시스템을 구축했다.

현재 세인트루이스의 워싱턴대학에서 컴퓨터과학 교수로 재직하고 있는 케이틀린은(아차, 켈러허 박사는) 소녀들이 첫 프로그래밍을 경험하는 방법에 혁명을 가져올 새로운 시스템을 개발하고 있다. 그녀는 만약 이것이 스토리텔링 활동으로 보여진다면 소녀들은 망설이지 않고 기꺼이 이 방법을 배울 것이라는 사실도 증명했다. 실제로도 매우 좋아한다. 게다가 소년들도 싫어하지 않는다는 것도 눈여겨볼 점이다. 모두들 이야기 꾸미기를 좋아한다. 그것은 절대적으로 전 인류에게 공통된 점

Vocab.
iteration 되풀이, 반복 dissertation 논설, 학위 논문, 연구 보고

Grammar
※ S+V (that) S+V. 명사절 접속사인 that은 3형식동사 뒤에 올 때 자주 생략된다. 따라서 앞으로 'S+V S+V' 구조를 보게 되면, 뒤의 S+V는 앞 동사의 목적어로 해석해보자.

things about our species. So in my mind, Caitlin wins the All-Time Best Head-Fake Award.

In my last lecture, I mentioned that I now have a better understanding of the story of Moses, and how he got to see the Promised Land but never got to set foot in it. I feel that way about all the successes ahead for Alice.

I wanted my lecture to be a call to my colleagues and students to go on without me, and to know I have confidence that they will do great things. (You can keep tabs on their progress at www.alice.org.)

Through Alice, millions of kids are going to have incredible fun while learning something hard. They'll develop skills that could help them achieve their dreams. If I have to die, I am comforted by having Alice as a professional legacy.

So it's OK that I won't set foot in the Promised Land. It's still a wonderful sight.

이다. 그래서 나는 케이틀린이야말로 '최고의 헤드 페이크상' 수상자라고 생각한다.

나는 마지막 강의에서 모세에 대해 말하면서 그가 약속의 땅을 보기는 했으나 밟아볼 수 없었던 심정을 이제는 잘 이해할 수 있게 되었다는 이야기를 했다. 나도 앨리스가 앞으로 갖게 될 수많은 성공에 대해 그렇게 느낀다.

나는 이 확신이 마지막 강의를 통해 나의 동료와 학생들에게 전달되기를 원했다. (당신도 연구의 진척 상황을 www.alice.org에서 지켜볼 수 있다.)

앨리스를 통해 수백만의 아이들은 어려운 공부를 하면서도 굉장한 재미를 느끼는 쉽지 않은 경험을 얻게 될 것이다. 앨리스와 더불어 아이들은 그들의 꿈을 성취하는 데 도움이 되는 여러 능력들을 계속 발전시켜 나갈 것이다. 만약 내가 죽어야만 한다면 직업상의 유산으로 앨리스가 있다는 사실에 나는 위안을 받는다.

그러므로 내가 약속의 땅에 발을 디디지 못할 것이라 해도 괜찮다. 여기까지만으로도 충분히 경이로운 광경이므로.

Vocab.

set foot in/on something ~에 발을 들여놓다[들어서다]

*This section may be called "It's About How to Live Your Life,"
but it's really about how I've tried to live mine.
I guess it's my way of saying: Here's what worked for me.*

—R.P.

✧ '당신의 인생을 사는 방법'이라고 제목을 달긴 했지만
사실은 내가 어떻게 나의 인생을 살려고 노력했는지.
어떤 방법들이 나에게 도움이 되었는지 말해주고 싶었다.

-R.P. ✧

28

Dream Big

M<small>EN FIRST</small> walked on the moon during the summer of 1969, when I was eight years old. I knew then that pretty much anything was possible. It was as if all of us, all over the world, had been given permission to dream big dreams.

I was at camp that summer, and after the lunar module landed, all of us were brought to the main farm house, where a television was set up. The astronauts were taking a long time getting organized before they could climb down the ladder and walk on the lunar surface. I understood. They had a lot of gear, a lot of details to attend to. I was patient.

But the people running the camp kept looking at their watches. It was already after eleven. Eventually, while smart decisions were being made on the moon, a dumb one was made here on Earth. It had gotten too late. All of us kids were sent back to our tents to go to sleep.

I was completely peeved at the camp directors. The thought in my head was this: "My species has gotten off of our planet and landed in a new world for the first time, and you people think bedtime matters?"

But when I got home a few weeks later, I learned that my dad had taken a photo of our TV set the second Neil Armstrong set foot on the moon. He had preserved the moment for me, knowing it could

28

꿈은 크게 꾸어라

인간은 1969년 여름에 처음으로 달 위를 걸었고 그때 나는 여덟 살이었다. 나는 그 광경을 지켜보며 세상에 불가능한 일은 없다는 것을 깨달았다. 그 일은 마치 우리 모두에게 제아무리 큰 꿈을 꾸어도 상관없다는 허락이 떨어진 것처럼 여겨졌다.

나는 그해 여름, 캠프에 참가하고 있었다. 우주선이 달에 착륙한 뒤 우리는 텔레비전이 설치되어 있는 캠프 본부로 불려갔다. 우주비행사들이 사다리를 내려와 달 표면을 밟기까지는 준비하는 데만도 아주 오랜 시간이 걸렸다. 나는 이해할 수 있었다. 그들에게는 장비도 많았고 주의해야 할 사항도 엄청 많았을 것이다. 나는 얼마든지 참을 수 있었다.

하지만 캠프를 주관하는 사람들은 자꾸만 시계를 쳐다보았다. 벌써 열한 시가 넘은 시각이었다. 결국 달에서 훌륭한 결정이 내려지고 있는 동안 여기 지구에서는 바보 같은 결정이 내려졌다. 시간이 너무 늦어진다는 것이다. 아이들은 잠자리에 들기 위해 텐트로 보내졌다.

나는 캠프 감독관들에게 완전히 심통이 났다. 내 머릿속의 생각은 이랬다. "내 종족이 우리 행성을 벗어나 처음으로 새로운 세상에 착륙했는데 당신들은 취침 시간이나 생각해?"

그러나 몇 주 후 캠프를 마치고 집에 돌아갔을 때 아버지가 닐 암스트롱이 달에 발을 디디는 그 순간의 텔레비전 화면을 사진으로 찍어놓은 것을 보았다. 아버지는 그 장면이 큰 꿈을 꾸는 데 도움이 될 것을 알고 나를 위해 그 순간을 보존해놓았

Vocab.
lunar module 달 착륙선 peeved 짜증이 난, 안달하는, 까다로운

help trigger big dreams. We still have that photo in a scrapbook.

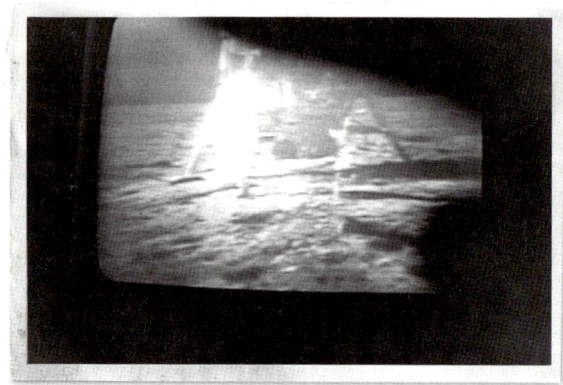

The moon landing on our television, courtesy of my father.

I understand the arguments about how the billions of dollars spent to put men on the moon could have been used to fight poverty and hunger on Earth. But, look, I'm a scientist who sees inspiration as the ultimate tool for doing good.

When you use money to fight poverty, it can be of great value, but too often, you're working at the margins. When you're putting people on the moon, you're inspiring all of us to achieve the maximum of human potential, which is how our greatest problems will eventually be solved.

Give yourself permission to dream. Fuel your kids' dreams, too. Once in a while, that might even mean letting them stay up past their bedtimes.

다. 아직도 스크랩북에 그 사진이 있다.

[사진 캡션: 아버지 덕분에 가지게 된 우리 집 텔레비전의 달 착륙 장면.]

나는 사람을 달 위에 내려놓기 위해 쓰이는 조 단위의 엄청난 달러가 지구 위의 가난과 기아를 위해 쓰이는 게 낫다는 논쟁에 대해 잘 알고 있다. 그렇지만 나는 번쩍이는 영감이 선행을 위한 궁극적인 수단이라고 생각하는 과학자다.

가난과 투쟁하기 위해 돈을 사용하는 일은 물론 나름대로 훌륭한 가치가 있겠지만 너무나 자주 그 이상의 보람이 없는 것을 본다. 사람을 달에 보내면 인간의 잠재 능력이 최대한 발휘될 수 있도록 우리 모두를 고무시키고 그로 인해 결국에는 가장 고달픈 문제도 해결될 것이다.

당신 스스로 당신의 꿈을 허락해라. 당신 아이들의 꿈에도 불을 지펴라. 때때로 그 일이 아이들이 잠자리에 들 시간을 넘겨 깨어 있는 것을 의미할지라도.

Vocab.
trigger 촉발시키다, (장치를) 작동시키다 poverty 가난, 빈곤 courtesy 예의바름, 공손함, 호의, 우대

Grammar
※ 전명구도 형용사 역할을 한다. 전치사+명사를 줄여서 전명구라 하는데 형용사와 부사 역할을 한다. 본문에서 'of value'는 valuable과 같은 형용사 기능을 하며 2형식동사인 be의 보어 역할을 한다.

29
Earnest Is Better Than Hip

I'LL TAKE an earnest person over a hip person every time, because hip is short-term. Earnest is long-term.

Earnestness is highly underestimated. It comes from the core, while hip is trying to impress you with the surface.

"Hip" people love parodies. But there's no such thing as a timeless parody, is there? I have more respect for the earnest guy who does something that can last for generations, and that hip people feel the *need* to parody.

When I think of someone who is earnest, I think of a Boy Scout who works hard and becomes an Eagle Scout. When I was interviewing people to work for me, and I came upon a candidate who had been an Eagle Scout, I'd almost always try to hire him. I knew there had to be an earnestness about him that outweighed any superficial urges toward hipness.

Think about it. Becoming an Eagle Scout is just about the only thing you can put on your resume at age fifty that you did at age fourteen—and it still impresses. (Despite my efforts at earnestness, I never did make it to Eagle Scout.)

Fashion, by the way, is commerce masquerading as hip. I'm not at all interested in fashion, which is why I rarely buy new clothes. The fact that fashion goes out of fashion and then comes back into fash-

29

성실함이 겉멋보다 낫다

나는 언제나 멋들어진 사람보다 성실한 사람을 우선시한다. 멋은 짧고 성실함은 길다.

성실함은 너무나 과소평가되고 있다. 멋은 관심을 끌기 위해 겉으로만 노력하는 것이지만 성실함은 마음 밑바닥에서 온다.

겉멋에 찬 사람들은 모방하기를 좋아한다. 그러나 그들에게서 시대를 초월하는 패러디를 찾기는 어렵다. 나는 세대를 거쳐 길이 남을 일을 하는, 그래서 겉멋에 찬 사람들이 패러디하고 싶은 욕망을 느끼게 하는 성실한 사람을 더 존경한다.

나에게 있어 성실한 사람은, 보이스카우트 단원으로 입단해 끝없는 노력으로 수많은 공훈을 세우고 마침내 최고의 영예인 이글스카우트가 되는 사람이라 할 수 있다. 나는 사람을 채용할 때 후보자 중에 혹여 이글스카우트 단원이 있다면 거의 언제나 그를 고용하려고 힘쓴다. 그가 겉치레를 향한 잡다한 유혹을 이겨낼 수 있는 강한 성실함의 소유자라는 것을 짐작할 수 있기 때문이다.

나이 쉰이 되도록 열네 살에 이글스카우트가 된 것이 이력서의 거의 전부라 할지라도 그것은 여전히 깊은 인상을 준다. (성실하려는 노력에도 불구하고 나는 이글스카우트가 되지 못했다.)

내가 생각하기에 패션은 겉치레를 유도하는 상업이다. 나는 전혀 패션에 관심이 없다. 그래서 새 옷을 사는 일이 매우 드물다. 단지 몇몇의 사람들이 시장을 주도하

Vocab.
earnest 진지한, 열심인 outweigh ~보다 더 크다 superficial 표면상의, 피상적인 hipness 최신 정보에 밝음 masquerade 가장, 가장무도회

Grammar
※ 동명사가 주어가 된다. 동명사도 명사이니 주어, 목적어, 보어 역할을 한다. 단 원래 동사였으므로 목적어나 보어는 그대로 가진다. 본문에서 2형식동사인 become은 명사보어를 그대로 가지고 있다.

ion based solely on what a few people somewhere think they can sell, well to me, that's insanity.

My wardrobe hasn't changed.

My parents taught me: You buy new clothes when your old clothes wear out. Anyone who saw what I wore to my last lecture knows this is advice I live by!

My wardrobe is far from hip. It's kind of earnest. It's going to carry me through just fine.

면서 유행이 한 차례 지나가고 또 다시 예전 유행이 되돌아오고 하는 일들은 내게는 그저 어리석은 현상으로 보일 뿐이다.

[사진 캡션: 내 옷에는 변함이 없다.]

   부모님은 나를 이렇게 가르쳤다. 헌 옷이 다 닳아 더 이상 입지 못할 때 그때 새 옷을 사야 한다고. 내가 나의 마지막 강의에 어떻게 입고 갔는지를 본 사람이라면 내가 이 조언을 목숨처럼 따른다는 것을 알 것이다!
   내 옷은 멋과는 거리가 멀다. 기능에 충실하다. 그래도 전혀 문제가 없다.

Vocab.
solely 오로지, 단지, 단독으로 **insanity** 정신 이상, 미친 짓

30

Raising the White Flag

MY MOTHER always calls me "Randolph."

She was raised on a small dairy farm in Virginia during the Depression, wondering if there'd be enough food for dinner. She picked "Randolph" because it felt like the name some classy Virginian might have. And that may be why I rejected it and abhorred it. Who wants a name like that?

And yet my mother kept at it. As a teen, I confronted her. "Do you really believe your right to name me supersedes my right to have my own identity?"

"Yes, Randolph, I do," she said.

Well, at least we knew where we stood!

By the time I got to college, I had had enough. She'd send me mail addressed to "Randolph Pausch." I'd scrawl "no such person at this address" on the envelope, and send the letters back unopened.

In a great act of compromise, my mom began addressing letters to "R. Pausch." Those, I'd open. But then, when we'd talk on the phone, she'd revert back to old form. "Randolph, did you get our letter?"

Now, all these years later, I've given up. I am so appreciative of my mother on so many fronts that if she wants to burden me with an unnecessary "olph" whenever she's around, I'm more than happy put up

30
백기를 들다

어머니는 나를 항상 '랜돌프'라고 부른다.
어머니는 대공황기에 버지니아 주에 있는 작은 낙농장에서 저녁 때 먹을 충분한 음식이 있는지 고민하며 자랐다. 어머니가 나를 '랜돌프'로 부르는 이유는 버지니아 상류층 정도의 사람들이 가질 법한 이름이기 때문이었다. 그것이 아마도 내가 그 이름을 질색하고 받아들이지 않았던 이유일 것이다. 누가 그런 이름을 원할까?
그래도 어머니는 굽히지 않았다. 10대 시절에는 어머니에게 반항도 했다. "어머니로서 아들의 이름을 정할 수 있는 권한이 내가 나만의 정체성을 추구하려는 권리보다 중요하다고 믿으세요?"
"그래, 랜돌프, 나는 그렇게 믿는다." 어머니가 말했다.
흠, 적어도 각자의 의견은 파악이 되었다!
대학에 입학했을 무렵에는 나도 더 이상은 안 되었다. 어머니는 항상 '랜돌프 포시' 앞으로 편지를 보내곤 했다. 그러면 나는 봉투 위에 "이 주소에 그런 사람은 없습니다."라고 되는대로 마구 써서 열어보지도 않고 편지를 반송했다.
타협하자는 제스처로 어머니는 편지를 'R. 포시' 앞으로 보내기 시작했다. 그러면 나도 열어봤다. 그러나 우리가 전화로 이야기할 때면 어머니는 다시 예전으로 돌아가버렸다. "랜돌프, 편지는 받았니?"
세월이 지났고 이제 포기했다. 어머니에게 감사한 것이 무척 많기 때문에 만약

Vocab.
abhor 몹시 싫어하다, 혐오하다 supersede ~에 대신하다, ~의 지위를 빼앗다 scrawl 휘갈겨 쓰다, 낙서하다
compromise 타협, 화해, 화해하다, 양보하다 revert 본래 상태로[습관, 신앙 따위로] 되돌아가다, 복귀(귀속)하다

Grammar
※ by the time (when) S+V, S+V: ~할 때 ~이다. 관계부사인 when이 생략되다 보니 접속사가 안 보여 당황스러울 수 있다. at the time S+V, S+V도 이와 같이 쓰인다.

with it. Life's too short.

Somehow, with the passage of time, and the deadlines that life imposes, surrendering became the right thing to do.

Mom and me, at the beach.

31
Let's Make a Deal

WHEN I was in grad school, I developed the habit of tipping back in my chair at the dining-room table. I would do it whenever I visited my parents' house, and my mother would constantly reprimand me. "Randolph, you are going to break that chair!" she'd say.

어머니가 나를 볼 때마다 불필요한 '올프'를 얹어주려 하더라도 나는 기꺼이 참을 수 있다. 인생은 너무 짧기에.

웬일인지 시간이 지나고 인생의 마지막이 다가오니까 항복하는 것이 옳은 일이 되어버렸다.

[사진 캡션: 어마와 나. 해변에서.]

31

협상을 해라

내가 대학원을 다닐 때 식탁 의자를 뒤로 젖히는 새로운 버릇이 생겼다. 부모님 집을 방문할 때마다 그렇게 했고 어머니는 계속해서 나를 꾸짖었다. "랜돌프, 그러다가 의자 부서지겠다!"

Vocab.
impose (새로운 법률·세금 등을) 도입하다, (힘들거나 불쾌한 것을) 부과하다 **surrender** 항복하다, 투항하다, (권리 등을) 포기하다 **reprimand** 견책[징계]하다, 호되게 꾸짖다

I liked leaning back in the chair. It felt comfortable. And the chair seemed to handle itself on two legs just fine. So, meal after meal after meal, I'd lean back and she'd reprimand.

One day, my mother said, "Stop leaning back in that chair. I'm not going to tell you again!"

Now *that* sounded like something I could sign up for. So I suggested we create a contract—a parent/child agreement in writing. If I broke the chair, I'd have to pay to replace not just the chair ... but, as an added inducement, the entire dining-room set. (Replacing an individual chair on a twenty-year-old set would be impossible.) But, until I actually broke the chair, no lectures from Mom.

Certainly my mother was right; I was putting stress on the chair legs. But both of us decided that this agreement was a way to avoid arguments. I was acknowledging my responsibility in case there was damage. She was in the position of being able to say "You should always listen to your mother" if one of the chair legs cracked.

The chair has never broken. And whenever I visit her house and lean backward, the agreement still stands. There's not a cross word. In fact, the whole dynamic has changed. I won't say Mom has gone as far as to actually *encourage* me to lean back. But I do think she has long had her eye on a new dining-room set.

그럼에도 의자 뒤로 깊숙이 기대앉는 것이 좋았다. 편안한 느낌이었다. 의자도 두 발로 견뎌내는 데 아무 문제가 없어보였다. 그래서 식사 때마다 나는 변함없이 뒤로 기댔고 어머니는 꾸짖었다.

어느 날 어머니가 선언했다. "의자 뒤로 젖히는 짓을 그만둬. 이제 다시 말하지 않을 거야!"

이제 저 정도면 귀담아들을 필요가 있어보였다. 나는 각서를 쓰는 게 어떠냐고 제안했다. 만약 내가 의자를 부수면 나는 그 의자뿐만이 아니라 거기에 더해서 전체 식탁 세트까지 물어내기로 했다. (사실 20년도 더 된 구식 식탁 세트라서 맞는 의자 한 개만 찾는 것도 불가능했다.) 대신 내가 진짜 의자를 부수기 전에는 어머니도 더 이상 아무 말 않기로.

어머니의 말씀은 맞았다. 나는 의자 다리에 압력을 주고 있었다. 그러나 우리 둘 다 이 각서가 언쟁을 피하는 방법이라고 생각했다. 나는 손해가 가해졌을 경우의 나의 책임에 대해 잘 알고 있었다. 어머니는 만약 의자 다리에 금이 가면 "그러니까 엄마 말을 들었어야지."라고 말할 수 있는 위치에 놓이게 되었다.

의자는 부서지지 않았다. 그리고 내가 아무 때나 부모님 집에 가서 뒤로 기대어 앉아도 그 각서는 여전히 유효했다. 어머니는 어떤 잔소리도 하지 않았다. 그렇다고 어머니가 뒤로 기대앉는 것을 장려하는 것까지는 아니지만 적어도 오랫동안 봐놓은 새 식탁 세트가 있기는 한 것 같았다.

| Vocab. |
lean back 상체를 뒤로 젖히다 inducement 유인, 권유, 장려 crack 금이 가다, 부수다

| Grammar |
※ S suggest (that) S (should) 동사원형. suggest처럼 주장(insist), 명령(order), 요구(ask), 제안(suggest), 충고(advise)를 나타내는 단어들 뒤에 that절에는 항상 should가 생략되어 있고 따라서 동사원형을 써야 한다.

32
Don't Complain, Just Work Harder

TOO MANY people go through life complaining about their problems. I've always believed that if you took one-tenth the energy you put into complaining and applied it to solving the problem, you'd be surprised by how well things can work out.

I've known some terrific non-complainers in my life. One was Sandy Blatt, my landlord during graduate school. When he was a young man, a truck backed into him while he was unloading boxes into the cellar of a building. He toppled backwards down the steps and into the cellar. "How far was the fall?" I asked. His answer was simple: "Far enough." He spent the rest of his life as a quadriplegic*.

Sandy had been a phenomenal athlete, and at the time of the accident, he was engaged to be married. He didn't want to be a burden to his fiancée so he told her, "You didn't sign on for this. I'll understand if you want to back out. You can go in peace." And she did.

I met Sandy when he was in his thirties, and he just wowed me with his attitude. He had this incredible non-whining aura about him. He had worked hard and become a licensed marriage counselor. He got married and adopted children. And when he talked about his medical issues, he did so matter-of-factly. He once explained to me that temperature changes were hard on quadriplegics because they can't shiver. "Pass me that blanket, will you, Randy?" he'd say. And

32

불평하지 마라, 그저 노력해라

너무나 많은 사람들이 자신의 문제를 놓고 불평을 하며 인생을 허비한다. 불평하는 데 쏟는 에너지의 10분의 1만 문제 해결에 쏟아도 얼마나 일이 수월하게 풀리는지 스스로도 놀라게 될 것이다.

살아오면서 나는 아주 훌륭한 비(非)불평자를 몇 명 만났다. 그중 하나는 대학원 시절 집주인이었던 샌디 블랫이었다. 그는 청년 시절에 지하실로 상자를 옮기다가 사고를 당했다. 트럭 한 대가 후진을 해 그에게 다가오자 뒤의 계단으로 밀려났고 결국 지하실로 떨어지고 만 것이다. "얼마나 깊었는데요?" 내가 물었다. 그의 답은 간단했다. "충분히 깊었지." 그는 여생을 사지마비로 살게 되었다.

당시 샌디는 뛰어난 운동선수였고 약혼 상태였다. 그는 약혼자에게 짐이 되고 싶지 않았다. "당신도 이런 일이 닥쳐 짐을 지게 되리라곤 생각 못했잖아. 그만두고 싶어 해도 이해해. 어떤 원망도 하지 않아. 떠나도 좋아." 그리고 그녀는 떠났다.

나는 샌디가 30대일 때 만났는데 의연한 태도가 나를 감동시켰다. 그에게는 푸념 따윈 절대 달라붙지 않을 놀라운 기운 같은 것이 있었다. 그는 열심히 일해서 결혼상담사 자격증을 얻었다. 결혼을 한 후에는 아이들을 입양했다. 그는 자신의 불편한 몸에 대해 담담하게 말했다. 사지마비 환자들은 몸을 떨 수가 없기 때문에 온도 변화가 치명적이라고 알려주기도 했다. 때로는 아무렇지도 않게 부탁하곤 했다. "랜디, 그 담요 좀 건네주겠어?" 그리고 그게 다였다.

Vocab.

landlord (방·집·사무실 등을 빌려주는) 주인, 임대주, 임대 회사 unload (자동차·선박 등에서) (짐을) 내리다, (책임을 다른 사람에게) 떠넘기다 cellar 지하저장고 topple 넘어지다, 쓰러지다 quadriplegic* 사지마비의 phenomenal 경이적인, 경탄스러운 incredible 믿을 수 없는, 믿기 힘든, (너무 좋거나 커서) 믿어지지 않을 정도인 shiver (추위·공포로) 후들후들 떨다

that was it.

My favorite non-complainer of all time may be Jackie Robinson, the first African American to play Major League Baseball. He endured racism that many young people today couldn't even fathom. He knew he had to play better than the white guys, and he knew he had to work harder. So that's what he did. He vowed not to complain, even if fans spit on him.

I used to have a photo of Jackie Robinson hanging in my office, and it saddened me that so many students couldn't identify him, or knew little about him. Many never even noticed the photo. Young people raised on color TV don't spend a lot of time looking at black-and-white images.

That's too bad. There are no better role models than people like Jackie Robinson and Sandy Blatt. The message in their stories is this: Complaining does not work as a strategy. We all have finite time and energy. Any time we spend whining is unlikely to help us achieve our goals. And it won't make us happier.

비불평자 중 내가 아는 최고는 아마도 아프리카계 미국인으로는 처음 메이저리그 야구 선수가 된 재키 로빈슨일 것이다. 그는 요새 젊은이들은 상상도 못할 정도의 인종 차별을 견뎌냈다. 그는 백인들보다 더 잘해야 한다는 것을 알았고 그래서 더 열심히 해야 한다는 것도 알았다. 그래서 그는 그렇게 했다. 그는 만약 야구팬들이 자신에게 침을 뱉어도 불평하지 않겠다고 다짐했다.

 나는 사무실에 재키 로빈슨의 사진을 걸어 놓았었는데 대다수 학생들이 그가 누군지 전혀 모르거나 알아도 약간의 내용 외엔 전혀 모른다는 사실에 속이 상했다. 학생들은 사진이 거기 있는지조차 눈치채지 못했다. 컬러텔레비전을 보며 자란 젊은 세대들은 흑백 이미지에 시선을 오래 두지 않는다.

 씁쓸한 이야기다. 재키 로빈슨이나 샌디 블랫 같은 사람보다 훌륭한 역할 모델은 없다. 그들의 이야기가 가진 메시지는 이렇다.

 불평하는 것은 전략이 될 수 없다. 우리 모두 한정된 시간과 에너지를 가지고 있다. 우리가 불평하는 데 쓰는 아주 약간의 시간도 목표를 달성하는 데 아무런 득이 되지 않는다. 그러면 좋을 게 없지 않은가.

Grammar

※ used to+동사원형: ~하곤 했다.
① used to+동사원형: ~하곤 했다. (과거의 반복적인 일이나 상태를 묘사할 때 쓰임.)
② be(=become, remain, get) used(=accustomed) to 명사/-ing: 명사/-ing하는 데 익숙하다.
③ be used (to+동사원형): (to+동사원형 하기 위해) 사용되다.

33

Treat the Disease, Not the Symptom

YEARS AGO, I dated a lovely young woman who was a few thousand dollars in debt. She was completely stressed out about this. Every month, more interest would be added to her debts.

To deal with her stress, she would go every Tuesday night to a meditation and yoga class. This was her one free night, and she said it seemed to be helping her. She would breathe in, imagining that she was finding ways to deal with her debts. She would breathe out, telling herself that her money problems would one day be behind her.

It went on like this, Tuesday after Tuesday.

Finally, one day I looked through her finances with her. I figured out that if she spent four or five months working a part-time job on Tuesday nights, she could actually pay off all the money she owed.

I told her I had nothing against yoga or meditation. But I did think it's always best to try to treat the disease first. Her symptoms were stress and anxiety. Her disease was the money she owed.

"Why don't you get a job on Tuesday nights and skip yoga for a while?" I suggested.

This was something of a revelation to her. And she took my advice. She became a Tuesday-night waitress and soon enough paid off her debts. After that, she could go back to yoga and really breathe easier.

33
병을 고쳐라, 증상이 아니라

오래전 젊고 사랑스러운 여성과 데이트를 한 적이 있었다. 그녀는 몇 천 달러의 빚이 있었는데 그 때문에 스트레스가 컸다. 매달 이자가 붙어 빚은 더 불어났다.

스트레스가 심해져서 그녀는 매주 화요일 저녁마다 명상과 요가 수업을 받기로 했다. 화요일은 그녀가 쉴 수 있는 유일한 날이어서 그나마 다행이라고 했다. 그녀는 빚 갚는 방법을 상상하며 숨을 깊이 들이 쉬곤 했다. 또 언젠가는 이런 돈 문제 따윈 다 지난 일이 될 거라고 스스로에게 속삭이며 숨을 내쉬었다.

화요일, 그리고 다음 화요일이 그렇게 지나갔다.

보다 못한 어느 날 나는 그녀와 함께 재정 상태를 살펴보았다. 그리고 그녀가 네다섯 달 동안 화요일 저녁마다 아르바이트를 한다면 부채를 모두 해결할 수 있다는 결론을 얻었다.

나는 그녀에게 말했다. 요가나 명상이 못마땅해서가 아니라 먼저 병을 고치려고 노력하는 것이 최선이 아니겠냐고. 그녀의 증상은 스트레스와 불안감이었다. 그녀의 병은 그녀가 안고 있는 부채였다.

"얼마 동안 요가를 쉬고 그 시간에 일을 해보는 게 어때?" 내가 조언했다.

이것은 그녀에게 뜻밖의 깨달음이었다. 그녀는 내 조언을 따르기로 했다. 화요일 밤에 레스토랑에서 일을 했고 얼마 지나지 않아 빚을 다 갚게 되었다. 그 후 요가 수업에 돌아간 그녀는 이번에는 제대로 숨을 쉴 수 있게 되었다.

Vocab.
meditation 명상, 묵상 symptom 징후, 조짐 revelation 폭로, 적발, 누설, 발각

Grammar
※ to+동사원형, S+V: ~하기 위해서. 이렇게 to+동사원형이 문장 맨 앞에 붙으면 "~하기 위해서"라고 해석하며, 'so as to+동사원형'이나 'in order to+동사원형'으로 바꾸어 사용가능하다. to+동사원형의 부사적 용법으로 동사를 수식함.

34

Don't Obsess Over What People Think

I'VE FOUND that a substantial fraction of many people's days is spent worrying about what others think of them. If nobody ever worried about what was in other people's heads, we'd all be 33 percent more effective in our lives and on our jobs.

How did I come up with 33 percent? I'm a scientist. I like exact numbers, even if I can't always prove them. So let's just run with 33 percent.

I used to tell anyone who worked in my research group: "You don't ever have to worry about what I'm thinking. Good or bad, I'll let you know what's in my head."

That meant when I wasn't happy about something, I spoke up, often directly and not always tactfully. But on the positive side, I was able to reassure people: "If I haven't said anything, you have nothing to worry about."

Students and colleagues came to appreciate that, and they didn't waste a lot of time obsessing over "What is Randy thinking?" Because mostly, what I was thinking was this: I have people on my team who are 33 percent more effective than everyone else. That's what was in my head.

34
다른 사람의 생각에 집착하지 마라

나는 많은 사람들이 하루 중 상당 부분을 다른 사람들이 자신에 대해 어떤 생각을 하는지 염려하는 데 쓰고 있다는 사실을 안다. 만약 누구도 다른 사람 머릿속에 무엇이 들었는지 걱정하지 않는다면 우리의 인생이나 우리의 일에 33퍼센트는 더 능률을 올릴 수 있을 것이다.

왜 33퍼센트냐고? 나는 과학자다. 매번 증명할 수는 없을지라도 과학자들은 정확한 숫자를 제시하기를 좋아한다. 그러니 그냥 33퍼센트라고 하자.

나는 연구팀 모두에게 미리 말해주었다. "내가 무슨 생각을 하는지 전혀 걱정할 필요가 없어. 좋든 나쁘든 내 머릿속에 뭐가 돌아가고 있는지 바로 알려줄 테니까."

어떤 일이 만족스럽지 않다면 나는 직설적으로 말해버린다. 물론 언제나 세련되게 말하지는 못한다. 그렇지만 긍정적으로 보자면 사람들을 안심시키는 면도 있다. "만약 내가 아무 말도 안 하고 있으면 걱정할 게 전혀 없다는 뜻이야."

학생들과 동료들은 차츰 그 방법을 좋아하게 되었고 "랜디는 무슨 생각을 하고 있을까?"에 매달려 많은 시간을 낭비하지 않게 되었다. 그런데 대부분의 경우 나는 이런 생각을 하고 있다. "내 팀에는 다른 사람들보다 33퍼센트 더 효율적으로 일하는 사람들이 모여 있어." 그것이 바로 내 머릿속에 들어 있는 것이었다.

Vocab.
substantial (양·가치·중요성이) 상당한, 크고 튼튼한 fraction 부분, 일부 tactfully 재치 있는, 세련된, 적절한

Grammar
※ what S think: S가 어떻게 생각하는지. 물론 우리말 '어떻게'에 해당하는 영어는 how다. 그러나 'how S think'라고 쓰진 않는다. 그 이유는 think의 목적어로 명사인 what은 가능하지만, how는 불가능하기 때문이다. 복잡하다고? 그렇다면 "What do you think about it?(이거 어떻게 생각해?)"을 외워두자.

35

Start By Sitting Together

WHEN I have to work with other people, I try to imagine us sitting together with a deck of cards. My impulse is always to put all my cards on the table, face up, and to say to the group, "OK, what can we collectively make of this hand?"

Being able to work well in a group is a vital and necessary skill in both the work world and in families. As a way to teach this, I'd always put my students into teams to work on projects.

Over the years, improving group dynamics became a bit of an obsession for me. On the first day of each semester, I'd break my class into about a dozen four-person groups. Then, on the second day of class, I'd give them a one-page handout I'd written titled "Tips for Working Successfully in a Group." We'd go over it, line by line. Some students found my tips to be beneath them. They rolled their eyes. They assumed they knew how to play well with others: They had learned it in kindergarten. They didn't need my rudimentary little pointers.

But the most self-aware students embraced the advice. They sensed that I was trying to teach them the fundamentals. It was a little like Coach Graham coming to practice without a football. Among my tips:

35
옆에 앉는 것에서부터 시작하라

여러 사람들과 일을 시작하는 경우 나는 각자 주어진 카드 몇 장을 손에 들고 둘러앉아 있는 모습을 상상하곤 한다. 그때 내가 마음속으로 원하는 것은 내 카드 패를 테이블 위에 다 펼쳐놓고 이렇게 말하는 것이다. "자, 이게 다예요. 이제 우리가 어떻게 헤쳐 나가면 될까요?" 그룹 안에서 맡은 일을 잘하는 것은 직장에서든 가정에서든 매우 중요한 기술이다. 이 기술을 가르치기 위해 항상 학생들을 팀으로 나누어 과제를 수행하도록 했다.

해가 갈수록 그룹의 일원으로 사는 법을 제대로 가르쳐야겠다는 생각이 강렬해졌다. 매 학기의 첫날이 되면 학생들을 한 팀에 네 명씩 열두 개 정도의 그룹으로 나누었다. 두 번째 날이 되면 '그룹 안에서 성공적으로 임무를 완수하는 팁'이라는 제목의 한 장짜리 프린트 물을 나누어준다. 우리는 한 줄씩 같이 짚어가며 프린트 물을 읽었다. 몇몇 학생들은 팁을 하찮게 여기고 집중하지 않았다. 다른 사람들과 잘 지내는 방법쯤이야 이미 다 아는 것이라고 생각했다. 유치원에서부터 배운 것 아닌가. 그들은 기초적인 충고를 성가셔했다.

그러나 현명한 학생들은 나의 조언을 받아들였다. 그들은 내가 근본적인 원리들을 가르치려 노력한다는 것을 감지했다. 그것은 그레이엄 코치가 연습에 공을 가져오지 않는 것과 똑같은 이치다. 여기 나의 팁 중 일부를 소개한다.

Vocab.
impulse 충동, 추진(력), 충동적인 obsession ~을 사로잡음, 강박관념, 망상 handout (자료를 담아 배포하는) 인쇄물 go over something ~을 점검[검토]하다, 거듭 살피다 rudimentary 가장 기본적인

Grammar
※ 동명사 주어. be동사가 주어가 되기 위해 명사의 모습, 즉 동명사로 바뀌었다. 하지만 여전히 be able to라는 숙어는 유지되고 있으며 to+동사원형도 유지한다. 한편 to work에서 work는 1형식동사라 부사인 well로 문장을 끝내고 있다.

Meet people properly: It all starts with the introduction. Exchange contact information. Make sure you can pronounce everyone's names.

Find things you have in common: You can almost always find something in common with another person, and from there, it's much easier to address issues where you have differences. Sports cut across boundaries of race and wealth. And if nothing else, we all have the weather in common.

Try for optimal meeting conditions: Make sure no one is hungry, cold or tired. Meet over a meal if you can; food *softens* a meeting. That's why they "do lunch" in Hollywood.

Let everyone talk: Don't finish someone's sentences. And talking louder or faster doesn't make your idea any better.

Check egos at the door: When you discuss ideas, label them and write them down. The label should be descriptive of the idea, not the originator: "the bridge story" not "Jane's story."

Praise each other: Find something nice to say, even if it's a stretch. The worst ideas can have silver linings if you look hard enough.

Phrase alternatives as questions: Instead of "I think we should do A, not B," try "What if we did A, instead of B?" That allows people to offer comments rather than defend one choice.

At the end of my little lesson, I told my students I'd found a good way to take attendance. "It's easier for me if I just call you by group," I'd say. "Group One raise your hands ... Group Two?..."

As I called off each group, hands would go up. "Did anybody notice anything about this?" I'd ask. No one had an answer. So I'd call off the groups again. "Group One? ... Group Two? ... Group Three?..." All around the room, hands shot up again.

정중하게 사람들을 대해라. 모든 일의 시작은 자기소개부터다. 연락처를 주고받아라. 사람들의 이름을 정확히 발음할 수 있게 해라.

공통점을 찾아라. 상대한테서 공통점을 찾는 일은 대부분 어렵지 않다. 그러면 거기서부터는 당신이 꺼내놓아야 하는 다른 의견을 말하기가 훨씬 쉬워진다. 스포츠는 인종과 빈부 차이를 넘나든다. 그마저도 없다면 우리 모두에게는 날씨라는 공통 화제가 있다.

최적의 만남 조건을 만들어라. 혹시 배가 고프거나 춥거나 피곤한 사람이 있는지 확인하라. 가능하면 식사시간에 만나라. 음식은 회의 분위기를 부드럽게 한다. 할리우드에서 '점심을 하는' 이유도 바로 여기에 있다.

모두가 이야기하게 해라. 남의 말을 자르지 마라. 그리고 큰소리로 말하거나 빠르게 말한다고 당신의 아이디어가 더 나아지는 것은 아니다.

문 앞에서 나를 버려라. 아이디어를 나눌 때 의견 하나하나에 제목을 붙이면서 받아 적어라. 제목은 아이디어를 설명하는 것이어야 하며 발표자를 기록하는 것이 아니다. '제인의 이야기'가 아니라 '브리지 스토리'로 가야 한다는 말이다.

서로를 칭찬해라. 약간은 무리를 해서라도 좋은 말을 해주어라. 아무리 나쁜 아이디어라 해도 자세히 들여다보면 좋은 점이 있을 것이다.

대안을 내놓으려면 질문 형식으로 해라. "나는 B가 아닌 A로 가야 한다고 생각해."가 아닌 "만약 우리가 B가 아니고 A를 한다면 어떨까?"로 제안하라. 그래야 자신의 선택만을 고집하지 않으면서 자유롭게 토론하도록 할 수 있다.

팁을 설명해준 끝에 나는 학생들에게 출석체크를 하는 좋은 방법을 찾았다고 말했다. "그냥 그룹으로만 부르면 나한테도 훨씬 쉽거든. 제1그룹 손들어요. 다음 제2그룹?"

내가 각 그룹을 호명하면 손이 올라갔다. "왜 이렇게 하는지 눈치챈 사람 아무도 없어요?" 내가 물었고 아무도 대답하지 않았다. 그래서 나는 다시 한 번 그룹을 호명했다. "제1그룹? 제2그룹? 제3그룹?" 강의실 여기저기에서 다시 한 번 손이 올라갔다.

Vocab.
descriptive 서술하는 originator 창작자, 창설자, 창시자, 시조

Sometimes, you have to resort to cheesy theatrics to break through to students, especially on issues where they think they know everything. So here's what I did:

I kept going with my attendance drill until finally my voice was raised. "Why on earth are all of you still sitting with your friends?" I'd ask. "Why aren't you sitting with the people in your group?"

Some knew my irritation was for effect, but everyone took me seriously. "I'm going to walk out of this room," I said, "and I'll be back in sixty seconds. When I return, I expect you to be sitting with your groups! Does everyone understand?" I'd waltz out and I'd hear the panic in the room, as students gathered up their book bags and reshuffled themselves into groups.

When I returned, I explained that my tips for working in groups were not meant to insult their intelligence or maturity. I just wanted to show them that they had missed something simple—the fact that they needed to sit with their partners—and so they could certainly benefit from reviewing the rest of the basics.

At the next class, and for the rest of the semester, my students (no dummies), always sat with their groups.

학생들을 깨닫게 하려면 가끔은 유치한 연극도 해야 하는 법이다. 특히나 모두들 뻔히 알고 있다고 생각하는 것에 관해서는.

결국 나는 목소리를 높여가면서 출석체크를 되풀이해야 했다. "도대체 왜 아직까지도 친구들과 붙어 앉아 있습니까?" 내가 물었다. "왜 같은 그룹끼리 앉지 않는 거지요?"

몇몇은 내가 일부러 화를 내는 걸 알았겠지만 모두들 진심으로 받아들였다. "이제 나는 밖으로 나갈 겁니다. 60초 안에 다시 돌아오겠어요. 내가 돌아왔을 때는 모두들 그룹 별로 앉아 있길 기대합니다! 다들 이해했어요?" 강의실 밖으로 총총 사라지는 내 귀에 학생들이 책가방을 챙겨 자리를 만드느라 분주한, 약간 긴장 섞인 소리들이 들려왔다.

다시 그들에게 돌아가 내가 이런 식으로 기본적 팁을 학습시키는 것은 학생들의 지적 수준이나 정신 수준을 모욕하려는 뜻이 아니라고 설명했다. 나는 지금 그들이 놓치고 있는 간단한 문제, 즉 자신의 그룹 동료들과 같이 앉을 필요가 있다는 사실을 확실히 알려주고 싶었을 뿐이었다. 그렇게 함으로써 그들은 다른 기본들도 복습하여 자신들에게 이익이 되게 할 수 있을 것이었다.

다음 수업에는 그리고 나머지 학기 동안 내 학생들은(바보가 아니기 때문에) 언제나 자신의 그룹 동료들과 같이 앉았다.

| Vocab. |

resort to something (다른 대안이 없어서, 특히 좋지 못한 것에) 기대다[의지하다] cheesy 싸구려의, 저급한 theatrics 연극법, 연출법 irritation 짜증나게 함, 짜증, 격앙, 화 waltz 왈츠를 추다, 당당하게 걷다 insult 모욕, 모욕하다 maturity 성숙, 완성

36

Look for the Best in Everybody

THIS IS beautiful advice that I got once from Jon Snoddy, my hero at Disney Imagineering. I just was so taken with the way he put it. "If you wait long enough," he said, "people will surprise and impress you."

As he saw things: When you're frustrated with people, when they've made you angry, it just may be because you haven't given them enough time.

Jon warned me that sometimes this took great patience — even years. "But in the end," he said, "people will show you their good side. Almost everybody has a good side. Just keep waiting. It will come out."

36
모두에게서 장점을 찾아라

　이것은 나의 우상인, 디즈니 이매지니어링의 존 스노디에게서 얻은 아름다운 조언이다. 나는 그의 말에 깊은 인상을 받았다. "만약 당신이 충분히 기다려준다면 사람들은 당신을 놀라게 하고 감동을 안겨줄 거예요."

　그의 방식대로라면 이렇다. 당신이 사람들에게 실망하고 그들이 당신을 화나게 했다면 그건 아마도 당신이 그들에게 충분한 시간을 주지 않았기 때문일 것이다.

　존은 나에게 가끔 이것은 몇 년이 걸릴지도 모르는 대단한 인내심을 요하는 것이라고 충고했다. "그렇지만 결국에는 그들의 좋은 면을 보여줄 거예요. 거의 대부분의 사람들은 자신만의 장점을 가졌지요. 기다려줘요. 그러면 드러날 겁니다."

Vocab.
frustrate 좌절감을 주다, 불만스럽게 만들다

Grammar
※ 부사와 접속사로 쓰이는 once.
① S once V: 부사 역할. '한번은'이라는 뜻. 과거시제와 어울린다.
② Once S+V, S+V: 접속사 역할. '일단 ~하면'이라는 뜻. Once절은 현재나 현재완료. 주절은 미래나 미래완료를 쓴다. (시간·조건의 부사절)

37

Watch What They Do, Not What They Say

MY DAUGHTER is just eighteen months, so I can't tell her this now, but when she's old enough, I want Chloe to know something a female colleague once told me, which is good advice for young ladies everywhere. In fact, pound for pound*, it's the best advice I've ever heard.

My colleague told me: "It took a long time, but I've finally figured it out. When it comes to men who are romantically interested in you, it's really simple. Just ignore everything they say and only pay attention to what they do."

That's it. So here it is, for Chloe.

And as I think about it, some day it could come in pretty useful for Dylan and Logan, too.

37
말이 아닌 행동을 봐라

클로이는 이제 겨우 18개월이기 때문에 지금은 말해줄 수 없지만 충분히 나이가 들었다고 생각되면 언젠가 여자 동료가 했던 말을 들려주고 싶다. 이는 모든 젊은 여성들에게도 좋은 충고다. 사실 이 말은 아무리 생각해도 지금까지 내가 들은 것 중 최고의 조언이다.

내 동료의 말은 이랬다. "시간이 오래 걸리긴 했지만 결국 깨달은 사실인데요. 여자에게 접근하는 남자를 판단하는 방법은 아주 간단하답니다. 그가 무슨 말을 하는지는 완전히 무시해버리고 오직 그가 하는 행동만 집중해서 보면 돼요."

그것만 하면 된다. 그래서 여기 클로이를 위해 적었다. 그런데 곰곰이 생각해보니 언젠가 이 조언이 딜런과 로건에게도 꽤 유용하게 쓰일 것 같다.

Vocab.
pound for pound* 똑같이, 등분으로 pay attention to 관심을 기울이다

Grammar
※ 3형식과 5형식으로 쓰이는 want.
① S want 명사/to+동사원형: 3형식. 이때 to+동사원형은 목적어이므로 명사적 용법.
② S want 목적어 to+동사원형: 5형식. 이때 to+동사원형은 목적보어이므로 형용사적 용법.

38

If at First You Don't Succeed...

...TRY, TRY a cliché.

I love clichés. A lot of them, anyway. I have great respect for the old chestnuts. As I see it, the reason clichés are repeated so often is because they're so often right on the money.

Educators shouldn't be afraid of clichés. You know why? Because kids don't know most of them! They're a new audience, and they're inspired by clichés. I've seen it again and again in my classroom.

Dance with the one who brung you. That's a cliché my parents always told me, and it applies far beyond prom night. It should be a mantra in the business world, in academia, and at home. It's a reminder about loyalty and appreciation.

Luck is what happens when preparation meets opportunity. That comes from Seneca, the Roman philosopher who was born in 5 B.C. It'll be worth repeating for another two thousand years, at least.

Whether you think you can or can't, you're right. That is from my cliché repertoire for incoming students.

Other than that, Mrs. Lincoln, how was the play? I'd say that to students as a reminder not to focus on little issues, while ignoring the major ones.

I love a lot of pop culture clichés, too. I don't mind when my children watch *Superman*, not because he's strong and can fly, but be-

38
만약 첫 번에 성공하지 못했다면……

다시 시도해라. 진부한 말이지만.

나는 클리셰를 좋아한다. 전부는 아니더라도 대부분을. 나는 오래된 클리셰에 큰 존경심을 품고 있다. 내 생각에 클리셰가 그토록 자주 반복되는 이유는 많은 경우 그 말이 정곡을 찌르기 때문이라고 여겨진다.

교육자들은 클리셰를 피하지 말아야 한다. 왜냐면 아이들은 대부분 그런 표현을 모르고 있기 때문이다! 그들은 새로운 청중이고 진부한 말에도 영감을 받는다. 나는 그런 일을 내 수업에서 여러 번 경험했다.

'너를 데리고 간 사람과 춤추어라.' 부모님이 항상 내게 이야기했던 말이다. 물론 졸업 파티에만 해당되는 것이 아니다. 이것은 비즈니스 세계에서나 학교에서나 그리고 가정에서도 명심해야 할 진언이다. 이 말은 충성심과 감사하는 마음을 상기시킨다.

'행운이란 준비가 기회를 만날 때 생긴다.' 이 말은 B.C. 5년에 태어난 로마의 철학자 세네카가 한 말이다. 앞으로 2000년은 더 반복할 만한 가치가 있다.

'당신이 할 수 있다고 생각하든 할 수 없다고 생각하든 당신이 옳다.' 새로 들어온 학생들을 위해 내가 자주 하는 클리셰 레퍼토리다.

그 외 '링컨 부인, 연극은 어떠셨습니까?'가 있다. 내가 학생들에게 큰 문제를 제쳐두고 작은 문제에 연연하지 말라는 뜻으로 자주 하는 말이다.

나는 많은 대중문화 클리셰도 좋아한다. 우리 아이들이 영화 〈슈퍼맨〉을 보고

Vocab.
chestnut 밤, 밤나무 prom (대학·고교 따위의) 무도회, 댄스파티 repertoire (한 연주자·가수 등의 모든) 연주곡목, 레퍼토리, (한 사람이 할 수 있는) 모든 것 incoming student 신입생

Grammar
※ other than: ~을 제외하고, 전치사 기능을 한다. except, except for, excepting, aside from, apart from 모두 전치사이며 동의어로 알아두자.

cause he fights for "truth, justice and the American way." I *love* that line.

I love the movie *Rocky*. I even love the theme music. And what I liked most about the original *Rocky* movie was that Rocky didn't care if he won the fight that ends the film. He just didn't want to get knocked out. That was his goal. During the most painful times of my treatment, Rocky was an inspiration because he reminded me: It's not how hard you hit. It's how hard you get hit … and keep moving forward.

Of course, of all the clichés in the world, I love football clichés the most. Colleagues were used to the sight of me wandering the halls of Carnegie Mellon tossing a football up and down in front of me. It helped me think. They'd probably say I thought football metaphors had the same effect. But some of my students, female and male, had trouble adjusting. They'd be discussing computer algorithms and I'd be speaking football. "Sorry," I'd tell them. "But it will be easier for you to learn the basics of football than for me to learn a new set of life clichés."

I liked my students to win one for the Gipper, to go out and execute, to keep the drive alive, to march down the field, to avoid costly turnovers and to win games in the trenches even if they were gonna feel it on Monday. My students knew: It's not just whether you win or lose, it's how you play the cliché.

있어도 상관하지 않는다. 슈퍼맨이 힘이 세고 하늘을 날 수 있어서가 아니라 그가 "진실, 정의 그리고 미국적인 가치를 위해 싸우기" 때문이다. 나는 슈퍼맨의 그 대사를 매우 좋아한다.

〈록키〉도 내가 사랑하는 영화다. 영화에 삽입된 주제음악도 아주 좋다. 〈록키〉의 미덕은 주인공이 경기에 임하는 자세에 있다. 록키는 경기에서 승부가 중요한 복서가 아니었다. 그는 그저 녹아웃이 되지 않기만 바랐다. 그것이 록키의 목표였다. 항암치료를 받으면서 극심한 고통에 시달릴 때 록키가 내게 힘을 주었다. 얼마나 세게 칠 것인가 그것이 문제가 아니었다. 얼마나 센 주먹에 얻어터질 것인가 바로 그게 문제라는 것. 아무리 세게 맞았어도 계속 앞으로 나아가야 한다.

아마 짐작했겠지만 세상의 모든 상투적인 표현 중에 나는 풋볼 클리셰를 가장 좋아한다. 동료들은 내가 카네기멜론대학의 복도를 돌아다니며 풋볼 공을 높이 던졌다 받는 광경에 익숙했다. 공을 만지고 있는 것은 생각하는 데 도움이 되었다. 풋볼 관련한 비유도 비슷한 작용을 했다. 하지만 학생들은 나의 빈번한 풋볼 클리셰 세례에 잘 적응하지 못했다. 그들이 컴퓨터 알고리즘에 대해 논의하고 있으면 나는 풋볼에 대해 말하곤 했다.

"미안해요." 나는 그들에게 말했다. "그렇지만 내가 인생에 관한 새로운 클리셰를 배우는 것보다는 여러분이 풋볼의 기본에 대해 배우는 게 더 빠를 것 같네요."

월요일이 되면 후유증이 오겠지만 나는 학생들이 기퍼를 위해 이기려는 마음으로 있는 힘껏 운동장으로 달려나가 전면에 서서, 그렇다고 부딪치고 엎어져서 다치지는 말고 게임에 승리하는 모습을 바라는 것이었다. 물론 학생들은 알고 있었다. 승패가 중요한 것이 아니라 클리셰를 직접 실천해보는 것이 중요하다는 것을.

Vocab.
wander (이리저리 천천히) 거닐다, 돌아다니다, 헤매다 march 행진하다, (단호한 태도로 급히) 걸어가다 costly 돈이 많이 드는, 대가가 큰 in the trenches (어려운 상황 따위의) 전면에 서서, 와중에서

39

Be the First Penguin

EXPERIENCE IS what you get when you didn't get what you wanted.

That's an expression I learned when I took a sabbatical at Electronic Arts, the video-game maker. It just stuck with me, and I've ended up repeating it again and again to students.

It's a phrase worth considering at every brick wall we encounter, and at every disappointment. It's also a reminder that failure is not just acceptable, it's often essential.

When I taught the "Building Virtual Worlds" course, I encouraged students to attempt hard things and to not worry about failing. I wanted to reward that way of thinking. So at the end of each semester, I'd present one team of students with a stuffed animal—a penguin. It was called "The First Penguin Award" and went to the team that took the biggest gamble in trying new ideas or new technology, while failing to achieve their stated goals. In essence, it was an award for "glorious failure," and it celebrated out-of-the-box thinking and using imagination in a daring way.

The other students came to understand: "First Penguin" winners were losers who were definitely going somewhere.

The title of the award came from the notion that when penguins are about to jump into water that might contain predators, well,

39

첫 번째 펭귄이 되어라

경험이란 당신이 원하는 바를 얻지 못했을 때 얻는 것이다.

이는 내가 비디오 게임 회사인 EA사에서 안식년을 지냈을 때 배운 것이다. 그때 깊게 각인되어 훗날 학생들에게 몇 번이고 반복해서 말해주었다.

이 말은 우리가 장벽에 부딪힐 때마다 실망감에 휩싸일 때마다 되새겨볼 만한 가치가 있다. 더불어 실패는 근본적으로 중요하다는 것을 상기시킨다.

나의 '가상세계 구축' 강의에서 나는 늘 학생들에게 어려운 일을 시작할 때 실패를 두려워하지 말라고 격려하곤 했다. 그런 생각에 높은 지지를 보낸다는 뜻에서 학기 마지막이 되면 나는 한 팀을 선정해 펭귄 인형을 상으로 주었다. 그것은 '첫 번째 펭귄상'이란 이름으로 불렸고 도전한 목표에는 실패했지만 새로운 아이디어나 새로운 테크놀로지를 시도해 승부수를 띄운 팀에게 수상의 영예가 돌아갔다. 말하자면 그것은 '빛나는 실패'에 주는 상이었고 과감한 사고와 대담한 상상력을 격려하고 있었다. 다른 학생들도 '첫 번째 펭귄상' 수상자야말로 확실하게 자신의 길을 선택한 장렬한 실패자라는 사실을 이해하게 되었다.

펭귄이란 이름이 붙은 것은 적이 은밀하게 잠복해 있을지도 모르는 물속으로 뛰어들어야 할 때 반드시 어느 하나는 첫 번째 펭귄이 되어야 한다는 것에서 착안했다. 원래는 '최고의 실패상'이라고 부르려 했으나 실패라는 말이 워낙 부정적 의미

Vocab.
glorious 찬란한, 훌륭한, 영광스러운   notion 개념, 관념, 생각   predator 약탈자, 육식 동물

Grammar
※ 부정형용사: 헷갈리는 단복수 정리

	가산명사	불가산명사
another	단수만	사용불가
the other	단수, 복수	사용가능
other	복수만	사용가능

somebody's got to be the first penguin. I originally called it "The Best Failure Award," but failure has so many negative connotations that students couldn't get past the word itself.

Over the years, I also made a point of telling my students that in the entertainment industry, there are countless failed products. It's not like building houses, where every house built can be lived in by someone. A video game can be created and never make it through research and development. Or else it comes out and no one wants to play it. Yes, video-game creators who've had successes are greatly valued. But those who've had failures are valued, too — sometimes even more so.

Start-up companies often prefer to hire a chief executive with a failed start-up in his or her background. The person who failed often knows how to avoid future failures. The person who knows only success can be more oblivious to all the pitfalls.

Experience is what you get when you didn't get what you wanted. And experience is often the most valuable thing you have to offer.

40

Get People's Attention

SO MANY of my students were incredibly smart. I knew they would get into the working world and create terrific new software programs, animation projects and entertainment devices. I also knew

를 강하게 담고 있어서 학생들이 그 표현 자체를 웃어넘기지 못했다.

　나는 학생들에게 엔터테인먼트 산업에도 셀 수 없이 많은 실패한 상품이 있다는 것을 말해주었다. 그것은 지어놓기만 하면 사람이 들어가 살 수 있는 건축물 같은 것이 아니었다. 비디오 게임은 만들어지고도 리서치와 개발단계에서 살아남지 못할 수 있다. 혹시 생산단계까지 가더라도 전혀 판매가 되지 않을 수 있다. 그렇다. 성공을 거둔 비디오 게임 창조자들은 매우 높이 평가된다. 그러나 실패를 한 사람도 나름의 가치가 있는 것이다. 가끔은 성공한 사람들보다 더.

　새로 시작하는 회사들은 종종 창업했다 실패한 경험을 지닌 사람을 최고경영자로 영입하기를 선호한다. 실패를 경험한 사람은 미래에 다가올 실패를 피하는 방법을 안다. 성공가도만 달린 사람은 뜻하지 않은 모든 위험들을 염두에 두지 않는다.

　경험이란 당신이 원하는 것을 얻지 못했을 때 얻어지는 것이다. 그리고 경험은 당신이 가진 것 중 가장 가치 있는 것이다.

40

사람들을 집중시켜라

　내가 가르친 학생들은 놀랄 만큼 뛰어났다. 나는 그들이 훗날 세상에 나가 굉장한 소프트웨어 프로그램과 애니메이션 프로젝트 엔터테인먼트 장치를 만들어낼 것임을 알고 있다. 또한 나는 그들이 그 일들을 하면서 수백만 명의 사람들을 실망

Vocab.
connotation 함축　oblivious 의식하지 못하는　pitfall 함정, 생각지 않은 위험, 유혹

Grammar
※ make a point of -ing: 습관적으로 ~하다. 동명사 숙어로 암기할 것. 비슷한 뜻으로 make it a rule to do도 있다.

they had the potential to frustrate millions of people in the process.

Those of us who are engineers and computer scientists don't always think about how to build things so they're easy to use. A lot of us are terrible at explaining complex tasks in simple ways. Ever read the instruction booklet for a VCR? Then you've lived the frustration I'm talking about.

That's why I wanted to impress upon my students the importance of thinking about the end users of their creations. How could I make clear to them how important it was not to create technology that is frustrating? I came up with a surefire attention-getter.

When I taught a "user interface" class at the University of Virginia, I'd bring in a working VCR on the first day. I would put it on a desk in the front of the room. I would pull out a sledgehammer*. I would destroy the VCR.

Then I would say: "When we make something hard to use, people get upset. They become so angry that they want to destroy it. We don't want to create things that people will want to destroy."

The students would look at me and I could tell they were shocked, bewildered and slightly amused. It was exciting for them. They were thinking: "I don't know who this guy is, but I'm definitely coming to class tomorrow to check out his next stunt."

I sure got their attention. That's always the first step to solving an ignored problem. (When I left the University of Virginia for Carnegie Mellon, my friend and fellow professor Gabe Robins gave me a sledgehammer with a plaque attached. It read: "So many VCRs, so little time!")

All of the students from my days at UVa. are in the workforce now. As they go about creating new technologies, I hope that once in a while I come into their minds, swinging that sledgehammer, remind-

시킬 수 있다는 것도 안다.

　우리 공학도나 컴퓨터과학자는 무언가를 만들 때 사용법이 쉬워야 한다는 절대적 명제를 자주 잊어버린다. 우리 대부분은 복잡한 문제를 간단한 방식으로 설명하는 일에 서투르다. 한 번이라도 비디오 플레이어의 사용설명서를 읽어본 적이 있다면 여러분도 지금 내가 말하려는 좌절감을 이미 경험해본 사람이다.

　그래서 나는 늘 학생들에게 창작물의 사용자에 대해 고민하는 것은 매우 중요한 일이라고 강조해왔다. 나도 고민했다. 어떻게 하면 학생들에게 다루기 어려운 테크놀로지는 무용지물이나 다름없다는 사실을 확실히 가르칠 수 있을까. 나는 틀림없이 성공할 만한 비법 하나를 생각해냈다.

　버지니아대학에서 '사용자 인터페이스' 강의를 할 때였다. 강의 첫날 나는 비디오 플레이어를 가지고 들어갔다. 그러고는 책상 위에 올려놓았다. 이윽고 나는 커다란 쇠망치를 꺼내 단박에 비디오 플레이어를 부숴버렸다.

　그런 다음 나는 이렇게 말하곤 했다. "우리가 사용하기 어려운 것을 만들면 사람들은 너무나 화가 나서 그냥 확 부숴버리고 싶은 심정이 들 겁니다. 사람들이 그런 충동을 느낄 물건은 절대 만들지 말아야겠지요?"

　나는 그들이 충격을 받았고 당황했으며 약간은 재미있어한다는 것을 알 수 있었다. 그들은 내 행동에 흥미를 느꼈다. 그러곤 이렇게 생각하는 듯했다. '이 남자가 누군지는 잘 모르지만 내일은 또 무슨 짓을 하려는지 궁금해. 다시 보러 와야겠어.'

　나는 그들의 주목을 끌어냈다. 관심을 집중시키는 것이야말로 지나치기 쉬운 문제를 푸는 첫 번째 단계였다. (내가 카네기멜론대학에서 일하기 위해 버지니아대학을 떠났을 때 친구이자 동료 교수였던 게이브 로빈스는 나에게 명판이 달린 쇠망치를 주었다. 거기에 새긴 글을 읽자면 이렇다. '너무 많은 VCR, 너무 적은 시간!')

　버지니아대학 시절에 가르쳤던 학생들은 지금 모두 자신의 분야에서 열심히 일하고 있다. 나는 그들이 새로운 테크놀로지를 개발할 때부터 단순함을 추구하라

Vocab.
booklet 소책자　surefire 틀림없는, 확실한　attention-getter 이목을 끄는 것　sledgehammer* 쇠망치
bewilder 당황하게 하다, 어리둥절하게 하다　amused 재미있어하는　plaque (금속·도자기 따위의) 장식판

Grammar
※ 본 문장에서 make는 5형식동사로 쓰였다. clear는 형용사로 목적보어 to them은 전명구로 수식어 처리하면 된다. how 이하가 명사절로 목적어 역할을 하는데 너무 길어 문장 뒤로 빠진 것이다. make sure that~ 이나 make certain that~도 같은 구조다.

ing them of the frustrated masses, yearning for simplicity.

41
The Lost Art of Thank-You Notes

SHOWING GRATITUDE is one of the simplest yet most powerful things humans can do for each other. And despite my love of efficiency, I think that thank-you notes are best done the old-fashioned way, with pen and paper.

Job interviewers and admissions officers see lots of applicants. They read tons of resumes from "A" students with many accomplishments. But they do not see many handwritten thank-you notes.

If you are a B+ student, your handwritten thank-you note will raise you at least a half-grade in the eyes of a future boss or admissions officer. You will become an "A" to them. And because handwritten notes have gotten so rare, they will remember you.

When I'd give this advice to my students, it was not to make them into calculating schemers, although I know some embraced it on those terms. My advice was more about helping them recognize that there are respectful, considerate things that can be done in life that will be appreciated by the recipient, and that only good things can result.

For instance, there was a young lady who applied to get into the

면서 쇠망치를 휘두르는 나의 모습이 그들 마음에 떠오르기를 소망한다.

41
감사편지의 참 맛

감사의 마음을 표시하는 것은 인간이 서로에게 할 수 있는 가장 간단하면서도 강력한 행위 중 하나다. 능률을 최우선으로 여기는 나 같은 사람도 감사편지는 종이에 펜으로 쓰는 옛날식이 가장 멋지다고 생각한다.

회사의 면접관이나 학교의 입학 담당자는 수많은 지원자들을 만나게 된다. 그들은 학업은 물론 그 밖의 많은 것을 성취한 A학점 학생들의 지원서를 수도 없이 읽는다. 하지만 직접 손으로 쓴 감사편지를 보게 되는 일은 드물다.

만약 당신이 손으로 쓴 감사편지를 동봉한다면 그것을 받은 미래의 상사나 입학 담당자들은 적어도 반 점 이상 당신의 점수를 높게 볼 수도 있다. 이제 B+ 학생인 당신은 그들에게 'A'학점이 된 것이다. 손으로 쓴 기록이 너무 귀해졌기 때문에 그들은 당신을 기억할 수밖에 없다.

내가 학생들에게 이러한 조언을 하는 것은 그들을 계산적인 모략가로 만들려는 것이 아니다. 우리 인생에는 때때로 고마움을 느끼게 하는 사람이 등장하는 법이고 그럴 경우 정중한 감사의 표현을 하는 것이 나쁠 이유가 없다는 사실을 알려주려는 것이다.

일례로, ETC에 지원했던 한 젊은 여학생이 있었는데 우리는 그 학생을 떨어뜨릴

Vocab.
yearning 갈망, 동경 calculating 타산적인, 계산적인 schemers 책략가, 모사꾼 considerate 사려 깊은, (남을) 배려하는

ETC and we were about to turn her down. She had big dreams; she wanted to be a Disney Imagineer. Her grades, her exams and her portfolio were good, but not quite good enough, given how selective the ETC could afford to be. Before we put her into the "no" pile, I decided to page through her file one more time. As I did, I noticed a handwritten thank-you note had been slipped between the other pages.

The note hadn't been sent to me, my co-director Don Marinelli, or any other faculty member. Instead, she had mailed it to a non-faculty support staffer who had helped her with arrangements when she came to visit. This staff member held no sway over her application, so this was not a suck-up note. It was just a few words of thanks to somebody who, unbeknownst to her, happened to toss her note to him into her application folder. Weeks later, I came upon it.

Having unexpectedly caught her thanking someone just because it was the nice thing to do, I paused to reflect on this. She had written her note by hand. I liked that. "This tells me more than anything else in her file," I said to Don. I read through her materials again. I thought about her. Impressed by her note, I decided she was worth taking a chance on, and Don agreed.

She came to the ETC, got her master's degree, and is now a Disney Imagineer.

I've told her this story, and now she tells it to others.

Despite all that is now going on in my life and with my medical care, I still try to handwrite notes when it's important to do so. It's just the nice thing to do. And you never know what magic might happen after it arrives in someone's mailbox.

참이었다. 그녀는 디즈니 이매지니어라는 큰 포부를 가지고 있었다. 그의 학점과 시험점수 그리고 포트폴리오는 훌륭했지만 ETC의 까다로운 기준에는 들지 못했다. 나는 그 여학생의 지원서 파일을 불합격 쪽으로 옮겨놓기 전에 한 번 더 훑어보기로 했다. 그때 서류 갈피에 끼어 있던 감사편지를 발견했다. 손으로 쓴 짧은 편지였다.

그 편지의 수신인은 나도, 동료 감독인 돈 마리넬리도, 혹은 다른 교수진도 아니었다. 학교를 방문했을 때 그녀를 도와주었던 한 직원에게 보낸 것이었다. 그 직원은 그녀의 합격에 어떠한 영향력도 미치지 못하는 사람이었기에 그 편지는 잘 보이려고 쓴 것이 절대 아니었다. 다만 감사한 마음을 전하고 싶어 쓴 몇 마디였는데 실수로 지원서 파일에 들어갔고 몇 주가 지나 마침내 내가 그것을 발견하게 된 것이었다.

나는 곰곰이 생각해보았다. 그녀는 손으로 이 편지를 썼다. 그것이 좋았다. 나는 돈에게 말했다. "지원서의 어떤 내용보다 이 짧은 편지가 그녀에 대해 더 많은 것을 설명해주고 있어." 나는 그녀의 지원서 파일을 다시 읽었다. 결국 그녀의 편지에 감명받은 나는 그녀에게 기회를 줄 만한 가치가 있다고 판단했고 돈도 동의했다.

그녀는 ETC에 입사한 후 석사학위도 받았고 현재 디즈니 이매지니어로 일한다. 나는 그녀에게 이 이야기를 해주었고 이제는 그녀가 다른 사람들에게 들려준다.

지금 내 인생에서 벌어지고 있는 모든 일과 나의 의학적 상황에도 불구하고 나는 필요하다고 생각되면 언제나 손으로 직접 감사편지를 쓰려고 노력한다. 기분 좋은 일이 아닐 수 없다. 또 내가 쓴 감사편지가 누군가의 우편함에 도착한 후 어떠한 마술이 벌어질지 그것 역시 모르는 일이다.

Vocab.

pile (위로 차곡차곡) 포개 놓은 것, 더미, 무더기 suck-up 아첨쟁이 unbeknownst ~가 모르는(=unbeknown)

Grammar

※ be about to do: 막 ~하려 하다. 유사표현으로 be on the point of -ing, be on the verge of -ing, be on the brink of -ing도 알아두자.

42

Loyalty Is a Two-Way Street

WHEN DENNIS Cosgrove was an undergraduate student of mine at the University of Virginia in the early 1990s, I found him to be impressive. He was doing terrific work in my computer lab. He was a teaching assistant in the operating systems course. He was taking graduate level courses. And he was an A student.

Well, in most classes he was an A student. In Calculus III, he was an F student. It wasn't that he lacked the ability. He was just so focused on his computer courses, being a teaching assistant, and a research assistant in my lab that he simply stopped going to calculus class.

That turned out to be a serious problem, as it was not the first time he had a semester in which he earned straight A's with an F.

It was two weeks into a new semester when Dennis's checkered academic record caught the attention of a certain dean. He knew how smart Dennis was; he had seen his SAT and AP scores. In his view, the F's were all due to attitude, not aptitude. He wanted to expel Dennis. But I knew Dennis had never received a single warning about any of this. In fact, all of his A's offset his F's to the point where he couldn't even be academically suspended. Yet, the Dean invoked an obscure rule that left expulsion on the table. I decided to go to bat for my student. "Look," I told the dean, "Dennis is a strong rocket

42
신뢰는 양방향 도로다

　1990년대 초반 데니스 코스그로브가 버지니아대학에서 내 학부 학생이었을 때 나는 그에게서 강한 인상을 받았다. 내 연구실에서 대단히 훌륭하게 맡은 일을 해내고 있었고 컴퓨터 운영체제 과목의 조교일도 했다. 그는 대학원 수준의 강의를 들었고 A학점짜리 학생이었다.

　아니 거의 모든 수업에서 A학점이었다. 다만 미적분학III에서는 F학점 학생이었다. 실력이 모자라서가 아니었다. 컴퓨터 과목과 조교 직무 그리고 내 연구실의 연구보조로 일하는 것에 너무 집중한 나머지 미적분 수업을 들으러 가지 않았다.

　그 일은 심각한 문제였다. 그가 모든 과목에서 A를 받고 한 과목에서만 F를 받은 일은 사실 처음이 아니었다.

　새 학기가 시작되고 2주쯤 지난 후 학생과장의 눈에 데니스의 기복이 심한 학점이 눈에 띄었다. 그는 데니스가 똑똑한 학생이라는 것을 알고 있었다. 전에 그의 SAT 점수와 대학레벨 고교과목(AP) 점수를 보았기 때문이다. 학과장이 보기에 데니스의 F는 태도불량에 기인한 것이지 소질에 관한 것이 아니었다. 그는 데니스를 제적시키려고 했다. 그러나 내가 알기로 데니스는 아직 이런 부분에 대해 한 차례도 경고를 받은 적이 없었다. 사실 데니스가 받은 A학점들이 F학점을 충분히 벌충하고 있어서 정학 대상도 되지 않았다. 하지만 학과장은 모호한 교칙을 들먹이며 제적을 주장했다. 나는 내 학생을 위해 싸우기로 마음먹었다. "이봐요." 나는 학과

Vocab.
calculus 미적분학　checkered 체크무늬의, 가지각색의, 변화가 많은　aptitude 경향, 습성　expel 쫓아내다, 물리치다　suspend 매달다, 걸다　invoke 기원하다, 빌다, 호소하다　expulsion 추방, 배제, 제명

Grammar
※ it ~ when의 강조적 용법. 보통 it ~ that의 강조적 용법은 많이 봐왔을 것이다. 그런데 이 문장처럼 시간 관련 표현을 강조할 때는 that 대신 when을 써도 된다. 결론은 명사절 접속사는 모두 가능하다는 것.

with no fins. He's been a star in my lab. If we kick him out right now, we'll be missing the whole point of what we're here for. We're here to teach, to nurture. I know Dennis is going somewhere special. We can't just dump him."

The dean was not happy with me. In his view, I was a young professor getting pushy.

Then I got even pushier. I went tactical. The new semester had already begun. The university had cashed Dennis's tuition check. By doing so, as I saw it, we were telling him he was welcome to remain as a student. Had we expelled him before the semester, he could have tried to enroll in another school. Now it was too late for that.

I asked the dean: "What if he hires a lawyer to argue this? I might just testify on his behalf. Do you want one of your faculty members testifying against the university?"

The dean was taken aback. "You're a junior faculty member," he said. "You're not even tenured yet. Why are you sticking your neck out and making this the battle you want to undertake?"

"I'll tell you the reason," I said. "I want to vouch for Dennis because I believe in him."

The dean took a long look at me. "I'm going to remember this when your tenure case comes up," he said. In other words, if Dennis screwed up again, my judgment would be seriously questioned.

"That's a deal," I told the dean. And Dennis was able to stay in school.

He passed Calculus III, did us all proud, and after graduating, went on to become an award-winning star in computer science. He's been part of my life and my labs ever since. In fact, he was one of the early fathers of the Alice project. As a designer, he did groundbreaking programming work to help make the virtual reality system more ac-

장에게 말했다. "데니스는 로켓 같은 학생입니다. 내 연구실에서는 일등공신이고요. 당장에 그를 쫓아내는 것은 우리의 본분을 잊은 행동임을 알아야 합니다. 우리는 학생들을 잘 가르치고 돌보기 위해 여기에 있는 겁니다. 데니스는 앞으로 훨씬 더 잘해낼 것입니다. 결코 이런 일로 제적시킬 수는 없습니다."

학과장은 나에 대한 불만으로 가득했다. 그가 보기에 나는 나서기 좋아하는 젊은 교수였다.

나는 더욱 밀어붙였다. 전략이 필요했다. 새 학기는 이미 시작되었다. 학교는 벌써 데니스의 등록금으로 지불된 수표를 입금해버렸다. 내가 보기에 그 일은 학교가 그에게 학생으로 남으라고 결정한 것이나 다름없었다. 학기가 시작되기 전에 제적시켰다면 데니스는 다른 학교에 지원해볼 수 있었을 것이다. 이제 너무 늦어버렸다.

나는 학과장에게 물었다. "만약 그가 변호사를 고용하면 어떡하시겠습니까? 그런 일이 생긴다면 나는 그의 증인으로 나설 것입니다. 교수 하나가 대학을 상대로 증언을 한다는데 그래도 괜찮으시겠습니까?"

학과장은 한 발 뒤로 물러섰다. "당신은 아직 종신 재직권도 없는 교수에 불과해요." 그가 말했다. "상관도 없는 일에 왜 이렇게 끼어드는 겁니까?"

"제가 이유를 말하지요. 나는 그를 믿기 때문에 그의 보증인이 되고 싶은 겁니다." 내가 말했다.

학과장이 오랫동안 나를 바라봤다. "나중에 당신의 종신 재직 심사를 할 때 이 일을 기억하지요." 그가 말했다. 다른 말로 하자면 만약 데니스가 또 잘못을 저지르면 나의 판단능력을 신뢰할 수 없다는 뜻이었다.

"좋아요. 받아들이겠습니다." 나는 망설이지 않았다. 데니스는 학교에 남게 됐다.

그는 미적분학Ⅲ를 통과해서 우리 모두를 자랑스럽게 했고 졸업 후에는 컴퓨터 과학 분야의 인재에게 주는 상의 수상자가 되는 등 발전을 거듭했다. 그때부터 데니스는 나의 삶과 연구실의 일부가 되었다. 사실 그는 앨리스 프로젝트의 최초 개발자 중 하나였다. 디자이너로서 그는 어린아이들이 가상현실 시스템에 쉽게 접근

Vocab.

nurture (잘 자라도록) 양육하다 pushy 지나치게 밀어붙이는 on behalf (of somebody) ~을 대신[대표]하여 ~을 도우려고[~을 위해] undertake (책임을 맡아서) 착수하다, 약속하다 vouch 보증하다, 증인이 되다, 단언하다, 입증하다 groundbreaking 신기원을 이룬, 획기적인

cessible to young people.

I went to bat for Dennis when he was twenty-one years old. Now at age thirty-seven, he is going to go to bat for me. I've entrusted him with carrying Alice into the future as the research scientist designing and implementing my professional legacy.

I enabled Dennis's dream way back when he needed it ... and now that I need it, he is enabling mine.

43

The Friday Night Solution

I GOT TENURE a year earlier than people usually do. That seemed to impress other junior faculty members.

"Wow, you got tenure early," they'd say to me. "What was your secret?"

I said, "It's pretty simple. Call me any Friday night in my office at ten o'clock and I'll tell you." (Of course, this was before I had a family.)

A lot of people want a shortcut. I find the best shortcut is the long way, which is basically two words: work hard.

As I see it, if you work more hours than somebody else, during those hours you learn more about your craft. That can make you more efficient, more able, even happier. Hard work is like compound-

할 수 있도록 혁신적인 프로그래밍을 해낸 인물이었다.

데니스가 스물한 살이었을 때 나는 그를 위해 싸웠다. 서른일곱이 된 그는 이제 나를 위해 싸울 것이다. 나는 데니스에게 나의 직업적 유산인 앨리스를 물려주어 미래로 이끄는 임무를 맡겼다.

나는 아주 오래전 그가 절박했을 때 그의 꿈을 이룰 수 있게 도와주었다. 그리고 지금 내가 필요할 때 그는 나를 돕고 있다.

43

금요일 밤의 해결책

나는 통상적인 경우보다 1년 먼저 종신 재직 교수가 되었다. 그 사실이 다른 젊은 교수들을 감탄시킨 것 같았다.

"와, 종신 재직권을 빨리 땄네." 그들은 이렇게 묻곤 했다. "비결이 뭔가?"

나는 말했다. "아주 간단해. 언제라도 좋으니까 금요일 밤 열 시에 내 연구실로 전화를 걸어봐. 그럼 비결을 말해주지." 물론 이것은 내가 가정을 꾸리기 전의 일이다.

많은 사람들은 지름길을 원한다. 나는 최고의 지름길은 돌아가는 길이라 생각한다. 간단히 말해 묵묵히 최선을 다하라는 것이다.

만약 당신이 다른 사람보다 더 많은 시간 일을 한다면 그 시간만큼 당신은 당신의 일에 관해 더 많은 것을 배우게 될 것이다. 쌓인 시간만큼 당신의 실력도 늘어나고 보다 유능해지며 더욱 행복해질 것이다. 열심히 일하는 것은 은행의 복리이자

Vocab.
entrust 맡기다, 위탁하다, 위임하다 shortcut 지름길, 손쉬운 방법 compound 합성의, 혼성의, 복합의

ed interest in the bank. The rewards build faster.

The same is true in your life outside of your job. All my adult life I've felt drawn to ask long-married couples how they were able to stay together. All of them said the same thing: "We worked hard at it."

44

Show Gratitude

NOT LONG after I got tenure at the University of Virginia, I took my entire fifteen-person research team down to Disney World for a week as my way of saying thank you.

A fellow professor took me aside and said, "Randy, how could you do that?" Perhaps he thought I was setting a precedent that other soon-to-be-tenured professors would be unwilling to equal.

"How could I do that?" I answered. "These people just worked their butts off and got me the best job in the world for life. How could I *not* do that?"

So the sixteen of us headed down to Florida in a large van. We had a complete blast, and I made sure we all got some education with our entertainment, too. Along the way, we stopped at various universities and visited computer research groups.

The Disney trip was gratitude easily delivered. It was a tangible gift, and it was perfect because it was an experience I could share with

계산법과 같다. 보상은 빠르게 누적된다.

직장 밖에서의 인생에서도 마찬가지다. 어른이 되고 난 후 성공적으로 오랜 결혼 생활을 영위하고 있는 부부들을 만나면 꼭 그 비결을 묻고는 했다. 그들은 하나같이 이렇게 대답했다. "열심히 노력했지요."

44

은혜에 보답하라

버지니아대학에서 종신 재직 교수가 되고 얼마 지나지 않아 나는 감사의 뜻으로 일주일 동안 연구팀원 열다섯 명 모두를 디즈니월드에 데리고 갔다.

그 이야기를 들은 동료 교수 하나가 나를 구석으로 불렀다. "랜디, 어떻게 그런 일을 할 수가 있어?" 아마도 그는 곧 종신 재직권을 갖게 될 다른 교수들이 따라 하기에 좀 내키지 않는 선례를 보였다고 생각했던 것 같다.

"어떻게 그런 일을 할 수 있냐고?" 내가 대답했다. "이 사람들은 죽을 힘을 다해 일해서 나에게 세상에서 가장 좋은 직업을 평생 가질 수 있게 해주었네. 어떻게 하면 그렇게 하지 않고 배기겠나?"

그래서 우리 열여섯 명은 넉넉한 승합차를 타고 플로리다로 내려갔다. 우리는 매우 즐거운 시간을 보냈고 나는 노는 동안에도 무언가를 배워갈 수 있도록 계획을 짰다. 돌아가는 길에는 다른 대학에 들러 컴퓨터 연구실을 방문하기도 했다.

디즈니 여행은 은혜에 보답하는 쉬운 방법이었다. 실체가 보이는 선물이자 개인

Vocab.
precedent 선례, 전례, 관례   butt 굵은 쪽 끝, 밑동, 엉덩이   tangible 만져서 알 수 있는, 실체적인

Grammar
※ 명사 (관계사 목적격) S+V. 보통 명사 뒤에 S+V가 나오면 관계사 목적격이 생략된 것으로 보고 뒤에 S+V가 그 앞 명사를 수식하는 걸로 처리하면 된다.

people I cared about.

Not everyone is so easily thanked, however.

One of my greatest mentors was Andy van Dam, my computer science professor when I was at Brown. He gave me wise counsel. He changed my life. I could never adequately pay him back, so I just have to pay it forward.

I always liked telling my students: "Go out and do for others what somebody did for you." Riding down to Disney World, talking to my students about their dreams and goals, I was trying my best to do just that.

45

Send Out Thin Mints

AS PART of my responsibilities, I used to be an academic reviewer. That meant I'd have to ask other professors to read densely written research papers and review them. It could be tedious, sleep-inducing work. So I came up with an idea. I'd send a box of Girl Scout Thin Mints with every paper that needed to be reviewed. "Thank you for agreeing to do this," I'd write. "The enclosed Thin Mints are your reward. But no fair eating them until you review the paper."

That put a smile on people's faces. And I never had to call and nag them. They had the box of Thin Mints on their desks. They knew what they had to do.

적으로는 소중한 사람들과 경험을 나눌 수 있는 시간이었기에 더욱 완벽했다.

그렇지만 대부분의 경우 은혜를 되갚는 일이 결코 쉬운 것만은 아니다.

나의 위대한 멘토 중 한 명은 브라운대학에서 나를 가르쳤던 앤디 밴 댐 교수다. 그는 나에게 현명한 조언을 해주었다. 그는 내 인생을 바꾸었다. 결코 충분하게는 되갚을 수 없을 것이므로 나머지는 다른 이들에게 갚아야 할 것이다.

나는 언제나 내 학생들에게 이렇게 강조한다. "누군가 당신을 위해 했던 일을 당신도 다른 이들을 위해 하세요." 학생들과 함께 그들의 꿈과 목표에 대해 이야기하며 디즈니월드로 달리는 동안 나도 바로 그 일을 하기 위해 최선을 다하고 있었던 것이다.

45

민트 초콜릿을 보내라

대학에서 내가 맡은 일 가운데 하나는 아카데믹 리뷰였다. 이는 곧 다른 교수들에게 빽빽한 논문을 검토해달라고 부탁해야 한다는 뜻이었다. 논문 읽기는 지루하고 졸리는 일이었다. 그래서 나는 기지를 발휘했다. 검토가 필요한 모든 논문과 함께 걸스카우트 민트 초콜릿 한 박스를 보냈다. "이 일을 맡아주셔서 감사합니다." 그러고는 이렇게 적었다. "동봉한 민트 초콜릿은 그에 관한 보상입니다. 그렇지만 논문 검토 전에 먹어버리는 것은 온당하지 않겠죠."

이 행동은 사람들을 미소 짓게 했다. 덕분에 전화로 들볶을 필요가 없었다. 그들은 책상 위에 민트 초콜릿 한 박스가 있었다. 뭘 해야 하는지 잘 알고 있었다.

Vocab.
nag 잔소리하여 괴롭히다, 성가시게 하다 (cf. nagging 성가시게 잔소리하는

Grammar
※ need to be p.p. = need -ing. 이 문장의 경우 need to be reviewed를 need reviewing으로 바꿀 수 있다. ex) This plant needs to be watered. = This plant needs watering.

Sure, sometimes I had to send a reminder email. But when I'd ping people, all I needed was one sentence: "Did you eat the Thin Mints yet?"

I've found Thin Mints are a great communication tool. They're also a sweet reward for a job well done.

46
All You Have Is What You Bring With You

I'VE ALWAYS felt a need to be prepared for whatever situation I've found myself in. When I leave the house, what do I need to bring? When I teach a class, what questions should I anticipate? When I'm preparing for my family's future without me, what documents should I have in place?

My mother recalls taking me to a grocery store when I was seven years old. She and I got to the checkout counter, and she realized she'd forgotten a couple of items on her shopping list. She left me with the cart and she ran off to get what she needed.

"I'll be right back," she said.

She was gone just a few minutes, but in that time, I had loaded all the items on the belt and everything was rung up. I was left staring at the cashier, who was staring at me. The cashier decided to make sport of the situation. "Do you have money for me, son?" she said. "I'll

물론 가끔은 재촉하는 이메일을 보내기도 했다. 그러나 내가 사람들을 조를 때는 한마디면 충분했다. "민트 초콜릿 드셨나요?"

나는 민트 초콜릿이 훌륭한 소통 수단임을 알게 되었다. 잘 끝마친 일에 대한 달콤한 보상이기도 했지만.

46
당신이 준비한 것이 당신이 가진 전부다

나는 항상 어떤 상황에 처하든지 완벽한 준비가 필요하다고 믿으며 살아왔다. 집을 나설 때 가져가야 할 것은? 강의 중 예상되는 질문은? 우리 가족의 미래를 준비할 때 꼭 챙겨야 할 서류는?

어머니는 내가 일곱 살이었던 어느 날 식료품점에서 벌어진 일에 대해 말해주었다. 쇼핑을 마친 우리가 계산대에 이르렀을 때 어머니는 뒤늦게 목록에서 두어 가지 빠진 것을 알게 되었다. 어머니는 장바구니와 함께 나를 남겨두고 필요한 것을 가지러 달려갔다.

"바로 오마." 어머니가 말했다.

어머니는 고작 몇 분 동안 자리를 비웠겠지만 그동안 나는 모든 물건을 계산대 위에 올려놓았고 단숨에 지불할 돈의 총계가 나왔다. 나는 계산대 직원을 바라보았다. 그녀도 마찬가지였다. 마침내 계산원이 먼저 말을 걸기로 했다. "꼬마야, 계산

Vocab.
ping 인터넷이 되는지 테스트해보다, 이메일[문자]을 보내다 anticipate 예상하다, 기대하다 make sport of ~을 조롱하다, 놀리다

need to be paid."

I didn't realize she was just trying to amuse herself. So I stood there, mortified and embarrassed.

By the time my mom returned, I was angry. "You left me here with no money! This lady asked me for the money, and I had nothing to give her!"

Now that I'm an adult, you'll never catch me with less than $200 in my wallet. I want to be prepared in case I need it. Sure, I could lose my wallet or it could be stolen. But for a guy making a reasonable living, $200 is an amount worth risking. By contrast, not having cash on hand when you need it is potentially a much bigger problem.

I've always admired people who are over-prepared. In college, I had a classmate named Norman Meyrowitz. One day he was giving a presentation on an overhead projector and in the middle of his talk, the lightbulb on the projector blew out. There was an audible groan from the audience. We'd have to wait ten minutes until someone found a new projector.

"It's okay," Norm announced. "There's nothing to worry about."

We watched him walk over to his knapsack and pull something out. He had brought along a spare bulb for the overhead projector. Who would even think of that?

Our professor, Andy van Dam, happened to be sitting next to me. He leaned over and said, "This guy is going places." He had that right. Norm became a top executive at Macromedia Inc., where his efforts have affected almost everyone who uses the Internet today.

Another way to be prepared is to think negatively.

Yes, I'm a great optimist. But when trying to make a decision, I often think of the worst-case scenario. I call it "The Eaten By Wolves Factor." If I do something, what's the most terrible thing that could

할 돈이 있니?" 그녀가 재촉했다. "계산을 해야지."

나는 그녀가 장난을 걸고 있다는 사실을 깨닫지 못했다. 그래서 심한 굴욕감에 휩싸였고 당황해서 어쩔 줄 몰라 했다.

마침내 돌아온 어머니를 보자 화를 내고 말았다. "엄마는 나를 돈도 없이 내버려두셨어요! 이 아줌마가 계산을 하라고 했는데 나는 줄 게 아무것도 없었다고요!"

이제 성인이 되었으므로 나는 항상 지갑에 200불 이상을 넣어 다닌다. 비상 시를 대비해 준비해두는 것이다. 물론 지갑을 잃어버릴 수도 있고 도둑맞을 수도 있다. 그러나 먹고살 만큼은 돈을 버는 사람으로서 200불 정도는 손해를 봐도 될 만한 금액이다. 반대로 꼭 필요할 때 수중에 현금이 없다면 더욱 난처해질 것이다.

나는 늘 지나칠 정도로 준비가 철저한 사람을 존경해왔다. 대학 시절 노먼 메로위츠라는 이름의 과 친구가 있었다. 어느 날 그가 오버헤드 프로젝터를 사용해 과제 발표를 하고 있었는데 중간에 프로젝터의 전구가 나가버렸다. 그러자 앉아 있는 학생들 사이에서 웅성웅성 불만의 소리가 새어나왔다. 누군가 새 프로젝터를 가지고 올 때까지 적어도 10분 이상은 기다려야 했기 때문이다.

"괜찮아요." 노먼이 선포했다. "아무 문제 없어요."

우리는 그가 배낭에서 뭔가 꺼내는 것을 보았다. 오버헤드 프로젝터에 쓰이는 여분의 전구를 가지고 온 것이었다. 세상에 누가 그런 생각을 할까?

그때 내 옆자리에 앉아 있었던 앤디 밴 댐 교수가 내게 몸을 기울이며 속삭였다. "저 학생은 성공할 거야." 그는 바로 맞추었다. 노먼은 매크로미디어 주식회사의 최고경영자가 되어 인터넷 사용자 거의 모두에게 영향력을 행사하고 있다.

준비를 생활화하는 다른 방법은 모든 상황을 부정적으로 생각해보는 것이다.

물론 나는 대단한 낙관론자다. 하지만 어떤 결정이 필요할 때면 종종 최악의 상황을 머리에 그려보고는 한다. 나는 그것을 '늑대에 잡아먹힐 요인'이라고 부른다. 이 일을 할 때 일어날 수 있는 일 중 가장 최악의 경우는 어떤 것일까? 혹시 늑대에

Vocab.
mortify 굴욕을 느끼게 하다, 기분을 상하게 하다 embarrassed 어리둥절한, 당혹한, 창피한 potentially 가능성 있게, 잠재적으로, 어쩌면 audible 잘 들리는 groan 신음, 끙 하는 소리 knapsack 작은 배낭

Grammar
※ 부정+부정=강한 긍정. 본문을 직역하면 "200달러 이하를 가진 나를 잡지는 못할 것이다."이다. 이 뜻은 언제 날 잡아봐도 늘 200달러는 있다는 뜻.

V. IT'S ABOUT HOW TO LIVE YOUR LIFE

happen? Would I be eaten by wolves?

One thing that makes it possible to be an optimist is if you have a contingency plan for when all hell breaks loose. There are a lot of things I don't worry about because I have a plan in place if they do.

I've often told my students: "When you go into the wilderness, the only thing you can count on is what you take with you." And essentially, the wilderness is anywhere but your home or office. So take money. Bring your repair kit. Imagine the wolves. Pack a lightbulb. Be prepared.

47
A Bad Apology Is Worse Than No Apology

APOLOGIES ARE not pass/fail. I always told my students: When giving an apology, any performance lower than an A really doesn't cut it.

Halfhearted or insincere apologies are often worse than not apologizing at all because recipients find them insulting. If you've done something wrong in your dealings with another person, it's as if there's an infection in your relationship. A good apology is like an antibiotic; a bad apology is like rubbing salt in the wound.

Working in groups was crucial in my classes, and friction between students was unavoidable. Some students wouldn't pull their load.

게 잡아먹힌다면?

낙관론자가 되는 한 가지 조건은 어떤 혼란이 닥쳐도 해결이 가능한 긴급 대비책을 가지고 있어야 한다는 것이다. 나는 무슨 일이 벌어져도 거기에 따른 적절한 대책을 가지고 있기 때문에 수많은 걱정거리에서 벗어날 수 있었다.

나는 학생들에게 자주 당부한다. "황무지로 나갈 때 의지할 것은 너희가 지닌 것뿐이다." 본래 황무지란 집과 사무실을 제외한 그 어느 곳도 될 수 있는 법이다. 그러니 비상금을 챙겨라. 수리 장비를 가지고 가라. 늑대를 상상해보라. 전구를 집어넣어라. 최악의 경우에 대비해라.

47

무성의한 사과는 안 하느니만 못하다

사과하는 것은 합격만 하면, 또는 낙제만 면하면 되는 간단한 일이 아니다. 나는 언제나 학생들에게 말했다. 누군가에게 사과할 때는 A학점이 아니면 모두 낙제라고. 성의 없거나 진실하지 못한 사과는 안 하느니만 못하다. 사과를 받는 사람이 모욕을 느낄 수 있기 때문이다. 만약 당신이 다른 사람과의 관계에서 무언가를 잘못했다면 그건 당신과 그 사람 사이에 병균이 잠복해 있는 것과 같다. 이 경우 잘된 사과는 항생제가 된다. 잘못된 사과는 쓰린 상처에 소금을 문지르는 것이고.

내 수업에서 그룹 활동은 아주 중요했고 따라서 학생들 사이의 마찰은 피할 수 없는 부분이었다. 몇몇 학생들은 맡은 일을 다하지 않았다. 몇몇은 너무 자만심이

Vocab.
contingency 우연(성), 우발(성), 가능성, 뜻하지 않은 사고 halfheart 마음이 내키지 않는, 할 마음이[열의가] 없는, 냉담한 insincere 불성실한, 성의가 없는 recipient (어떤 것을) 받는 사람, 수령[수취]인 infection 감염, 전염병 antibiotic 항생(작용)의, 항생 물질의 friction 마찰, 저항

Others were so full of themselves that they'd belittle their partners. By mid-semester, apologies were *always* in order. When students wouldn't do it, everything would spin out of control. So I'd often give classes my little routine about apologies.

I'd start by describing the two classic bad apologies:

1) "I'm sorry you feel hurt by what I've done." (This is an attempt at an emotional salve*, but it's obvious you don't want to put any medicine in the wound.)

2) "I apologize for what I did, but you also need to apologize to me for what you've done." (That's not giving an apology. That's asking for one.)

Proper apologies have three parts:

1) What I did was wrong.
2) I feel badly that I hurt you.
3) How do I make this better?

Yes, some people may take advantage of you when answering question three. But most people will be genuinely appreciative of your make-good efforts. They may tell you how to make it better in some small, easy way. And often, they'll work harder to help make things better themselves.

Students would say to me: "What if I apologize and the other person doesn't apologize back?" I'd tell them: "That's not something you can control, so don't let it eat at you."

If other people owe you an apology, and your words of apology to them are proper and heartfelt, you still may not hear from them for a

강해서 파트너들을 얕보았다. 학기 중간쯤이 되면 언제나 누군가는 사과를 해야 할 일이 발생했다. 만약 학생들이 사과를 거부하면 모든 일에 통제가 힘들어진다. 그래서 나는 가끔씩 사과의 방법에 대한 짧은 수업을 하곤 했다.

나는 두 가지의 전형적인 나쁜 사과의 예부터 설명했다.

1) "내가 한 일로 상처받게 해서 미안해." (감정적인 위안을 주고자 하는 시도지만 그 상처에 어떤 약도 바르고 싶지 않은 게 분명해 보인다.)
2) "내가 한 일에 대해 사과할게. 그렇지만 너도 네가 한 일에 대해 나에게 사과를 할 필요가 있어." (이것은 사과를 하는 게 아니다. 사과를 하라고 몰아붙이는 것이다.)

적절한 사과는 다음과 같은 세 가지를 포함하고 있다.

1) 내가 한 일은 잘못됐어.
2) 너에게 상처를 준 점 미안하게 생각해.
3) 내가 어떻게 하면 좋을까?

물론 어떤 사람들은 3번에 답하면서 이득을 취하려는 태도를 보일 수도 있다. 그러나 대부분은 당신의 화해 시도에 진정으로 고마워할 것이다. 어쩌면 아주 쉬운 방법을 제시하는 것으로 3번 질문에 답할지도 모른다. 그러면서 그들 스스로 문제를 해결하려고 노력할 것이다.

학생들은 이런 질문도 했다. "나는 성심껏 사과를 했는데 그런데도 만약 상대방이 사과를 받지 않으면요?" 그럼 내가 단호하게 대답해준다. "그건 네가 어떻게 할 수 있는 문제가 아니야. 그러니 거기에 연연하지 마."

실제로 당신 또한 사과를 받아야 하는 상황이고 당신이 먼저 예의 바르고 진심에서 우러난 사과를 했는데도 상대방은 묵묵부답일 수 있다. 그것은 상대방이 당

Vocab.
belittle 하찮게 만들다 salve* (상처 등에 바르는) 연고 obvious 분명한 apologize 사과하다

Grammar
※ So 형용사/부사 that: 매우 ~해서 ~하다. 이때 so that S can/may/will(~하기 위해서)와 혼동하지 말 것. 포인트는 so와 that 사이에 어떤 단어가 있는가 없는가다.

while. After all, what are the odds that they get to the right emotional place to apologize at the exact moment you do? So just be patient. Many times in my career, I saw students apologize, and then several days later, their teammates came around. Your patience will be both appreciated and rewarded.

48

Tell the Truth

IF I could only give three words of advice, they would be "tell the truth." If I got three more words, I'd add: "All the time." My parents taught me that "you're only as good as your word," and there's no better way to say it.

Honesty is not only morally right, it's also efficient. In a culture where everyone tells the truth, you can save a lot of time double-checking. When I taught at the University of Virginia, I *loved* the honor code. If a student was sick and needed a makeup exam, I didn't need to create a new one. The student just "pledged" that he hadn't talked to anybody about the exam, and I gave the old one.

People lie for lots of reasons, often because it seems like a way to get what they want with less effort. But like many short-term strategies, it's ineffective long-term. You run into people again later, and they remember you lied to them. And they tell lots of other people about

신에게 사과를 할 감정적인 준비가 되어 있지 않기 때문이 아닐까? 그러니 인내해라. 오랜 시간 교수로 일한 경험으로 보면 학생들이 사과를 하고 며칠 지나면 반드시 팀원들도 마음을 열어주었다. 당신의 인내는 인정받고 보상받게 될 것이다.

48

진실을 말하라

만약 조언을 하려는데 오직 세 단어만 허용된다면 단연 '오직 진실을 말하라'를 택할 것이다. 세 글자가 더 허용된다면 거기에 '언제나'를 더하겠다. 부모님은 '말은 곧 네 자신이다'라고 가르쳤는데 방금 한 말에 관해 이보다 더 나은 설명은 없다.

정직함은 도덕적으로 옳을 뿐 아니라 효율적이기도 하다. 모두 진실만 말하는 세상에 산다면 재확인에 허비하는 많은 시간을 줄일 수 있다. 버지니아대학에서 일할 때 나는 명예규약 제도를 사랑했다. 한 학생이 아파서 시험을 제때 치르지 못해 재시험을 치러야 할 때 나는 새 시험문제를 만들지 않았다. 시험에 관해 누구와도 말하지 않았다는 맹세로 족했기에 예전 시험문제를 그대로 주었다.

사람들은 다양한 이유로 거짓말을 한다. 힘을 덜 들이고도 원하는 것을 얻을 수 있는 것처럼 보이기 때문이다. 그러나 수많은 단기 전략들이 그렇듯 장기적으로 보았을 때는 비효율적이다. 당신은 나중에 그 사람들을 다시 마주칠 것이고 그들은 당신이 거짓말한 것을 기억해낼 것이다. 그리고 다른 많은 사람들에게 당신에 대해

Grammar

※ not only(=just) A but (also) B: A뿐만 아니라 B도 역시. =B as well as A. 유명한 숙어인데 이 문장에서는 but이 빠졌다. 문법적 오류다. also는 부사라 생략가능하지만 접속사인 but은 생략하면 안 된다.

it. That's what amazes me about lying. Most people who have told a lie think they got away with it ... when in fact, they didn't.

49

Get in Touch with Your Crayon Box

PEOPLE WHO know me sometimes complain that I see things in black or white.

In fact, one of my colleagues would tell people: "Go to Randy if you want black-and-white advice. But if you want gray advice, he's not the guy."

OK. I stand guilty as charged, especially when I was younger. I used to say that my crayon box had only two colors in it: black and white. I guess that's why I love computer science, because most everything is true or false.

As I've gotten older, though, I've learned to appreciate that a good crayon box might have more than two colors. But I still think that if you run your life the right way, you'll wear out the black and the white before the more nuanced colors.

In any case, whatever the color, I love crayons.

At my last lecture, I had brought along several hundred of them. I wanted everyone to get one when they walked into the lecture hall, but in the confusion, I forgot to have the folks at the door pass them

이야기할 것이다. 그것이 바로 거짓의 놀라운 점이다. 거짓말을 한 대부분의 사람들은 교묘히 잘 피해왔다고 생각하지만, 사실은 그렇지 않았다는 것이다.

49
크레용과 친해져라

나를 아는 사람들은 가끔씩 내가 사물을 흑백논리로만 재단한다고 불평한다. 한 동료는 사람들에게 이렇게 말하기도 한다. "만약 흑이냐 백이냐 식의 극단적 조언이 필요하다면 랜디에게 가봐. 하지만 중간 정도가 필요하다면 랜디는 적합한 사람이 아니야."

그렇다. 인정한다. 특히나 젊었을 때는 더욱 그랬다. 내 크레용 상자에는 오직 두 가지 색깔밖에 없다고 말하곤 했다. 검은색과 흰색. 아마도 그래서 내가 컴퓨터과학을 사랑하는지 모르겠다. 이 분야에선 대부분의 사안이 진실 혹은 거짓으로만 결정지어지기 때문이다.

나이 들면서 나는 좋은 크레용 상자에는 두 가지 이상의 색이 들어 있다는 것에 감사하게 되었다. 하지만 나는 여전히 만약 당신이 인생을 올바르게 운용한다면 모호한 색깔이 닳아버리기 전에 검은색과 흰색을 먼저 써버리게 될 것이라고 믿는다.

어떤 경우든 혹은 어떤 색깔인지를 떠나서 나는 크레용을 아주 좋아한다.

마지막 강의에서 나는 색색의 수많은 크레용을 가지고 갔었다. 사람들이 강의실에 들어설 때 하나씩 가져가게 하고 싶었는데 혼란이 생겨서 문 앞에 나누어주는 사람을 배치하는 것을 잊어버렸다. 무척 안타까웠다. 원래 내 계획은 이런 것이었다. 어린 시절의 꿈에 대해 말할 순서가 오면 나는 거기 모인 모든 이들에게 눈을

Vocab.
nuance ~에 미묘한 차이를 덧붙이다, 뉘앙스를 띠게 하다. 색조, 미묘한 차이, 뉘앙스

out. Too bad. My plan was this: As I spoke about childhood dreams, I'd ask everyone to close their eyes and rub their crayons in their fingers—to feel the texture, the paper, the wax. Then I'd have them bring their crayons up to their noses and take a good long whiff. Smelling a crayon takes you right back to childhood, doesn't it?

I once saw a colleague do a similar crayon routine with a group of people, and it had inspired me. In fact, since then, I've often carried a crayon in my shirt pocket. When I need to go back in time, I put it under my nose and I take another hit.

I'm partial to the black crayon and the white crayon, but that's just me. Any color has the same potency. Breathe it in. You'll see.

50

The $100,000 Salt and Pepper Shaker

WHEN I was twelve years old and my sister was fourteen, our family went to Disney World in Orlando. Our parents figured we were just old enough to roam a bit around the park without being monitored. In those days before cell phones, Mom and Dad told us to be careful, picked a spot where we would meet ninety minutes later, and then they let us take off.

Think of the thrill that was! We were in the coolest place imaginable and we had the freedom to explore it on our own. We were also

감고 손에 쥔 크레용을 문질러보라고 부탁할 참이었다. 재질감을 느껴보고 종이의 감각을 느껴보고 종이 위에 칠해진 것을 느껴보라고. 그런 후에는 크레용을 들어 올려 코 앞에 갖다 대고 냄새를 길게 한 번 들이마셔 보라고 할 생각이었다. 크레용 냄새를 맡으면 누구라도 곧장 어린 시절로 돌아가지 않던가.

언젠가 한 동료가 모임에서 그 비슷한 크레용 의식을 하는 것을 보았는데 인상 깊었다. 그 후로부터 나는 와이셔츠 주머니에 크레용 하나를 넣어가지고 다녔다. 시간을 뒤로 되돌리고 싶어지면 나는 그것을 코 밑에 대고 냄새를 맡았다.

나는 검은색 크레용과 흰색 크레용을 편애하는 사람이지만 그건 나일 뿐이다. 어느 색이나 크레용의 효능은 같다. 들이마셔라. 그럼 알게 될 것이다.

50

10만 불짜리 소금과 후추 셰이커

내가 열두 살, 누나가 열네 살이었을 때 우리 가족은 올랜도의 디즈니월드에 갔었다. 부모님은 우리가 보호자의 감시 없이도 돌아다닐 나이가 됐다고 생각했다. 휴대폰도 없던 시절이었는데 한 시간 반 후에 만날 장소를 정하고 우리를 풀어주었다.

얼마나 스릴 넘치는 일인가! 우리는 상상할 수 있는 가장 멋진 장소에 와 있었고 우리 마음대로 모험할 자유를 부여받았다. 우리를 이런 멋진 곳에 데려와주고 자

Vocab.
feel the texture 감촉을 느껴보다 whiff* 한 번 불기, 확 풍기는 향기 partial 부분적인, 불완전한, ~을 매우 좋아하는 potency 효능, 효과, 영향력 roam 거닐다, 배회하다

Grammar
※ 현재완료와 빈출되는 since
① since+과거시점명사, S have p.p. → since는 전치사.
② since S 과거동사, S have p.p. → since는 접속사.

extremely grateful to our parents for taking us there, and for recognizing we were mature enough to be by ourselves. So we decided to thank them by pooling our allowances and getting them a present.

We went into a store and found what we considered the perfect gift: a ceramic salt and pepper shaker featuring two bears hanging off a tree, each one holding a shaker. We paid ten dollars for the gift, headed out of the store, and skipped up Main Street in search of the next attraction.

I was holding the gift, and in a horrible instant, it slipped out of my hands. The thing broke on impact. My sister and I were both in tears.

An adult guest in the park saw what happened and came over to us. "Take it back to the store," she suggested. "I'm sure they'll give you a new one."

"I can't do that," I said. "It was my fault. I dropped it. Why would the store give us another one?"

"Try anyway," the adult said. "You never know."

So we went back to the store ... and we didn't lie. We explained what happened. The employees in the store listened to our sad story, smiled at us ... and told us we could have a new salt and pepper shaker. They even said it was *their* fault because they hadn't wrapped the original salt and pepper shaker well enough! Their message was, "Our packaging should have been able to withstand a fall due to a twelve-year-old's overexcitement."

I was in shock. Not just gratitude, but disbelief. My sister and I left the store completely giddy*.

When my parents learned of the incident, it *really* increased their appreciation of Disney World. In fact, that one customer-service decision over a ten-dollar salt and pepper shaker would end up earning Disney more than $100,000.

유롭게 놀아도 좋다고 허락해준 부모님이 고맙기 그지없었다. 누나와 나는 서로의 용돈을 합해서 부모님에게 감사의 선물을 사드리기로 의견을 모았다.

우리는 한 가게에 들어가 더 이상 완벽할 수 없는 선물을 찾아냈다. 도자기로 구운 소금과 후추 셰이커였는데 곰 두 마리가 나무 대신에 셰이커 하나씩을 안고 있었다. 우리는 10불을 지불하고 가게를 나와 메인 스트리트를 걸어 올라갔다.

선물 꾸러미는 내가 들고 있었다. 그러나 어느 한순간에 끔찍하게도 그것이 내 손에서 미끄러져 바닥으로 떨어지고 말았다. 충격을 받은 셰이커 세트는 그만 깨져 버렸다. 누나와 나는 너무나 놀란 나머지 일제히 울음을 터뜨렸다.

지나가던 한 여성이 이 상황을 목격하고 우리에게 다가왔다. "가게로 다시 가져가는 게 좋겠다." 그녀가 제안했다. "분명히 새것으로 바꿔줄 거야."

"그렇게는 못해요. 이건 제 잘못이었어요. 제가 떨어뜨렸잖아요. 가게에서 왜 우리에게 새것을 주겠어요?" 내가 말했다.

"그래도 한번 시도해보렴." 그녀는 우리를 설득했다. "어떻게 될지 모르잖니."

그래서 가게로 들어갔고, 우리는 거짓말은 하지 않았다. 무슨 일이 있었는지 설명했다. 그 가게의 직원들은 우리의 슬픈 이야기를 다 듣고 난 후 우리를 보며 미소를 짓더니만, 마침내 다른 소금과 후추 셰이커로 바꿔가도 좋다고 말했다. 게다가 그들은 포장을 제대로 해주지 않았으니 이 일은 자신들의 잘못이라고까지 말해주었다! 그들이 하고자 했던 말은 "우리에게는 열두 살짜리 소년이 신 나게 놀다가 떨어뜨릴 경우에도 버틸 수 있게 포장해야 할 책임이 있다."라는 것이었다.

나는 충격을 받았다. 고마운 것은 당연했고 교환해준 것이 믿기지도 않았다. 누나와 나는 감격해서 가게를 나왔다.

우리에게 이 일을 전해들은 부모님은 그때부터 디즈니월드를 더욱 드높게 평가했다. 사실 10불에 불과했던 소금과 후추 셰이커를 바꿔주기로 결정하며 보여준 그들의 훌륭한 고객 서비스는 이후 디즈니에게 10만 불 이상의 돈을 벌어주기에 이르렀다.

Vocab.
mature 어른스러운, 분별 있는 pool 공동 부담하다, 함께하다, 모이다 allowance 충당금 disbelief 믿기지 않음, 불신감 giddy* 현기증 나는, 아찔한

Let me explain.

Years later, as a Disney Imagineering consultant, I would sometimes end up chatting with executives pretty high up the Disney chain of command, and wherever I could I would tell them the story of the salt and pepper shaker.

I would explain how the people in that gift shop made my sister and me feel so good about Disney, and how that led my parents to appreciate the institution on a whole other level.

My parents made visits to Disney World an integral part of their volunteer work. They had a twenty-two-passenger bus they would use to drive English-as-a-second-language students from Maryland down to see the park. For more than twenty years, my dad bought tickets for dozens of kids to go to Disney World. I went on most of those trips.

All in all, since that day, my family has spent more than $100,000 at Disney World on tickets, food and souvenirs for ourselves and others.

When I tell this story to today's Disney executives, I always end it by asking them: "If I sent a child into one of your stores with a broken salt and pepper shaker today, would your policies allow your workers to be kind enough to replace it?"

The executives squirm at the question. They know the answer: Probably not.

That's because nowhere in their accounting system are they able to measure how a ten-dollar salt and pepper shaker might yield $100,000. And so it's easy to envision that a child today would be out of luck, sent out of a store with empty hands.

My message is this: There is more than one way to measure profits and losses. On every level, institutions can and should have a heart.

무슨 이야기인지 설명을 해보겠다.

세월이 흘러 디즈니 이매지니어의 컨설턴트로 일할 때, 나는 가끔씩 디즈니 지휘 계통의 핵심 중역과 대화를 나눌 자리를 갖게 되었다. 그런 자리에서 나는 기회가 될 때마다 그들에게 소금과 후추 셰이커에 얽힌 이야기를 들려주곤 했다.

나는 그 선물가게의 사람들이 어떤 방식으로 우리에게 디즈니에 대한 좋은 인상을 심어주었는지 설명했다. 또 그 일을 계기로 완전히 다른 각도에서 디즈니의 진가를 평가하게 된 부모님에 대해서도 말해주었다.

나의 부모님은 당신들의 자원봉사에 빠져서는 안 될 필수적인 코스로 디즈니월드를 꼽았다. 부모님은 메릴랜드 출신의 비영어권 외국인 학생들을 22인용 버스에 태워 디즈니 공원으로 초대하는 일을 계속했다. 20년이 넘는 세월을 아버지는 그들을 위해 손수 디즈니월드 입장권을 구입했고 나는 거의 모든 여행에 따라나섰다.

그날부터 지금까지 우리 가족은 우리 자신 그리고 다른 이들을 위해 디즈니월드 입장권 음식과 기념품 등을 구입하는 데 총 10만 불 이상의 돈을 지불했다.

내가 현 디즈니 중역에게 이 이야기를 할 때면 마지막은 언제나 부탁으로 끝맺음을 한다. "만약 오늘 내가 한 아이의 손에 깨진 소금과 후추 셰이커를 들려서 디즈니의 선물가게 중 하나에 보낸다면 어떨까요? 디즈니의 방침은 직원들로 하여금 친절한 태도로 다른 것을 내주도록 허락하는 것입니까?"

중역들은 질문을 받으면 대개 당황한다. 그들은 답을 알까. 아마 아닐 것이다.

디즈니의 어떤 회계 시스템도 10불짜리 소금과 후추 셰이커가 어떻게 10만 불을 벌어들일 수 있는지 측정하지 못하기 때문이다. 그러니 요즘에는 행운을 맛보지 못한 어린아이가 빈손으로 가게를 걸어 나오는 장면을 쉽게 상상할 수 있다.

손해와 이익을 계산하는 방법은 하나만 있는 것이 아니다. 디즈니 같은 기업들은 손익 계산의 각 단계에서 보이지 않는 가치를 충분히 평가할 수 있으며 또 꼭 그래야만 한다는 것이 내가 하고 싶은 말이었다.

어머니는 아직도 그 10만 불짜리 소금과 후추 셰이커를 간직하고 있다. 디즈니

Vocab.
institution 협회, 학회 integral 완전한, 완전체의, 필수의 squirm (벌레처럼) 꿈틀거리며 나아가다, 몹시 당혹하다

Grammar
※ 연어법. 영어에서는 그냥 visit만 써도 '방문하다'인데 make a visit이라 늘려 쓰는 경우가 있다. 이를 연어법이라 한다. make a presentation(발표하다), make a promise(약속하다), make a reservation(약속하다), make an attempt(시도하다) 등.

My mom still has that $100,000 salt and pepper shaker. The day the folks at Disney World replaced it was a great day for us ... and not a bad one for Disney!

51
No Job Is Beneath You

IT'S BEEN well-documented that there is a growing sense of entitlement among young people today. I have certainly seen that in my classrooms.

So many graduating seniors have this notion that they should be hired because of their creative brilliance. Too many are unhappy with the idea of starting at the bottom.

My advice has always been: "You ought to be thrilled you got a job in the mailroom. And when you get there, here's what you do: Be really great at sorting mail."

No one wants to hear someone say: "I'm not good at sorting mail because the job is beneath me." No job should be beneath us. And if you can't (or won't) sort mail, where is the proof that you can do anything?

After our ETC students were hired by companies for internships or first jobs, we'd often ask the firms to give us feedback on how they were doing. Their bosses almost never had anything negative to say about their abilities or their technical chops. But when we did get

월드의 직원들이 새것을 내준 그날은 아주 멋진 날이었다. 디즈니에게도 나쁜 날은 아니었을 것이다!

51
직업에는 귀천이 없다

요즘의 젊은이들이 '자리'를 점점 더 중요하게 생각한다는 것은 충분히 입증되어 온 사실이다. 나도 강의실에서 확실히 그런 것을 경험했다.

졸업을 앞둔 많은 학생들이 자신의 탁월한 창의력 정도면 대단한 회사에 고용되는 것이 당연하다는 생각을 갖고 있다. 대다수 학생들은 밑바닥부터 시작하라고 하면 불만을 표현한다.

그럴 때마다 항상 내가 하는 말이 있다. "너희가 회사의 메일룸에 고용된다 해도 마땅히 기뻐해야 해. 그때 너희가 할 일은 이것 하나야. 우편물 분류작업에 능숙해지는 것."

누구라도 이런 불평을 받아들이지 않을 것이다. "이건 나에 비해 너무나 하찮은 일이어서 우편물 분류 따위는 잘하고 싶지 않아." 그 어떤 직업도 우리보다 하찮은 것은 없다. 그리고 만약 당신이 우편물을 분리할 수 없다면(혹은 하지 않을 것이라면) 당신이 다른 일을 잘할 것이라는 보장은 어디에 있는가?

ETC 센터의 학생들이 인턴의 신분으로나 첫 직장으로 회사에 고용이 되고 나면 우리는 회사에 학생들의 근무 평가서를 보내줄 것을 부탁하곤 한다. 그들의 상사들은 거의 대부분의 경우 그들의 업무 능력이나 전문적인 수준에는 어떤 부정적인 평가도 하지 않는다. 부정적인 평가가 나오는 경우는 대개 신입 직원들이 분수를

negative feedback, it was almost always about how the new employees were too big for their britches. Or that they were already eyeing the corner offices.

When I was fifteen, I worked at an orchard hoeing strawberries, and most of my coworkers were day laborers. A couple of teachers worked there, too, earning a little extra cash for the summer. I made a comment to my dad about the job being beneath those teachers. (I guess I was implying that the job was beneath me, too.) My dad gave me the tongue-lashing of a lifetime. He believed manual labor was beneath no one. He said he'd prefer that I worked hard and became the best ditch-digger in the world rather than coasting along as a self-impressed elitist behind a desk.

I went back into that strawberry field and I still didn't like the job. But I had heard my dad's words. I watched my attitude and I hoed a little harder.

52

Know Where You Are

"OK, PROFESSOR Boy, what can you do for us?"

That was the greeting I received from Mk Haley, a twenty-seven-year-old Imagineer who was given the job of babysitting me during my sabbatical at Disney.

모르고 대단히 건방지다는 것이었다. 아니면 그들이 벌써부터 더 좋은 자리를 노리고 있다는 것이었다.

내가 열다섯 살이었을 때 나는 과수원에서 딸기를 따는 일을 했다. 나와 같이 일하는 사람들은 대부분 일용직이었다. 교사 두어 명도 그곳에서 일했는데 여름 휴가 경비를 벌기 위해서였다. 나는 아버지에게 선생님들이 하기에는 그 일이 너무 하찮다고 말했다. (사실 그 말 속에는 이 일은 내가 하기에도 하찮다는 뜻을 담고 있었을 것이다.) 아버지는 한 번도 본 적이 없던 모습으로 호되게 나를 꾸짖었다. 아버지는 육체노동은 어떤 사람에게도 비천한 일이 아니라고 믿었다. 그는 내가 열심히 일해서 세계 최고의 노동자가 되는 것이 자만심 가득한 엘리트로 주변을 겉도는 것보다 훨씬 좋은 일이라고 말했다.

나는 다시 딸기 밭으로 돌아갔지만 여전히 일을 좋아하지는 않았다. 그러나 아버지의 말씀을 새겨들었기에 몸가짐을 조심하고 조금은 더 열심히 딸기를 땄다.

52

당신의 위치를 파악하라

"자, 교수 양반 우리를 위해서 뭘 할 수 있지요?"

이 말은 디즈니에서 안식년을 지내는 동안 나를 보살펴줄 임무를 받은 스물일곱 살의 이매지니어 M. K. 헤일리가 내게 던진 환영인사였다.

Vocab.
too big for their britches 분수를 모르는, 건방진 hoe 괭이로 파다(갈다, 제초하다) tongue-lashing 호된 꾸짖음 ditch-digger 수로(도랑, 배수구)를 파는 사람 elitist 엘리트주의자

Grammar
※ 분사구문. S+V ~, -ing/p.p. 앞 문장 주어가 동작을 하면 -ing, 동작이 되어지면 p.p.를 쓰는데 주로 -ing가 빈출된다.

I had arrived in a place where my academic credentials meant nothing. I became a traveler in a foreign land who had to find a way to come up with the local currency—fast!

For years, I've told my students about this experience because it's a crucial lesson.

Although I had achieved my childhood dream of being an Imagineer, I had gone from being the top dog in my academic research lab to an odd duck in a rough-and-tumble pond. I had to figure out how my wonky* ways could fit in this make-or-break creative culture.

I worked on the Aladdin virtual reality attraction then being tested at Epcot. I joined Imagineers interviewing guests about how they liked the ride. Did they get dizzy, disoriented, nauseated?

Some of my new colleagues complained that I was applying academic values that wouldn't work in the real world. They said I was too focused on poring over data, too insistent on approaching things scientifically rather than emotionally. It was hard-core academia (me) versus hard-core entertainment (them). Finally, though, after I figured out a way to save twenty seconds per guest by loading the ride differently, I gained some street cred with those Imagineers who had their doubts about me.

The reason I tell this story is to emphasize how sensitive you need to be when crossing from one culture to another—in my students' cases, from school to their first job.

As it turned out, at the end of my sabbatical, Imagineering offered me a full-time job. After much agonizing, I turned it down. The call of teaching was too strong. But because I'd figured out how to navigate in both academia and the entertainment industry, Disney found a way to keep me involved. I became a once-a-week consultant to Imagineering, which I did happily for ten years.

나는 마침내 나의 학문적 권위가 아무 소용없는 곳에 도착한 것이었다. 외국에 첫발을 들여놓고 그 지역 화폐단위를 빨리 파악해야 하는 여행자가 된 셈이다.

수년 동안 나는 학생들에게 이 경험에 대해 이야기했다. 중요한 교훈을 담고 있기 때문이었다.

비록 어린 시절에 꿈꾸었던 이매지니어가 되기는 했지만 대학 연구실에서는 대장으로 지내다가 이 혼란스러운 연못에서는 졸지에 한 마리 기이한 오리가 되어버린 기분이었다. 당장 나는 어떻게 하면 나의 이 고지식한 방식을 가지고 독창적인 아이디어로 생사를 다투는 세계와 조화를 이룰지 고민해야 했다.

나의 일은 알라딘 가상현실 프로젝트를 개발하여 앱콧센터에서 테스트를 받는 것이었다. 나는 고객들의 의견을 묻는 인터뷰 과정에 이매지니어와 함께 참여했다. 그들이 어지러웠는지, 방향감각을 잃지는 않았는지, 구토가 나려했는지 등을 물었다.

나의 새로운 동료 중 일부는 내가 현실 세계에서는 쓸모가 없는 학구적인 가치를 적용하고 있다고 불평했다. 그들은 내가 데이터를 탐독하는 데 너무 치중하며 감정적인 면은 무시한 채 매사에 과학적으로만 접근한다고 말했다. 그것은 학문적 하드코어(나)와 엔터테인먼트적 하드코어(그들) 간의 격돌이었다. 그러다가 마침내 내가 놀이기구 장치를 다른 식으로 조작해 고객마다 20초씩의 로딩시간을 줄이는 방법을 찾아내고 나서야 나에게 의심을 품던 이매지니어에게서 약간의 신임을 얻을 수 있었다.

내가 이 말을 하는 이유는 한 문화에서 다른 문화로 건너갈 때 얼마나 주의해야 하는지 강조하기 위해서다. 학생이라면 학교에서 첫 직장으로 건너갈 때일 것이다.

결과적으로는 안식년이 끝나갈 즈음 이매지니어링 부서에서 정식 고용을 제안했다. 심각한 고민 끝에 나는 제안을 거절했다. 내게는 교육에 대한 사명감이 더 강렬했다. 하지만 나는 경험을 통해 학문과 엔터테인먼트 산업 두 분야 사이를 항해하는 법을 터득했으며, 디즈니는 내가 계속해서 그 일에 참여할 수 있게 배려했다. 나는 일주일에 한 번 이매지니어링 부서의 컨설턴트가 되었고 10년 동안 행복하게 일했다.

Vocab.
credential 자격 증명서, 성적 증명서 wonky* 불안정한, 기우뚱한 dizzy 현기증 나는, 아찔한 disoriented 혼란에 빠진, 방향 감각을 잃은 nauseate 욕지기나(게 하다), 메스껍게 하다 pore over something 세세히 보다[읽다] street cred (특히 도시에 살고 문제를 겪은 적이 있는) 청소년들에게 통하는 행동 방식 agonizing 고뇌하게 하는, 괴로워하는 turn somebody/something down ~을 거절[거부]하다

Grammar
※ The reason (why) S+V: ~하는 이유. 관계부사 why가 생략된 문장. 관계부사도 형용사절 접속사이므로 뒤의 S+V는 앞의 reason을 수식하게 해석해야 한다.

If you can find your footing between two cultures, sometimes you can have the best of both worlds.

53

Never Give Up

WHEN I was a senior in high school, I applied to Brown University and didn't get in. I was on the wait list. I called the admissions office until they eventually decided they might as well accept me. They saw how badly I wanted in. Tenacity got me over the brick wall.

When it was time to graduate from Brown, it never occurred to me in a million years to go to graduate school. People in my family got an education and then got jobs. They didn't keep getting an education.

But Andy van Dam, my "Dutch uncle" and mentor at Brown, advised me, "Get yourself a PhD. Be a professor."

"Why should I do that?" I asked him.

And he said: "Because you're such a good salesman, and if you go work for a company, they're going to use you as a salesman. If you're going to be a salesman, you might as well be selling something worthwhile, like education."

I am forever grateful for that advice.

Andy told me to apply to Carnegie Mellon, where he had sent a long string of his best students. "You'll get in, no problem," he said.

만약 당신이 두 문화 사이에서 당신만의 자리를 찾아낸다면 두 세계의 좋은 점 전부를 당신 것으로 만들 수 있을 것이다.

53

절대 포기하지 마라

고등학교 졸업을 앞두고 나는 브라운대학에 지원했으나 합격하지 못했다. 내 이름은 대기자 명단에 있었다. 나는 입학 담당 관계자들이 나를 받아들이기로 결정할 때까지 계속해서 전화를 걸었다. 그들은 내가 얼마나 입학을 원하는지 알 수 있었을 것이다. 불굴의 의지가 나로 하여금 장벽을 넘게 해주었다.

브라운대학을 졸업할 무렵의 나는 대학원 진학은 상상도 하지 않고 있었다. 주변의 가족, 친지, 모두 졸업을 하고 나면 직장을 구했다. 그들은 계속해서 교육만 받지 않았다.

그러나 나의 '네덜란드 삼촌'이자 멘토인 브라운의 앤디 밴 댐은 "박사학위를 따서 교수가 돼라."고 조언했다.

"제가 왜 그래야 하죠?" 그에게 물었다.

그러자 그가 대답했다. "너는 아주 훌륭한 세일즈맨이기 때문에 네가 만약 회사에 들어가면 그들은 너를 세일즈맨으로만 사용하고 말 거야. 세일즈맨이 되어야 한다면 기왕이면 무언가 가치 있는 것을 팔게 되면 좋지 않을까. 교육처럼 말이다."

나는 그의 조언에 영원히 감사한다.

앤디 교수는 자신의 뛰어난 제자들을 연이어 보내고 있는 카네기멜론대학의 박사과정에 나 역시 지원해보라고 권했다. "너는 문제없이 합격할 거야." 그가 말했다.

He wrote me a letter of recommendation.

The Carnegie Mellon faculty read his glowing letter. They saw my reasonable grades and my lackluster graduate-exam scores. They reviewed my application.

And they rejected me.

I was accepted into other PhD programs, but Carnegie Mellon didn't want me. So I went into Andy's office and dropped the rejection letter on his desk. "I want you to know how much Carnegie Mellon values your recommendations," I said.

Within seconds of the letter hitting his desk, he picked up the phone. "I'll fix this. I'll get you in," he said.

But I stopped him. "I don't want to do it that way," I told him.

So we made a deal. I would check out the schools that accepted me. If I didn't feel comfortable at any of them, I'd come back to him and we'd talk.

The other schools ended up being such a bad fit that I soon found myself returning to Andy. I told him I had decided to skip graduate school and get a job.

"No, no, no," he said. "You've got to get your PhD, and you've got to go to Carnegie Mellon."

He picked up the phone and called Nico Habermann, the head of Carnegie Mellon's computer science department, who also happened to be Dutch. They talked about me in Dutch for a while, and then Andy hung up and told me: "Be in his office at 8 a.m. tomorrow."

Nico was a presence: an old-school, European-style academic. It was clear our meeting was only happening as a favor to his friend Andy. He asked me why he should be reconsidering my application, given that the department had already evaluated me. Speaking carefully, I said, "Since the time that I was reviewed, I won a full fellow-

그는 내게 추천장도 써주었다.

카네기멜론대학의 교수진은 앤디의 열렬한 추천장을 읽었다. 그들은 나의 적당한 학점도 보았고 빛이 나지 않는 대학원 입학시험 점수도 보았다. 그들은 나의 원서를 검토했다.

그리고 나를 떨어뜨렸다.

다른 대학의 박사과정에는 합격했지만 카네기멜론대학은 나를 원치 않았다. 그래서 나는 앤디 교수의 연구실로 찾아가 그의 책상 위에 불합격 통지서를 불쑥 내밀었다. "보세요. 카네기멜론대학에서는 교수님의 추천서도 도움이 되지 않았어요."

앤디는 당장 전화기를 집어 들었다. "내가 처리하지. 내가 책임지고 합격시키마."

그러나 나는 그를 말렸다. "그렇게는 하고 싶지 않아요."

그래서 우리는 거래를 했다. 나는 일단 합격통지서를 보내준 학교들을 둘러보고 오기로 했다. 그중 어떤 대학도 마음에 들지 않으면 그때 다시 이야기하기로 약속했다.

다른 학교들은 결국 나와는 잘 맞지 않았다. 다시 앤디를 찾아갔다. 나는 그에게 대학원은 포기하고 직장을 구하기로 결정했다고 말했다.

"안 돼, 안 돼, 안 돼." 그가 말했다. "너는 꼭 박사학위를 가져야 해. 그리고 너는 반드시 카네기멜론대학에 가야만 해."

그는 카네기멜론대학의 컴퓨터과학부 학과장 니코 하버만(역시 네덜란드인이다)에게 전화를 걸었다. 그들은 잠시 나에 관해 네덜란드어로 이야기하고는 전화를 끊었다. 앤디가 말했다. "내일 아침 여덟 시에 그의 사무실로 가봐."

니코 하버만 학과장은 보수적인 유럽 스타일의 학자였다. 그는 친구인 앤디 교수에 대한 호의 때문에 나를 만나주는 것이 분명했다. 그는 이미 담당부서에서 평가가 끝난 원서를 왜 재고해봐야 하는지 물었다. 나는 조심스럽게 말문을 열었다. "카네기멜론대학에 원서를 보내고 난 후 미해군연구소로부터 학비 전액을 지원받는

Vocab.
lackluster 광택[윤]이 없는, (눈 등이) 흐리멍덩한, 활기 없는　as a favor 호의로

ship from the Office of Naval Research." Nico replied gravely, "Having money isn't part of our admissions criteria; we fund our students out of research grants." And then he stared at me. More precisely, he stared *through* me.

There are a few key moments in anyone's life. A person is fortunate if he can tell in hindsight when they happened. I knew in the moment that I was in one. With all the deference my young, arrogant self could muster, I said "I'm sorry, I didn't mean to imply it was about the money. It's just that they only awarded fifteen of these fellowships nationwide, so I thought it an honor that would be relevant, and I apologize if that was presumptuous of me."

It was the only answer I had, but it was the truth. Very, very slowly, Nico's frozen visage* thawed and we talked for a few minutes more.

After meeting with several other faculty, I ended up being accepted by Carnegie Mellon, and I got my PhD. It was a brick wall surmounted with a huge boost from a mentor and some sincere groveling*.

Until I got on stage at my last lecture, I had never told students or colleagues at Carnegie Mellon that I had been rejected when I applied there. What was I afraid of? That they'd all think I wasn't smart enough to be in their company? That they'd take me less seriously?

It's interesting, the secrets you decide to reveal at the end of your life.

I should have been telling that story for years, because the moral is: If you want something bad enough, never give up (and take a boost when offered).

Brick walls are there for a reason. And once you get over them—even if someone has practically had to throw you over—it can be helpful to others to tell them how you did it.

장학생으로 선발되었습니다." 니코는 근엄하게 대답했다. "돈이 있나 없나는 우리 대학의 입학 기준이 아닙니다. 우리는 연구비 외에도 학생들을 지원해주는 제도가 있습니다." 그러고는 나를 빤히 쳐다보았다. 더 정확하게는 꿰뚫어보려는 듯했다.

누구의 인생에나 몇 번의 절대적인 순간들이 있다. 대개는 일이 다 끝난 후에야 깨닫게 된다. 그것만으로도 충분히 운이 좋은 것인데 나는 바로 그 순간의 와중에 지금이 바로 그때라는 것을 알 수 있었다. 젊고 자만에 찼던 나는 할 수 있는 모든 힘을 다해 경의를 표했다. "죄송합니다. 돈 때문이라는 의미는 아니었습니다. 미해군 연구소의 지원금은 전국에서 뽑힌 15명에게만 주어지는 것이니 의미 있는 영예라 생각되어 말씀드린 것입니다. 제가 너무 주제넘었다면 사과드립니다."

내가 할 수 있는 유일한 대답이었지만 그 말은 진심이었다. 아주 조금씩 정말 천천히 니코의 차가운 얼굴이 따뜻해졌다. 우리는 몇 분 동안 더 이야기를 나누었다.

다른 몇 명의 교수들과의 면담이 있은 후 나는 결국 입학 허가를 받았고 박사학위를 따냈다. 멘토의 거대한 후원과 나의 진심어린 굴복이 극복해낸 장벽이었다.

마지막 강의를 하기 위해 강단에 오를 때까지 나는 카네기멜론대학의 학생들이나 동료들에게 한 번도 이런 이야기를 털어놓지 않았다. 무엇이 두려웠던 것일까? 그들이 나를 함께 일하기엔 너무 모자란 사람이라고 생각하는 것? 그들 사이에서 시시한 사람으로 통하는 것?

인생의 마지막을 앞두고서야 드러내기로 한 비밀이란 참 흥미로운 것이다.

나는 이 경험을 계속해서 이야기했어야 옳았다. 만약 당신이 무언가를 절실하게 원한다면 절대 포기하지 말라는 교훈이 담겨 있기 때문이다. (그리고 후원이 제공될 때는 기꺼이 받아들여라.)

우리 앞에 장벽이 나타나는 것에는 다 이유가 있다. 그리고 당신이 그것을 넘게 되면—비록 실질적으로는 다른 누군가가 당신을 밀어서 넘겨줬다 하더라도—당신이 어떻게 그 일을 해냈는지 이야기함으로써 다른 이에게 도움이 될 수 있다.

Vocab.
criteria 표준, 기준 (criterion의 복수형) hindsight (일이 다 벌어진 뒤에) 사정을 다 알게 됨, 뒤늦은 깨달음 presumptuous 주제넘은, 건방진 visage* 얼굴, 얼굴 모습 thaw 녹다, 누그러지다 surmount 오르다, 타고 넘다, 극복하다 grovel* 기다, 넙죽 엎드리다, 굴복하다

Grammar
※ should have p.p.: ~했어야 했는데. 과거에 하지 않은 일에 대한 후회나 유감을 나타낸다. must have p.p.(~였음에 틀림없다), might/may have p.p.(~이었을지 모른다) 등도 알아두자.

54

Be a Communitarian

WE'VE PLACED a lot of emphasis in this country on the idea of people's *rights*. That's how it should be, but it makes no sense to talk about rights without also talking about responsibilities.

Rights have to come from somewhere, and they come from the community. In return, all of us have a responsibility to the community. Some people call this the "communitarian" movement, but I call it common sense.

This idea has been lost on a lot of us, and in my twenty years as a professor, I've noticed more and more students just don't get it. The notion that rights come with responsibilities is, literally, a strange concept to them.

I'd ask students to sign an agreement at the start of each semester, outlining their responsibilities and rights. They had to agree to work constructively in groups, to attend certain meetings, to help their peers by giving honest feedback. In return, they had the right to be in the class and to have their work critiqued and displayed.

Some students balked at my agreement. I think it's because we as adults aren't always great role models about being communitarians. For example: We all believe we have a right to a jury trial. And yet many people go to great lengths to get out of jury duty.

54
공동체주의자가 되어라

  이 나라에서는 국민의 권리를 아주 많이 강조하고 있다. 마땅히 그래야 하지만 의무에 대한 논의는 제외하고 권리에 대해서만 이야기한다는 것은 말이 안 된다.
  권리는 어딘가에서 주어지는 것이고 그 어딘가는 바로 공동체. 그 대신에 우리 모두는 공동체에 대한 의무가 있다. 어떤 사람들은 이것을 '공동체주의' 운동이라고 부르지만 나는 이것을 상식이라 부른다.
  많은 사람들이 이러한 개념을 잃어가고 있다. 교수로 지내온 20년을 돌아보면 이런 점을 제대로 이해조차 못하는 학생들이 점차 늘고 있음을 알 수 있다. 권리란 의무와 함께 일컬어져야 한다는 말 자체가 그들에게는 낯선 발상인 것이다.
  나는 매 학기 초 학생들에게 그들의 의무와 권리를 설명하는 동의서에 서명할 것을 부탁하고는 했다. 그들은 팀 안에서 적극적으로 일하고 회의에 참석하며 솔직한 평가를 나눔으로써 학우들을 돕는 것에 동의해야만 했다. 그에 대한 보답으로 그들에게는 수업을 들을 수 있고 그들의 결과물을 평가받고 전시할 수 있는 권리가 주어졌다.
  어떤 학생들은 나의 동의서를 탐탁지 않게 여겼다. 이는 우리 어른들이 그들에게 공동체주의자로서의 훌륭한 모델이 되지 못했기 때문이라고 생각한다. 예를 들어 우리는 배심원 재판을 받을 권리가 있다고 믿는다. 그럼에도 불구하고 많은 사람들은 배심원 의무를 피하기 위해 무슨 짓이든지 한다.

Vocab.
in return (~에 대한) 보답[답례]으로, 대신에 critique 비평, 비판, 평론, 비평하다 balk 방해하다, 좌절시키다
communitarian 공산 사회[단체]의 (일원)

Grammar
※ call 목적어+목적보어(명사). 5형식 구조로, 목적보어에 명사를 써서 목적어와 일치된다. 'call+사람'은 '전화를 걸다'라고 3형식 구조. call처럼 5형식 목적보어 구조를 가지는 elect, appoint, consider 등도 알아두자.

So I wanted my students to know. Everyone has to contribute to the common good. To not do so can be described in one word: selfish.

My dad taught this to us by example, but he also looked for novel ways to teach it to others. He did something very clever when he was a Little League baseball commissioner.

He had been having trouble rounding up volunteer umpires. It was a thankless job, in part because every time you called a strike or a ball, some kid or parent was sure you got it wrong. There was also the issue of fear: You had to stand there while kids with little or no control flailed* their bats and threw wild pitches at you.

Anyway, my dad came up with an idea. Instead of getting adults to volunteer, he had the players from the older-age divisions serve as umpires for the younger kids. He made it an honor to be selected as an ump.

Several things happened as a result of this.

The kids who became umpires understood how hard a job it was and hardly ever argued with umpires again. They also felt good that they were lending a hand to the kids in the younger divisions. Meanwhile, the younger kids saw older role models who had embraced volunteering.

My dad had created a new set of communitarians. He knew: When we're connected to others, we become better people.

그래서 나는 학생들에게 알리고 싶었다. 모두가 공익을 위해 기여해야 한다. 그렇게 하지 않는 태도는 오직 한 단어로만 설명될 수 있다. 이기심. 아버지는 그가 모범이 되어 우리에게 이것을 가르쳤지만 그는 다른 사람들에게도 가르칠 수 있는 참신한 방법을 찾으려 애썼다. 아버지는 소년 야구 리그 감독관 직책을 맡고 있을 때 매우 기발한 아이디어를 실행에 옮겼다.

당시 그는 자원 심판관들을 모으는 데 어려움을 겪고 있었다. 사실 보람 없는 일이기는 했다. 스트라이크나 볼을 외치는 순간마다 심판관이 명백하게 틀렸다고 나서는 아이나 부모가 꼭 있기 때문이었다. 두려움도 문제가 될 수 있었다. 조절 능력이 없는 어린아이들이 방망이를 휘두르며 심판을 향해 거칠게 공을 날리는 동안에도 그들은 꼼짝없이 거기 서 있어야 하는 까닭이었다.

어쨌든 아버지는 좋은 아이디어를 떠올렸다. 어른 지원자를 모으는 대신 그는 더 나이가 많은 아이들로 이루어진 리그의 선수들을 심판으로 뽑았다. 아버지는 그들이 심판으로 선발된 것을 자랑스럽게 여기도록 만들었다.

그 결과로 많은 일들이 일어났다.

심판을 맡아본 아이들은 이 일이 얼마나 어려운지를 깨닫고 다시는 심판에게 대들지 않게 되었다. 더불어 자기보다 나이 어린 동생들 리그에 힘이 되어준다는 사실을 자랑스럽게 생각했다. 그러는 동안 어린아이들은 기꺼이 지원하는 형들을 역할 모델로 삼게 되었다.

아버지는 새로운 무리의 공동체주의자를 만들어낸 것이었다. 그는 알고 있었다. 우리가 다른 사람들과 결합되었을 때 우리는 보다 나은 사람이 된다는 것을.

Vocab.
umpire 심판(자), 중재자, 판정자   flail* 도리깨질하다, 휘두르다

55

All You Have to Do Is Ask

ON MY dad's last trip to Disney World, he and I were waiting for the monorail with Dylan, who was then four years old. Dylan had this urge to sit in the vehicle's cool-looking nose-cone, with the driver. My theme-park-loving father thought that would be a huge kick, too.

"Too bad they don't let regular people sit up there," he said.

"Hmmmm," I said. "Actually, Dad, having been an Imaginer, I've learned that there's a trick to getting to sit up front. Do you want to see it?"

He said sure.

So I walked over to the smiling Disney monorail attendant and said: "Excuse me, could the three of us please sit in the front car?"

"Certainly, sir," the attendant said. He opened the gate and we took our seats beside the driver. It was one of the only times in my life I ever saw my dad completely flabbergasted*. "I said there was a trick," I told him as we sped toward the Magic Kingdom. "I didn't say it was a *hard* trick."

Sometimes, all you have to do is ask.

I've always been fairly adept at asking for things. I'm proud of the time I got up my courage and contacted Fred Brooks Jr., one of the most highly regarded computer scientists in the world. After

55
당신은 묻기만 하면 된다

아버지의 마지막 디즈니월드 여행 때 아버지와 나는 네 살이었던 딜런과 함께 모노레일을 기다리고 있었다. 딜런은 열차의 앞쪽 멋있게 생긴 원추형 머리 부분에 운전사와 함께 앉고 싶어 했다. 나의 놀이공원 애호가 아버지도 대단한 스릴을 느낄 것이라며 딜런에게 동의했다.

"하지만 일반 관객들은 거기에 앉지 못한다는구나." 그가 말했다.

"흐음." 내가 나섰다. "사실 말이에요 아버지 이매지니어를 해보니까 이런 일에는 요령이 필요하더군요. 한번 보시겠어요?"

그는 물론이라고 대답했다.

그래서 나는 미소 짓고 있는 디즈니 모노레일 안내원에게 다가가 말했다. "실례합니다. 우리 세 명이 첫 번째 칸에 앉을 수 있도록 부탁드려도 될까요?"

"물론입니다, 손님." 안내원이 말했다. 그는 게이트를 열었고 우리는 운전석 옆에 자리를 잡았다. 내 인생에서 아버지가 이렇게 깜짝 놀라는 모습을 본 건 그때가 유일했다. 우리가 매직 킹덤을 향해 속력을 내고 있을 때 내가 말했다. "요령이 있다고만 했지 어려운 요령이라고 말한 적은 없어요."

가끔씩 당신은 그저 물어보기만 하면 된다.

나는 묻는 것에 꽤 숙달된 사람이었다. 나는 용기를 내어 컴퓨터과학 분야의 세계적인 권위자 프레드 브룩스 주니어에게 연락을 했던 일을 자랑스럽게 생각한다.

Vocab.

nose-cone (로켓 등의) 원추형의 머리 부분 flabbergast* 깜짝 놀라게 하다, 어리둥절하게 하다 regard 간주하다, ~으로 여기다

beginning his career at IBM in the Fifties, he went on to found the computer science department at University of North Carolina. He is famous in our industry for saying, among other great things: "Adding manpower to a late software project makes it later." (This is now known as "Brooks Law.")

All we had to do was ask.

I was in my late twenties and still hadn't met the man, so I emailed him, asking: "If I drive down from Virginia to North Carolina, would it be possible to get thirty minutes of your time to talk?"

He responded: "If you drive all the way down here, I'll give you more than thirty minutes."

He gave me ninety minutes and became a lifelong mentor to me. Years later, he invited me to give a lecture at the University of North Carolina. That was the trip that led to the most seminal moment in my life—when I met Jai.

Sometimes, all you have to do is ask, and it can lead to all your dreams coming true.

These days, given my short road ahead, I've gotten even better at

그는 1950년대에 IBM에서 경력을 쌓기 시작했고 그 후 노스캐롤라이나대학에 컴퓨터과학부를 설립했다. 그가 남긴 훌륭한 말 중에 특히나 우리 분야 사람들에게 유명한 말이 있다. "지연되는 프로젝트에 인력을 더 투입하면 오히려 더 늦어진다." ('브룩스의 법칙'으로 알려져 있는 말이다.)

[사진 캡션: 우리는 물어보기만 하면 되었다.]

그때 나는 20대 후반이었고 꼭 한번 그를 만나고 싶었다. 그래서 나는 그에게 이메일로 이렇게 물었다. "만약에 제가 버지니아에서 노스캐롤라이나까지 운전을 해서 가면 30분 정도 제게 시간을 내어주실 수 있습니까?"

그는 답했다. "만약 자네가 운전해서 여기까지 내려오겠다면 내가 30분 이상의 시간이라도 내겠네."

그는 나에게 한 시간 반을 할애했고 그날 이후 내 인생의 멘토가 되었다. 수년 후엔 노스캐롤라이나대학에서 강연해줄 것을 부탁하며 나를 초대했다. 그 여행은 내 인생에서 가장 중요한 순간으로 나를 이끌었다. 그때 재이를 만난 것이다.

때때로 당신은 묻기만 하면 되는데 그것으로 평생의 꿈을 이룰 수도 있다.

요즘의 나는 '그냥 질문하기'에 훨씬 더 능숙해졌다. 살날이 얼마 남지 않았기 때

Vocab.
seminal (앞으로 전개될 일에) 중대한[영향력이 큰]

Grammar
※ all (that) you have to do is to+동사원형. all이 주어이고 that 이하가 all을 수식하는 형용사절이다. (that은 목적격이라 생략.) is 뒤에 to+동사원형이 명사적 용법의 보어인데 to를 안 쓰는 것이 추세다.

"just asking." As we all know, it often takes days to get medical results. Waiting around for medical news is not how I want to spend my time lately. So I always ask: "What's the fastest I can get these results?"

"Oh," they often respond. "We might be able to have it for you within an hour."

"OK then," I say…"I'm glad I asked!"

Ask those questions. Just ask them. More often than you'd suspect, the answer you'll get is, "Sure."

56

Make a Decision: Tigger or Eeyore

WHEN I told Carnegie Mellon's president, Jared Cohon, that I would be giving a last lecture, he said, "Please tell them about having fun, because that's what I will remember you for."

And I said, "I can do that, but it's kind of like a fish talking about the importance of water."

I mean, I don't know how *not* to have fun. I'm dying and I'm having fun. And I'm going to keep having fun every day I have left. Because there's no other way to play it.

I came to a realization about this very early in my life. As I see it, there's a decision we all have to make, and it seems perfectly cap-

문이다. 다들 아는 것처럼 검사 결과를 받는 데 며칠씩 걸리는 경우가 종종 있다. 지금에 와서는 검사 결과를 초조하게 기다리는 것으로 남은 시간을 써버리고 싶지 않다. 그래서 나는 항상 묻는다. "어떻게 하면 최대한 빨리 결과를 알 수 있을까요?"

그들은 보통 이렇게 대답한다. "아, 잘하면 한 시간 안에 나올 수도 있겠군요."

"잘됐군요. 물어보기를 잘했어요!" 내가 말했다

궁금한 것이 있다면 질문하라. 그저 묻기만 하면 된다. 당신이 기대하는 것보다 자주 당신이 듣게 될 대답은 "물론이죠."가 될 것이다.

56
결정을 내려라, 티거냐 이요르냐

내가 카네기멜론대학의 총장인 제러드 코헌에게 마지막 강의를 하게 되었다고 전하자 그는 이렇게 말했다. "그들에게 재미있게 사는 법에 대해 꼭 이야기해줘요. 왜냐하면 나는 당신을 그걸로 기억하게 될 것이니까요."

나는 말했다. "그렇게 할 수는 있지만 그건 물고기가 물의 중요성에 대해 말하는 것과 비슷하지 않을까요?"

내 말은 나는 '재미없게' 사는 방법은 모른다는 뜻이었다. 나는 죽어가고 있지만 재미있게 살고 있다. 앞으로도 나는 남은 하루하루를 계속해서 재미있게 살 것이다. 나란 사람은 원래 그렇다.

나는 아주 어린 나이에 이런 깨달음을 얻었다. 우리가 결정을 내려야 할 일은 언제나 있기 마련이다. A. A. 밀른이 창조한 〈곰돌이 푸〉에 등장하는 티거와 이요르에

tured in the Winnie-the-Pooh characters created by A. A. Milne. Each of us must decide: Am I a fun-loving Tigger or am I a sad-sack Eeyore? Pick a camp. I think it's clear where I stand on the great Tigger/Eeyore debate.

Chemo has not dramatically affected my superpowers.

For my last Halloween, I had great fun. Jai and I dressed up as the Incredibles, and so did our three kids. I put a photo of us on my Web site letting everyone know what an "Incredible" family we were. The kids looked pretty super. I looked invincible with my fake cartoon muscles. I explained that chemo had not dramatically affected my superpowers, and I got tons of smiling emails in response.

I recently went on a short scuba-diving vacation with three of my best friends: my high school friend Jack Sheriff, my college roommate

대입해 보면 간단하다. 나는 재미를 좇는 티거인가 아니면 엉덩이가 무거운 이요르인가? 우리는 반드시 결정해야 한다. 한쪽을 골라라. 위대한 티거와 이요르 토론에서 내가 어느 쪽인지는 분명한 것 같다.

[사진 캡션: 화학요법은 나의 초자연적 능력에 방해가 되지 않았다.]

지난 할로윈에 나는 아주 즐거운 시간을 보냈다. 제이와 나는 〈인크레더블〉의 캐릭터대로 의상을 입었고 우리의 세 아이들도 그렇게 했다. 나는 우리 가족의 사진을 나의 웹사이트에 올려 모두에게 우리가 얼마나 '놀라운' 가족인지 알렸다. 아이들은 꽤 근사했다. 나는 만화 그림 모양의 근육으로 위장하고 있어서 천하무적으로 보였다. '화학요법은 나의 초자연적 능력에 방해가 되지 않았다'는 나의 사진설명을 읽고 많은 이들이 흐뭇하다는 이메일을 보내왔다.

나는 최근에 절친한 세 명의 친구와 짧은 스쿠버다이빙 휴가를 다녀왔다. 고등학교 친구인 잭 셰리프, 대학 룸메이트인 스콧 셔먼 그리고 EA사의 스티브 시볼트.

Vocab.
capture 포로로 잡다, 억류하다, 포획하다 invincible 정복할 수 없는, 무적의 in response ~에 응하여, 호응하여

Grammar
※ S+V, So V+S 도치구문. 이 문장에서는 'our three kids dressed up as the Incredibles.'를 도치시킨 것임.

Scott Sherman, and my friend from Electronic Arts, Steve Seabolt. We all were aware of the subtext. These were my friends from various times in my life, and they were banding together to give me a farewell weekend.

My three friends didn't know each other well, but strong bonds formed quickly. All of us are grown men, but for much of the vacation it was as if we were thirteen years old. And we were all Tiggers.

We successfully avoided any emotional "I love you, man" dialogue related to my cancer. Instead, we just had fun. We reminisced, we horsed around and we made fun of each other. (Actually, it was mostly them making fun of *me* for the "St. Randy of Pittsburgh" reputation I've gotten since my last lecture. They know me, and they were having none of it.)

I won't let go of the Tigger inside me. I just can't see the upside in becoming Eeyore. Someone asked me what I want on my tombstone. I replied: "Randy Pausch: He Lived Thirty Years After a Terminal Diagnosis."

I promise you. I could pack a lot of fun into those thirty years. But if that's not to be, then I'll just pack fun into whatever time I do have.

우리는 모두 이 휴가의 숨은 뜻을 잘 알고 있었다. 내 삶의 여러 시간 속에서 만나 우정을 쌓았던 세 명의 친구들은 나에게 이별 여행을 선물하기 위해 뭉쳤다.

나를 뺀 세 친구들은 서로를 잘 몰랐지만 만나자마자 금세 끈끈한 유대감을 느꼈다. 휴가 대부분의 시간 동안 우리는 열세 살 소년들처럼 몰려다녔다. 우리는 모두 티거였다.

우리는 휴가 동안 내 죽음과 관련하여 "사랑한다, 임마."류의 감정적인 대화를 나누지 않는 데 성공했다. 그 대신 우리는 즐거운 시간들을 보냈다. 우리는 추억에 잠겼고 신 나게 뛰놀았으며 서로를 놀려댔다. (사실대로 말하면 마지막 강의 이후에 생긴 평판 덕분에 그들은 나를 '피츠버그에서 온 성자 랜디'라고 부르며 놀리곤 했다. 그들은 나를 알기 때문에 전혀 인정하려 들지 않았다.)

나는 내 안의 티거를 포기할 생각이 없다. 이요르로 사는 일의 좋은 점을 정말 알 수가 없기 때문이다. 누군가 나에게 묘비에 어떤 말을 새기고 싶은지 물었다. 나는 대답했다. '랜디 포시, 그는 시한부 선고를 받고도 30년을 더 살았다.'

내가 약속한다. 나는 그 30년을 재미로 가득 채울 수 있다. 그럴 수 없다면 얼마가 됐든 그저 내게 주어진 시간만큼은 재미로 다 채울 것이다.

Vocab.

subtext 언외(言外)의 의미, 숨은 이유　reminisce 추억하다, 추억에 잠기다　make fun of somebody/something ~을 놀리다[비웃다]　tombstone 묘석, 묘비

57

A Way to Understand Optimism

AFTER I learned I had cancer, one of my doctors gave me some advice. "It's important," he said, "to behave as if you're going to be around awhile."

I was already way ahead of him.

"Doc, I just bought a new convertible and got a vasectomy*. What more do you want from me?"

Look, I'm not in denial about my situation. I am maintaining my clear-eyed sense of the inevitable. I'm living like I'm dying. But at the same time, I'm very much living like I'm still living.

Some oncologists' offices will schedule appointments for patients six months out. For the patients, it's an optimistic signal that the doctors expect them to live. There are terminally ill people who look at the doctor's appointment cards on their bulletin boards and say to themselves, "I'm going to make it to that. And when I get there, I'm going to get good news."

Herbert Zeh, my surgeon in Pittsburgh, says he worries about patients who are inappropriately optimistic or ill-informed. At the same time, he is upset when patients are told by friends and acquaintances that they have to be optimistic or their treatments won't work. It pains him to see patients who are having a tough day healthwise and assume it's because they weren't positive enough.

57
낙관론을 이해하는 법

내 암의 예후가 좋지 않다는 사실을 알게 된 뒤 담당 의사 중 한 사람이 이런 충고를 해주었다. "중요한 이야기입니다." 그가 말했다. "꽤 오래 살아 있을 사람처럼 행동하세요."

나는 이미 그보다 훨씬 앞서 나가 있었다.

"선생님, 나는 막 새 오픈카를 샀고 정관절제술을 받았어요. 더 이상 무엇을 바라세요?"

그렇다고 내가 처한 상황을 부정하고 있는 것은 아니다. 나는 피할 수 없는 일에 대해선 현실적인 판단력을 유지하고 있다. 나는 죽음에 대비하며 살고 있다. 그러나 동시에 나는 아직 죽지 않았으므로 그 누구보다도 살아 있는 것처럼 살고 있다.

어떤 암 전문병원은 환자들의 내원 예약을 6개월 단위로 잡는다. 환자들에게 그 의미는 6개월은 당연히 살아 있다고 의사가 말하고 있는 것과 다름없는 낙관적인 신호다. 불치의 병을 앓고 있는 환자들은 내원 예약 카드를 보고 스스로에게 이렇게 속삭인다. '이날까지는 살아 있겠지. 그리고 다음에 병원에 갈 때는 어쩌면 좋은 소식이 있을지도 몰라.'

피츠버그에 있는 나의 외과 주치의 허버트 제는 어울리지 않게 낙관적이거나 사태를 제대로 인식하지 못하고 있는 환자들이 걱정된다고 말한다. 환자들이 주변사람들로부터 낙관적인 태도로 임하지 않으면 치료의 효과를 볼 수 없다는 말을 들을 때도 화가 난다고 했다. 육체적 고통으로 고달픈 날을 보내는 까닭이 자신들이 충분히 낙관적이지 못해서라고 여기는 환자들을 보면 안타깝다고 했다.

Vocab.
vasectomy* 정관 절제(수술) inappropriately 부적합하게, 온당치 않게 ill-informed (무엇에 대해) 잘 모르는 acquaintance 아는 사람, 지인 healthwise 건강 (유지)를 위해

My personal take on optimism is that as a mental state, it can enable you to do tangible things to improve your physical state. If you're optimistic, you're better able to endure brutal chemo, or keep searching for late-breaking medical treatments.

Dr. Zeh calls me his poster boy for "the healthy balance between optimism and realism." He sees me trying to embrace my cancer as another life experience.

But I love that my vasectomy doubled as both appropriate birth control and an optimistic gesture about my future. I love driving around in my new convertible. I love thinking I might find a way to become the one-in-a-million guy who beats this late-stage cancer. Because even if I don't, it's a better mindset to help me get through each day.

58

The Input of Others

Since my last lecture began spreading on the Internet, I've been hearing from so many people I've known over the years—from childhood neighbors to long-ago acquaintances. And I'm grateful for their warm words and thoughts.

It has been a delight to read notes from former students and colleagues. One coworker recalled advice I gave him when he was a non-

낙관론에 대한 내 개인적인 견해는 정신적 상태의 그것이 신체적 상태를 향상시키는 작용을 한다는 것이다. 만약 당신이 낙관적인 사람이라면 끔찍한 화학요법을 더 잘 견뎌내면서 계속해서 최신 의학요법을 찾는 일을 멈추지 않을 것이다.

제 박사는 나를 '낙관과 현실 사이의 건강한 균형'을 지닌 대표적인 환자라고 말한다. 내가 암을 또 하나의 인생 경험으로 기꺼이 받아들이려 한다는 것도 안다.

나는 정관절제술을 받은 일이 알맞은 피임법인 동시에 미래에 대한 낙관적인 제스처라 여겨져 좋다. 나는 새 오픈카를 타고 드라이브를 하는 것도 좋다. 나는 내가 말기암을 때려눕히는 100만 명 중 하나가 되는 행운의 사나이가 될 방법을 찾아낼지도 모른다는 상상을 하는 것이 좋다. 비록 그렇게 될 수 없다 하더라도 그것은 내가 하루하루를 이겨내는 데 더욱 도움이 될 좋은 사고방식이기 때문이다.

58

내가 받은 것

내 마지막 강의가 인터넷에 퍼지기 시작한 후부터 살아오면서 인연을 맺었던 수많은 사람들에게서 연락을 받았다. 어린 시절 이웃에서 아주 먼 친척까지. 그들의 따뜻한 말과 염려를 고맙게 생각한다.

예전 학생과 동료에게 편지로 소식을 듣는 것도 매우 반가웠다. 어느 동료는 그가 아직 종신 재직권이 없는 교수였을 때 내가 그에게 했던 말을 회상했다. 내가 학

Vocab.
late-breaking 방금 들어온, 임시의 poster boy 대표적인 사람 mindset (흔히 바꾸기 힘든) 사고방식

Grammar
※ my personal take is that~: 내가 생각하는 바는 ~이다. I think that~으로 흔히 쓸 문장을 이렇게 쓴다. (take는 think의 의미.) 마찬가지로 I hope that~은 My hope is that~으로, I understand that~은 My understanding is that~으로 바꾸어 쓸 수 있다.

tenured faculty member. He said I had warned him to pay attention to any and all comments made by department chairs. (He remembers me telling him: "When the chair casually suggests that perhaps you might consider doing something, you should visualize a cattle prod*.") A former student emailed to say I had helped inspire him to create a new personal-development Web site titled "Stop Sucking and Live a Life of Abundance," designed to help people who are living far below their potential. That sounded sort of like my philosophy, though certainly not my exact words.

And just to keep things in perspective, from the "Some-Things-Never-Change" department, an unrequited* crush from high school wrote to wish me well and gently reminded me why I was way too nerdy for her back then (also letting slip that she'd gone on to marry a *real* doctor).

More seriously, thousands of strangers also have written to me, and I've been buoyed by their good wishes. Many shared advice on how they and their loved ones have coped with matters of death and dying.

A woman who lost her forty-eighty-ear-old husband to pancreatic cancer said his "last speech" was to a small audience: her, his children, his parents and his siblings. He thanked them for their guidance and love, reminisced about the places he had gone with them, and told them what had mattered most to him in life. This woman said counseling had helped her family after her husband died: "Knowing what I know now, Mrs. Pausch and your children will have a need to talk, cry and remember."

Another woman, whose husband died of a brain tumor when their children were ages three and eight, offered insights for me to pass along to Jai. "You can survive the unimaginable," she wrote. "Your

과장들이 하는 모든 말에 주의를 기울이라고 충고했다고 한다. "학과장이 어떤 사안에 대해 고민해보라고 슬쩍 말을 던지면 자네는 자네를 찌르는 소몰이용 전기막대를 떠올려야 한다네."

어느 학생은 나에게 영감을 받아 자기계발 웹사이트를 열게 되었다고 이메일을 보내왔다. 웹사이트의 타이틀은 '불평은 그만두고 풍요로운 삶을 살아라'로 정했고 잠재능력을 너무 허비하는 사람들을 돕기 위한 사이트라고 했다. 그것은 내가 한 말에 정확히 부합되지는 않아도 내 철학과 비슷한 듯했다.

그리고 '어떤 것은 절대 변하지 않는다'라는 측면에서 전하는 이야기인데 고등학교 시절 내가 짝사랑했던 여자 친구가 건강을 기원하는 편지를 보내며 고등학생 랜디는 자신이 좋아하기엔 너무 범생이었다는 사실을 상냥하게 상기시켜주었다. (그리고 그녀는 '진짜' 닥터와 결혼했다는 사실도 살짝 내비쳤다.)

더 중요한 것은 수천 명의 낯선 이들이 내게 편지를 보내 행운을 빌며 힘을 북돋아준다는 것이었다. 많은 사람들이 어떻게 죽음과 죽어가는 문제에 대처했는지 조언을 나누어주었다.

췌장암으로 마흔여덟 살 나이의 남편을 잃었다는 어느 여성은 남편의 '마지막 연설'은 그녀와 아이들 그의 부모 형제를 향한 것이었다고 했다. 비록 청중은 적었지만 그는 가족의 도움과 사랑에 감사의 말을 전했고 그들과 같이 간 장소를 추억했으며 그의 인생에서 가장 중요했던 것에 대해 이야기했다고 한다. 이 여성은 남편이 죽고 나서 심리 상담을 받은 것이 가족에게 큰 도움이 되었다고 전했다. "내 경험에 의하면 포시 부인과 당신의 아이들도 대화하고 울고 기억하는 시간이 필요할 것입니다."

아이들이 세 살, 여덟 살이었을 때 뇌종양으로 남편을 잃은 다른 여성은 재이에게 전하는 말을 남겼다. "상상도 못했던 일도 다 이겨낼 수 있습니다." 그녀의 편지는 이어졌다. "아이들은 끊임없이 샘솟는 물처럼 당신에게 위안과 사랑을 줄 거예요. 아침이 되어 당신이 눈을 떴을 때 아이들이야말로 당신을 미소 짓게 하는 최고

Vocab.

visualize 마음속에 그려 보다, 상상하다 **cattle prod*** 소몰이 막대 **unrequited*** 상대방이 알아주지 않는, 짝사랑의 **nerdy** 멍청하고 따분한 사람, 컴퓨터만 아는 괴짜 **buoy** 기분을 좋게[들뜨게] 하다, ~을 (물에) 뜨게 하다 **sibling** (한 명의) 형제자매[동기]

children will be a tremendous source of comfort and love, and will be the best reason to wake up every morning and smile."

She went on: "Take the help that's offered while Randy lives, so you can enjoy your time with him. Take the help that's offered when he's no longer here, so you can have the strength for what's important. Join others who have this kind of loss. They will be a comfort for you and your children." This woman suggested that Jai reassure our kids, as they get older, that they will have a normal life. There will be graduations, marriages, children of their own. "When a parent dies at such an early age, some children think that other normal life cycle events may not happen for them, either."

I heard from a man in his early forties with serious heart problems. He wrote to tell me about Krishnamurti, a spiritual leader in India who died in 1986. Krishnamurti was once asked what is the most appropriate thing to say to a friend who was about to die. He answered: "Tell your friend that in his death, a part of you dies and goes with him. Wherever he goes, you also go. He will not be alone." In his email to me, this man was reassuring: "I know you are not alone."

I have also been moved by comments and good wishes from some well-known people who got in touch as a result of the lecture. For instance, TV news anchor Diane Sawyer interviewed me, and when the cameras were off, helped me think more clearly about the touchstones I'll be leaving for my kids. She gave me an incredible piece of advice. I knew I was going to leave my kids letters and videos. But she told me the crucial thing is to tell them the specific idiosyncratic ways in which I related to them. So I've been thinking a lot about that. I've decided to tell each of my kids things like: "I love the way you tilted back your head when you laughed." I will give them specific stuff they can grasp.

의 이유가 될 것입니다."

그녀는 계속 썼다. "랜디가 살아 있는 동안 함께 즐거운 시간을 보내기 위해 주변 사람들의 도움을 받으세요. 랜디가 더 이상 그곳에 없어도 소중한 것들을 이어갈 힘을 얻기 위해 도움을 받으시길 바랍니다. 같은 상처를 안고 있는 사람들과도 대화하세요. 위로가 될 겁니다." 이 여성은 재이가 아이들에게 어떻게 해야 하는지도 말해주었다. 아버지가 없어도 남과 다를 바 없는 정상적인 삶을 살 것임을 알려주고 안심시키라고 조언했다. 어김없이 졸업식은 찾아올 것이고 결혼을 하게 될 것이며 나중에는 그들의 아이들까지 갖게 될 것임을. "너무 어릴 때 부모를 잃은 아이들은 자신의 삶이 다른 부분에서도 정상적이지 못할 것이라는 생각을 할 수도 있습니다."

나는 심각한 심장병을 앓고 있는 40대 초반의 남자에게서도 편지를 받았다. 그는 1986년에 죽은 인도의 영적 지도자 크리슈나무르티에 관해 말해주었다. 크리슈나무르티는 누군가로부터 죽음을 눈앞에 둔 친구에게 해줄 좋은 말을 알려달라는 질문을 받았다. 그가 대답했다. "당신의 친구에게 그가 죽을 때 당신의 일부도 같이 죽어 그와 함께 간다고 말해주세요. 그가 가는 곳이라면 어디든 당신도 같이 가게 된다고요. 그는 혼자가 아닐 것입니다." 그 역시 나에게 보낸 이메일을 통해 나를 안심시키고 있었다. "나는 당신이 혼자가 아닐 것임을 압니다."

나는 마지막 강의를 보고 연락을 해온 몇몇의 유명인사가 남긴 말과 행운을 기원하는 마음에도 감동받았다. 일례로 인터뷰를 요청한 텔레비전 뉴스 앵커 다이앤 소이어와 만났을 때 그녀는 나에게 아주 멋들어진 조언을 해주었다. 내가 아이들에게 내 사랑의 순도를 보여주는 편지와 비디오를 남길 계획이라고 하자 그녀는 결정적으로 중요한 것은 나와 아이들을 연결하는 특별하면서도 구체적인 이야기라고 말했다. 덕분에 좀 더 많은 생각을 하게 되었고 아이들 하나하나에게 이런 식으로 이야기하기로 했다. "나는 네가 웃을 때 머리를 뒤로 젖히는 모습을 매우 사랑한다." 아이들이 잘 이해할 수 있도록 아주 명확하고 생생한 것들만 담을 것이다.

Vocab.
tremendous 엄청난, 굉장한 touchstone 시금석, 표준, 기준 idiosyncratic 특유한, 색다른, 특이 체질의

Grammar
※ 불가산명사 advice. advice는 one advice, two advices라 쓸 수 없다. a piece of advice나 two pieces of advice로 쓴다. ★불가산명사 암기법: '도둑이 equipment 가지고 furniture를 열었는데 money/cash는 하나도 없었다. 그래서 부동산 주식 관련 advice와 information을 가지고 간 luggage/baggage에 담아 나오는 scenery가 news에 나왔대.'

And Dr. Reiss, the counselor Jai and I see, has helped me find strategies to avoid losing myself in the stress of my periodic cancer scans, so I'm able to focus on my family with an open heart, a positive outlook and almost of all my attention. I had spent much of my life doubting the effectiveness of counseling. Now, with my back against the wall, I see how hugely helpful it can be. I wish I could travel through oncology wards telling this to patients who are trying to tough it out on their own.

* * *

Many, many people have written to me about matters of faith. I've so appreciated their comments and their prayers.

I was raised by parents who believed that faith was something very personal. I didn't discuss my specific religion in my lecture because I wanted to talk about universal principles that apply to all faiths—to share things I had learned through my relationships with people.

Some of those relationships, of course, I have found at church. M. R. Kelsey, a woman from our church, came and sat with me in the hospital every day for eleven days after my surgery. And since my diagnosis, my minister has been very helpful. We belonged to the same swimming pool in Pittsburgh, and the day after I'd learned my condition was terminal, we were both there. He was sitting by the pool and I climbed up on the diving board. I winked at him, then did a flip off the board.

When I got to the side of the pool, he said to me, "You seem to be the picture of good health, Randy." I told him: "That's the cognitive dissonance. I feel good and look great, but we heard yesterday that my cancer is back and the doctors say I only have three to six months."

재이와 나의 상담사인 리스 박사는 정기적인 종양 촬영으로 인한 스트레스를 극복하고 스스로를 지켜나갈 수 있는 방법을 찾아주었다. 그래야 내가 열린 마음과 긍정적인 자세로 가족에게 집중할 수 있기 때문이다. 나는 살면서 상담 효과를 의심하면서 살았다. 지금 이렇게 장벽을 마주하고 서니 나는 이것이 얼마나 큰 도움이 되는지 알게 되었다. 암 병동을 돌아다니며 혼자서 참아내려 애쓰는 환자들에게 이 사실을 말해주고 싶을 정도로.

* * *

아주 많은 사람들이 신앙에 관련한 편지를 보내주었다. 나는 그들의 위로와 기도에 정말 감사하고 있다.

나는 신앙이란 매우 개인적인 사안이라 믿는 부모 밑에서 자랐다. 마지막 강의에서도 나는 종교에 관한 이야기는 꺼내지 않았다. 모든 종류의 신앙에 적용되는 보편적 원칙 사람들과의 관계에서 내가 배운 것을 나누고 싶었기 때문이었다.

그런 만남 중 일부는 물론 교회에서 이루어졌다. 같은 교회에 다니는 M. R. 켈시는 수술 후 열하루 동안 매일같이 병원에 찾아와 병상을 지켜주었다. 시한부 암 선고를 받은 후부터는 목사님으로부터 아주 큰 도움을 받았다. 우리는 피츠버그에서 같은 수영장을 다녔는데 시한부 선고를 받은 다음 날 우리는 그곳에서 만났다. 그는 물가에 앉아 있었고 나는 다이빙 보드로 올라갔다. 그를 향해 윙크를 보낸 뒤 다이빙을 시도했다.

내가 다가가자 그가 말했다. "랜디 오늘은 아주 건강해 보이는군." 내가 대답했다. "이게 바로 인지부조화(認知不調和) 상태예요. 나는 기분도 좋고 이렇게 건강하게 보이는데 어제 병원에서 암이 재발했다는 사실을 알았어요. 의사들은 석 달에서 여섯 달밖에 남지 않았다고 하더군요."

Vocab.
cognitive dissonance 인지부조화

He and I have since talked about the ways I might best prepare for death.

"You have life insurance, right?" he said.

"Yes, it's all in place," I told him.

"Well, you also need emotional insurance," he said. And then he explained that the premiums of emotional insurance would be paid for with my time, not my money.

To that end, he suggested that I needed to spend hours making videotapes of myself with the kids, so they'll have a record of how we played and laughed. Years from now, they will be able to see the ease with which we touched each other and interacted. He also gave me his thoughts on specific things I could do for Jai to leave her a record of my love.

"If you cover the premiums on your emotional insurance now, while you're feeling OK, there will be less weighing on you in the months ahead," he said. "You'll be more at peace."

My friends. My loved ones. My minister. Total strangers. Every single day I receive input from people who wish me well and boost my spirits. I've truly gotten to see examples of the best in humanity, and I'm so grateful for that. I've never felt alone on this ride I'm taking.

그와 나는 죽음을 대비하는 가장 좋은 방법에 대해서도 의견을 나눴다.
"자네 생명보험에는 들었지?" 그가 물었다.
"네. 다 되어 있어요." 내가 말했다.
"자, 자네에게는 감정적 보험 또한 필요하다네." 그가 말했다. 그리고 그는 감정보험의 보험료는 돈이 아닌 시간으로 지불된다고 설명했다.

보험료를 내는 방법의 하나로 그는 아이들과 함께 있을 때 비디오테이프를 찍는 데 많은 시간을 사용하라고 말했다. 그렇게 해놓으면 우리 가족이 어떻게 웃고 즐겼는지 추억의 시간이 기록되며 먼 훗날 서로 껴안고 교류하는 모습을 보면서 남은 가족이 마음의 평안을 얻게 된다는 것이다. 그는 더불어 제이에게도 충분히 사랑을 남기라고 당부했다.

"자네 상태가 괜찮은 지금 같을 때 감정보험의 보험료를 지불하고 나면 미래에 대한 부담이 덜해질 거야. 보다 평화로울 거야."

나의 친구들. 사랑하는 사람들. 나의 목사님. 생면부지의 많은 사람들. 매일같이 나는 그들에게서 영혼의 기운을 북돋아주는 힘을 받고 있다. 나는 진정한 인간애의 여러 사례를 경험했고 그것에 매우 감사하고 있다. 나는 이 여행을 하는 동안 한 번도 외롭지 않았다.

Vocab.
at peace 평화롭게, 안심하고, 의좋게 boost 신장시키다, 북돋우다

59

Dreams for My Children

THERE ARE so many things I want to tell my children, and right now, they're too young to understand. Dylan just turned six. Logan is three. Chloe is eighteen months old. I want the kids to know who I am, what I've always believed in, and all the ways in which I've come to love them. Given their ages, so much of this would be over their heads.

I wish the kids could understand how desperately I don't want to leave them.

Jai and I haven't even told them yet that I'm dying. We've been advised that we should wait until I'm more symptomatic. Right now, though I've been given just months to live, I still look pretty healthy. And so my kids remain unaware that in my every encounter with them I'm saying goodbye.

It pains me to think that when they're older, they won't have a father. When I cry in the shower, I'm not usually thinking, "I won't get to see them do this" or "I won't get to see them do that." I'm thinking about the kids not having a father. I'm focused more on what they're going to lose than on what I'm going to lose. Yes, a percentage of my sadness is, "I won't, I won't, I won't…" But a bigger part of me grieves for them. I keep thinking, "They won't…they won't…they won't." That's what chews me up inside, when I let it.

59
내 아이들을 향한 꿈

아이들에게 해주고 싶은 말이 정말 많은데 지금 내 아이들은 너무 어리다. 딜런은 이제 막 여섯 살이 되었다. 로건은 세 살이다. 클로이는 겨우 18개월이다. 나는 아이들이 내가 누구이고 내가 어떤 것을 믿어왔으며 그들을 얼마나 사랑하는지 그 모든 여정을 알아주었으면 한다. 하지만 그들의 나이로는 이해하기 어려운 부분이 많을 것이다.

내가 얼마나 필사적으로 그들 곁을 떠나고 싶지 않았는지 그 마음을 알기 원한다. 재이와 나는 아이들에게 내가 곧 죽을 것임을 알리지 않았다. 우리는 증상이 심해질 때까지 기다려야 한다는 조언을 받았다. 현재로서는 비록 살 수 있는 날이 몇 달밖에 남지 않았다 하더라도 나는 여전히 건강해 보인다. 그래서 아이들은 내가 그들과 눈을 마주치는 매순간마다 작별인사를 하고 있다는 사실을 모르고 있다.

아이들이 자라면서 아버지를 가질 수 없다는 생각은 나를 고통스럽게 한다. 자주 샤워 중에 울 때가 있다. "이제 아이들이 이것을 하는 모습을 못 보겠구나."라든가 "저것을 하는 걸 못 보겠구나." 하는 생각 때문에 우는 것이 아니다. 나는 아이들이 아버지를 갖지 못한다는 사실을 떠올리고는 울음을 터뜨린다. 나는 내가 잃을 것보다 그들이 잃을 것들에 더 집착한다. 물론 슬픔의 일부분은 "이제 이것도 저것도 그것도 다 못 보겠구나." 하는 마음에서 오는 것은 맞다. 그러나 더 크게는 바로 그들 때문에 마음이 아프다. "내 아이들은 이제 아버지가 없으므로 이것도 저것도 그것도 못 해보겠구나……." 이런 생각들이 바로 내가 방심하고 있을 때마다 쳐들어와 마음을 흔들어버린다.

Vocab.
desperately 절망적으로, 몹시, 지독하게 **symptomatic** 징후인, 전조가 되는, ~을 나타내는 **unaware** ~을 알지 못하는 **chew up** 씹다, ~을 엉망으로 부수다, ~을 호되게 꾸짖다

I know their memories of me may be fuzzy. That's why I'm trying to do things with them that they'll find unforgettable. I want their recollections to be as sharp as possible. Dylan and I went on a minivacation to swim with dolphins. A kid swims with dolphins, he doesn't easily forget it. We took lots of photos.

I'm going to bring Logan to Disney World, a place that I know he'll love as much as I do. He'd like to meet Mickey Mouse. I've met him, so I can make the introduction. Jai and I will bring Dylan along as well, since every experience Logan has these days doesn't seem complete unless he's engaged in the action with his big brother.

Making memories with Dylan.

Every night at bedtime, when I ask Logan to tell me the best part of his day, he always answers: "Playing with Dylan." When I ask him for the worst part of his day, he also answers: "Playing with Dylan." Suffice it to say, they're bonded as brothers.

I'm aware that Chloe may have no memory of me at all. She's too young. But I want her to grow up knowing that I was the first man ever to fall in love with her. I'd always thought the father/daughter thing was overstated. But I can tell you, it's real. Sometimes, she looks at me and I just become a puddle.

나에 대한 아이들의 기억이 흐려질 수 있다는 것도 알고 있다. 그래서 쉽게 잊혀지지 않을 일을 같이 하려고 노력하고 있다. 나는 그들이 지닌 추억이 가능한 뚜렷한 것이기를 바란다. 딜런과 내가 돌고래와 수영을 하기 위한 짧은 휴가를 떠난 것도 그런 소망 때문이다. 어린아이가 돌고래와 수영을 하면 결코 쉽게 잊지 못한다. 우리는 사진도 많이 찍었다.

로건은 디즈니월드에 데려갈 계획이다. 나만큼이나 로건도 그곳을 사랑하고 있다는 것을 알고 있다. 그는 미키마우스를 만나고 싶어 한다. 이미 만나본 내가 서로를 소개시켜줄 수도 있다. 딜런도 같이 가면 좋을 것이다. 로건은 요즘 자신의 모든 경험에 형이 빠지면 뭔가 완벽한 재미를 느끼지 못하는 것 같다.

[사진 캡션: 딜런과 함께 추억 만들기.]

매일 밤 잠자리에서 로건에게 오늘 하루 중 가장 재미있었던 일을 물으면 항상 이렇게 대답한다. "딜런 형이랑 논 거요." 가장 재미가 없었던 일을 물어도 그는 이렇게 대답한다. "딜런 형이랑 논 거요." 하여간 굉장히 끈끈한 형제애다!

클로이는 나에 대한 기억을 전혀 갖지 못할 것이다. 그 애는 너무 어리다. 하지만 내가 자기와 사랑에 빠진 첫 번째 남자라는 사실을 알고 커주기를 바란다. 나는 늘 아버지와 딸에 관한 말이 과장되었다고 생각했었다. 그러나 이제는 말할 수 있다. 모두 사실이다. 가끔씩 그 애가 날 바라보면 나는 그냥 뒤죽박죽이 되어버린다.

Vocab.
fuzzy 솜털이 보송보송한, (모습·소리가) 흐릿한　overstate (실제보다 더 중요한 것처럼) 과장하다

Grammar
※ a place that: 관계부사 that. 보통 that은 관계대명사로 쓰이지만 선행명사가 시간, 장소, 이유, 방법인 경우 관계부사 대신으로도 쓰인다.

There are so many things Jai will be able to tell them about me when they're older. She might talk about my optimism, the way I embraced having fun, the high standards I tried to set in my life. She may diplomatically tell them some of the things that made me exasperating; my overly analytical approach to life, my insistence (too often) that I know best. But she's modest, much more modest than me, and she might not tell the kids this: that in our marriage, she had a guy who really deeply truly loved her. And she won't tell them all the sacrifices she made. Any mother of three small children is consumed with taking care of them. Throw in a cancer-stricken husband and the result is a woman who is always dealing with someone else's needs, not her own. I want my kids to know how selfless she was in caring for all of us.

Lately, I've been making a point of speaking to people who lost parents when they were very young. I want to know what got them through the hard times, and what keepsakes have been most meaningful to them.

They told me they found it consoling to learn about how much their mothers and fathers loved them. The more they knew, the more they could still feel that love.

They also wanted reasons to be proud; they wanted to believe that their parents were incredible people. Some of them sought specifics on their parents' accomplishments. Some chose to build myths. But all had yearnings to know what made their parents special.

These people told me something else, too. Since they have so few of their own memories of their parents, they found it reassuring to know that their parents died with great memories of them.

To that end, I want my kids to know that my memories of them fill my head.

아이들이 다 자란 후 재이가 들려줄 이야기도 많다. 나의 낙관주의 재미를 추구하는 삶의 방식 살면서 늘 높은 모범을 보이려고 노력했던 사실에 대해 말해줄 것이다. 전략적으로 나의 좋지 않은 점을 내비칠 수도 있다. 인생에 대해 지나치게 분석적인 점 내가 제일 잘 아는 나의 고집. (그것도 너무나 자주.)

그렇지만 그녀는 나보다 훨씬 신중한 사람이어서 아이들에게 우리의 결혼생활에 대해서는 말하지 않을지도 모른다. 그녀를 진정으로 깊이 온 마음을 다해 사랑했던 한 남자에 대해서는. 또 그녀는 자신이 감수해야 했던 많은 희생에 대해서도 말하지 않을 것이다. 어린아이 셋을 가진 엄마라면 누구나 아이들을 돌보는 일만으로도 힘에 부칠 것이다. 거기에 갑작스럽게 암에 걸린 남편까지 더하면 자신을 돌볼 시간이 전혀 없게 되는 것이다. 나는 그들이 엄마가 우리 모두를 돌보기 위해 얼마나 헌신했는지 알아야 한다고 생각한다.

최근 들어 나는 아주 일찍 부모를 여읜 이들과 대화를 나누고 있다. 그들이 어려운 시기를 어떻게 이겨냈는지 부모의 어떤 유품이 가장 의미가 있는지 궁금해졌기 때문이다.

그들 역시 어머니와 아버지의 사랑을 알게 되면 큰 위로가 된다고 말했다. 많이 알면 알수록 그 사랑을 더 오랫동안 느낄 수 있다고 했다.

그들은 또 부모가 훌륭한 사람이었기를 바랐다. 몇 사람의 경우는 직접 부모의 업적을 찾아보기도 했다는 말을 했다. 그들 중 일부는 신화를 쓰는 쪽을 선택했다. 어느 쪽이든 간에 그들 모두에게는 자신의 부모를 특별하게 해줄 무언가를 알고 싶다는 열망이 가득했다.

다른 이야기도 있었다. 일찍 부모를 여읜 그들은 부모에 대한 기억이 거의 없었다. 그것이 안타깝지만 대신 부모가 자기들에 대한 좋은 추억을 많이 간직하고 떠났다는 사실을 알게 되면 마음에 큰 위로가 된다고 했다.

그 말을 들었기 때문에 아이들에게 내 머릿속은 그들에 관한 추억으로 꽉 차 있다는 것을 알려주고 싶어졌다.

Vocab.
diplomatically 외교적으로, 무안하지 않게, 세련되게 analytical 분석적인 insistence 주장, 강조, 고집
keepsake 유품, 기념품 consoling 위안이 되는

Let's start with Dylan. I admire how loving and empathetic he is. If another child is hurt, Dylan will bring over a toy or blanket.

Another trait I see in Dylan: He's analytical, like his old man. He has already figured out that the questions are more important than the answers. A lot of kids ask, "Why? Why? Why?" One rule in our house is that you may not ask one-word questions. Dylan embraces that idea. He loves to formulate full-sentence questions, and his inquisitiveness* goes beyond his years. I remember his pre-school teachers raving about him, telling us: "When you're with Dylan you find yourself thinking: I want to see what kind of adult this kid turns into."

Dylan is also the king of curiosity. Wherever he is, he's looking somewhere else and thinking, "Hey, there's something over there! Let's go look at it or touch it or take it apart." If there's a white picket fence, some kids will take a stick to it and walk along listening to the "thwack*, thwack, thwack!" Dylan would go one better. He'd use the stick to pry one of the pickets loose, and then he'd use the picket to do the thwacking thing because it's thicker and sounds better.

For his part, Logan makes everything an adventure. When he was born, he got stuck in the birth canal*. It took two doctors, pulling with forceps*, to bring him into the world. I remember one of the doctors, his foot on the table, pulling with all his might. At one point the doctor turned to me and said: "I've got chains and Clydesdales* in the back if this doesn't work."

It was a tough passage for Logan. Given how cramped he was for so long in the birth canal, his arms weren't moving just after he was born. We were worried, but not for long. Once he started moving, he never really stopped. He's just this phenomenal ball of positive energy; completely physical and gregarious. When he smiles, he smiles

딜런부터 시작하자. 나는 그의 따뜻함과 섬세한 감정에 감탄하곤 한다. 다른 아이가 다쳤으면 딜런은 얼른 장난감이나 담요를 가져다준다.

딜런에게서 발견한 다른 특징을 보자. 그는 분석적이다. 마치 자기 아버지처럼. 그는 벌써 질문이 대답보다 중요하다는 것을 알고 있다. 많은 아이들이 시도 때도 없이 "왜? 왜? 왜?" 하고 묻는다. 우리 집의 규칙은 한 단어로 된 질문은 하지 않는 것이다. 딜런은 그 의견을 기꺼이 받아들였다. 그는 완벽히 갖추어진 문장으로 질문을 만드는 일을 매우 좋아하고 탐구심은 나이에 비해 훨씬 성숙하다. 나는 유치원 교사들이 딜런을 격찬한 것을 잊을 수 없다. "딜런과 함께 있으면 자꾸 새로운 생각을 하는 자신을 발견하게 돼요. 이 아이가 자라서 어떤 사람이 될지 정말 궁금하네요."

딜런은 호기심의 왕이다. 어디에 있든지 그는 항상 이런 생각을 하고 있다. "와, 저기 뭔가 있다! 가서 한번 보거나 만져보거나 아님 뜯어봐야지." 만약 하얀 말뚝 울타리를 발견하면 대부분의 아이들은 나무 막대기를 주어다가 "탁 탁 탁!" 소리를 듣기 위해 울타리를 그으며 걸어갈 것이다. 딜런은 한 단계 더 나아간다. 딜런은 주운 막대기로 땅을 파서 울타리의 말뚝 하나를 뽑는다. 그런 다음 말뚝으로 울타리를 그으며 간다. 그렇게 하면 탁탁 소리가 훨씬 커지기 때문이다.

이제 로건에 관한 것이다. 로건은 모든 일을 모험으로 만든다. 태어날 때부터 산도(産道)에 끼어 애를 태웠다. 그를 세상으로 꺼내오기 위해서 두 명의 의사가 수술용 집게를 가지고 용을 썼다. 나는 그들 중 한 명이 발 하나를 탁자 위에 올려놓고 있는 힘을 다해 당기던 모습을 기억한다. 한순간 그 의사는 나를 돌아보며 말했다. "만약 이래도 안 되면 쇠사슬과 힘센 마차용 말을 동원해야겠어요."

로건에게는 참으로 힘든 항해였다. 산도에서 너무 오랜 시간을 비좁게 끼어 있었던 바람에 태어난 직후 아기는 팔을 움직이지 못했다. 걱정이 컸다. 하지만 오래가지는 않았다. 아이는 한 번 움직이기 시작하자 그 후로는 사실상 멈춘 적이 없었다. 그는 밝은 에너지로 꽉 찬 경이로움 그 자체였다. 그는 대단히 건강하고 사교적이다.

Vocab.

empathetic 감정 이입의, 공감 할 수 있는 inquisitiveness* 연구를 좋아함; 캐묻기 좋아함, 호기심이 많음 thwack* 탁 때리다 birth canal* 산도(産道) forceps* 핀셋, 족집게 clydesdale* 힘센 짐마차용 말, 매력적인 남자 gregarious 사교적인, 교제를 좋아하는

with his whole face; he's the ultimate Tigger. He's also a kid who's up for everything and befriends everyone. He's only three years old, but I'm predicting he'll be the social chair of his college fraternity.

Logan, the ultimate Tigger.

Chloe, meanwhile, is all girl. I say that with a bit of awe because until she came along, I couldn't fathom what that meant. She was scheduled to be a C-section baby, but Jai's water broke, and not long after we got to the hospital, Chloe just slipped out. (That's my description. Jai might say "slipped out" is a phrase only a man could come up with!) Anyway, for me, holding Chloe for the first time, looking into this tiny girl's face, well, it was one of the most intense and spiritual moments of my life. There was this connection I felt, and it was different from the one I had with the boys. I am now a member of the Wrapped Around My Daughter's Finger Club.

I love watching Chloe. Unlike Dylan and Logan, who are always so physically daring, Chloe is careful, maybe even dainty. We have a

웃을 때는 온 얼굴을 다 사용한다. 로건이야말로 최고의 티거인 것이다. 무엇이든 적극적으로 참여하고 모두와 친구가 되는 아이다. 아직 세 살이지만 나는 그가 훗날 남학생 사교 클럽의 일인자가 될 것이라고 예상하고 있다.

[사진 캡션: 최고의 티거인 로건.]

클로이는 그와는 반대로 전형적인 숙녀다. 나도 이런 말을 하고 있는 내가 놀랍지만 그 애가 태어날 때까지는 그게 무슨 뜻인지 잘 모르고 있었다. 아이는 제왕절개 분만이 예정되어 있었는데 돌연 재이의 양수가 터져버렸고 병원에 도착한 지 얼마 지나지 않아 클로이는 그냥 미끄러져 나와버렸다. (이건 순전히 내가 하는 말이다. 재이는 아마도 '미끄러져 나왔다'는 오직 남자들만이 생각해낼 수 있는 표현이라고 말할 것이다!) 어쨌거나 처음으로 클로이를 품에 안았을 때 갓 태어난 조그만 여자아이의 얼굴을 가만히 들여다보고 있으려니 불현듯 내 인생을 통틀어 가장 강렬하고 숭고한 어떤 느낌이 파도처럼 밀려와 나를 휩쌌다. 그 순간 아이와 나 사이에 말로 표현할 수 없는 어떤 결속감을 느꼈는데 사내아이들이 태어날 때의 느낌과는 사뭇 다른 것이었다. 그리하여 나도 이제 딸에게 휘둘려 사는 아빠들 모임의 멤버가 되어버렸다.

나는 클로이를 보고 있으면 무척 즐겁다. 언제나 대담할 정도로 활달한 딜런과 로건과는 다르게 클로이는 조심스럽다. 어쩌면 우아하다고까지 말할 수도 있겠다.

Vocab.
fraternity 형제임, 형제의 사이[정], 동포애, 우애   dainty 앙증맞은, 조심스러운, 얌전한

safety gate at the top of our staircase, but she doesn't really need it because all of her efforts go into not getting hurt. Having grown accustomed to two boys who rumble their way down any staircase, fearing no danger, this is a new experience for Jai and me.

I love all three of my kids completely and differently. And I want them to know that I will love them for as long as they live. I will.

Given my limited time, though, I've had to think about how I might reinforce my bonds with them. So I'm building separate lists of my memories of each of the kids. I'm making videos so they can see me talking about what they've meant to me. I'm writing letters to them. I also see the video of my last lecture—and this book, too—as pieces of myself that I can leave for them. I even have a large plastic bin filled with mail I received in the weeks after the lecture. Someday, the kids might want to look through that bin, and my hope is that they'll be pleased to find both friends and strangers who had found the talk meaningful.

Because I've been so vocal about the power of childhood dreams, some people have been asking lately about the dreams I have for my children.

I have a direct answer for that.

It can be a very disruptive thing for parents to have specific dreams for their kids. As a professor, I've seen many unhappy college freshman picking majors that are all wrong for them. Their parents have put them on a train, and too often, judging by the crying during my office hours, the result is a train wreck.

As I see it, a parent's job is to encourage kids to develop a joy for life and a great urge to follow their own dreams. The best we can do is to help them develop a personal set of tools for the task.

So my dreams for my kids are very exact: I want them to find their

계단 위에 설치해놓은 안전용 문도 클로이에게는 필요가 없다. 그 애는 언제나 다치지 않기 위해 전력을 다하니까. 겁이라고는 모르고 우당탕거리며 아무 계단이나 뛰어 내려가는 두 명의 사내아이를 키우는 데 익숙해진 재이와 나로서는 매우 새로운 경험이 아닐 수 없다.

나는 세 아이 모두를 완전하게 서로 다른 느낌으로 사랑한다. 그리고 아이들이 살아가는 동안 언제까지나 그들을 사랑할 것임을 아이들이 알았으면 좋겠다. 정말 그럴 것이다.

이제 나에게는 시간이 얼마 없다. 어떻게 해야 아이들과 내가 강하게 연결될 수 있을지 묘안을 생각해내야 했다. 그래서 아이들 세 명에게 따로따로 나와의 추억을 담은 목록을 작성하고 있는 중이다. 나에게 그들이 어떤 의미였는지 직접 이야기하는 것을 볼 수 있게 비디오테이프도 만들고 있다. 아이들에게 줄 편지도 쓴다. 그리고 마지막 강의 동영상 테이프와 이 책도 아이들에게 남겨줄 수 있는 나의 일부라고 생각한다. 마지막 강의 후에 받은 수많은 편지들로 가득 찬 커다란 플라스틱 박스도 있다. 언젠가 아이들이 이 상자를 열어보고 싶어질 때 내 강의를 의미 있게 여겨준 친구들과 또 잘 알지 못하는 많은 이들을 발견하고 기뻐했으면 좋겠다.

내가 늘 어린 시절에 품은 꿈의 강한 힘을 발휘하는지에 대해 목소리를 높이니 몇몇 사람들이 그렇다면 당신은 아이들에 대해 어떤 꿈을 가지고 있냐고 물었다.

그것에 대해서라면 나는 직접적인 대답을 가지고 있다.

부모들이 아이들에게 구체적인 희망을 제시하는 것은 매우 위험한 일이 될 수 있다. 대학교수로 있는 동안 나는 자신의 적성과 전혀 맞지 않는 전공을 선택한 불행한 신입생들을 많이 보았다. 그 부모들은 그들을 억지로 기차에 실어 보냈고 학생들은 면담 시간에 자주 울음을 터뜨렸으며 결과는 매우 빈번하게 참담한 전복사고로 이어졌다.

내 생각에 부모의 임무란 아이들이 일생 동안 즐겁게 할 수 있는 일을 찾고 그 꿈을 열정적으로 좇을 수 있도록 격려해주는 것이다.

그러므로 아이들을 향한 나의 꿈은 매우 확실하다. 나는 아이들이 꿈의 성취로 가는 자기만의 길을 발견하기를 원한다. 그리고 나는 여기에 없을 것이므로 한 가

Vocab.
staircase (건물 내부에 난간으로 죽 이어져 있는) 계단　rumble (느리고 무겁게) 우르릉거리며 나아가다, (비밀·진실 등을) 알아내다　disruptive 분열시키는, 파괴적인, 파열로 생긴　wreck 난파, 파선, 조난

own path to fulfillment. And given that I won't be there, I want to make this clear: Kids, don't try to figure out what I wanted *you* to become. I want you to become what you want to become.

Having seen so many students go through my classrooms, I've come to know that a lot of parents don't realize the power of their words. Depending on a child's age and sense of self, an offhand comment from Mom or Dad can feel like a shove from a bulldozer. I'm not even sure I should have made the reference to Logan growing up to be social chair of a fraternity. I don't want him to end up in college thinking that I expected him to join a fraternity, or to be a leader there — or anything. His life will be his life. I would just urge my kids to find their way with enthusiasm and passion. And I want them to feel as if I am there with them, whatever path they choose.

60

Jai and Me

AS ANY family dealing with cancer knows, caregivers are often pushed to the sidelines. Patients get to focus on themselves. They're the objects of adulation and sympathy. Caregivers do the heavy lifting, with little time to deal with their own pain and grief.

지 분명히 해두고 싶다. 얘들아 아버지가 너희들이 무엇이 되기 바랐는지 알려고 하지 마라. 나는 너희들이 되고 싶은 것이면 그게 무엇이든 바로 그것을 이루기를 바랄 뿐이다.

 나의 수업을 거쳐 가는 많은 학생들의 경우를 보면 대다수 부모들이 그들이 뱉은 말의 위력에 대해 제대로 깨닫지 못한다는 것을 알 수 있다. 아이의 나이와 자아감에 따라 엄마나 아빠가 무심코 던지는 한마디가 불도저의 밀침과 같이 느껴질 수 있다. 나 역시도 로건이 대학 사교 클럽의 일인자가 될지 모른다고 언급했는데 괜찮은 건지 잘 모르겠다. 로건이 대학에 들어갔을 때 아버지가 사교 클럽에 참가하기를 혹은 거기서 리더가 되기를 기대하셨지 등등 그 어떤 생각도 떠올리는 것을 원치 않는다. 로건의 인생은 로건의 것이다. 나는 다만 아이들이 의욕과 열정을 가지고 자신의 길을 찾을 수 있게 격려하고 싶을 뿐이다. 그리고 나는 그들이 어떤 길을 선택하든 내가 그들과 같이 있는 것처럼 느끼기를 바란다.

60

재이와 나

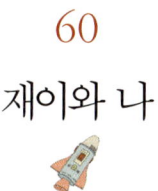

 암과 싸우고 있는 모든 가족이 알고 있듯이 간병인들은 종종 찬밥 신세가 되고 만다. 환자들은 오직 자기 자신에게만 집중한다. 그들이 모든 관심과 연민의 대상이다. 간병인들은 그들 자신의 고통과 슬픔을 어찌해볼 시간도 없이 힘든 일들을 모두 떠맡게 된다.

Vocab.
fulfillment (의무·직무 등의) 이행, 완수, 고객의 주문 처리 shove 힘껏 떠밂[밀침] adulation ~에게 아첨하다

My wife, Jai, is a cancer caregiver with even more on her plate: three little kids. So as I prepared to give my last lecture, I made a decision. If this talk was to be my moment, I wanted some way to show everyone how much I love and appreciate her.

It happened like this: Near the end of the lecture, as I reviewed the lessons I'd learned in my life, I mentioned how vital it is to focus on other people, not just yourself. Looking offstage, I asked: "Do we have a concrete example of focusing on somebody else over there? Could we bring it out?"

Because the day before had been Jai's birthday, I arranged to have a large birthday cake with a single candle waiting on a rolling table offstage. As the cake was wheeled out by Jai's friend Cleah Schlueter, I explained to the audience that I hadn't given Jai a proper birthday, and thought it might be nice if I could get four hundred people to sing to her. They applauded the idea and began singing.

"Happy birthday to you. Happy birthday to you..."

Realizing some might not know her name, I quickly said, "Her name is Jai..."

"Happy birthday, dear Jai..."

It was so wonderful. Even people in the nearby overflow room, watching the lecture on a video screen, were singing.

As we all sang, I finally allowed myself to look at Jai. She sat in her front-row seat, wiping away tears with this surprised smile on her face, looking so lovely—bashful and beautiful, pleased and overwhelmed....

There are so many things Jai and I are discussing as we work to come to terms with what her life will be like after I'm gone. "Lucky" is a strange word to use to describe my situation, but a part of me

나의 아내 재이 역시 암환자를 돌보는 간병인이고 거기에 어린아이 셋까지 그녀의 몫으로 힘겹게 껴안고 있다. 마지막 강의를 준비하면서 그런 재이를 생각하고 한 가지 결심을 했다. 기회가 된다면 어떻게 해서든 모든 이에게 내가 얼마나 그녀를 사랑하고 고맙게 생각하는지 보여주고 싶었다.

그 일은 이렇게 벌어졌다. 인생에서 배운 교훈을 하나씩 짚어가던 강의의 막바지쯤에 자기 자신 외에 다른 사람에게 관심을 집중하는 것이 얼마나 중요한지 말을 꺼냈다. 그리고 무대 뒤를 바라보며 나는 말했다. "거기 그것에 대한 구체적인 예를 가지고 있나요? 있다면 가지고 나와줄래요?"

전날이 재이의 생일이었기 때문에 나는 초가 하나 꽂힌 커다란 생일 케이크를 무대 뒤 바퀴 달린 테이블 위에 준비해놓았었다. 재이의 친구인 클레아 슐루에터가 케이크를 밀고 나오는 동안 나는 청중에게 아내의 생일을 충분히 축하해주지 못했기에 혹시 400명이 합창으로 생일축하 노래를 불러줄 수 있다면 참 좋을 것이라 생각했다고 설명했다. 사람들은 박수로 환호하며 노래를 시작했다.

"생일 축하합니다. 생일 축하합니다······."

사람들 대부분이 그녀의 이름을 모른다는 데 생각이 미친 나는 재빨리 "이름은 재이에요······."라고 덧붙였다.

"사랑하는 재이의 생일 축하합니다······."

아주 멋진 광경이었다. 자리가 없어 다른 강의실에서 스크린으로 강의를 보고 있던 사람들도 함께 노래를 부르고 있었다.

나는 용기를 내어 재이의 얼굴을 보았다. 그녀는 강단 바로 앞 좌석에 앉아 있었다. 당황한 재이는 미소를 머금은 채 눈물을 흘렸다. 그 모습이 너무나 사랑스러웠다. 아름답게 수줍어하고 넘치도록 기뻐했다······.

내가 떠난 후 홀로 남게 될 재이의 삶을 준비하면서 우리는 서로 대화하는 시간을 많이 가졌다. '행운'이란 단어는 지금 상황과는 좀 어울리지 않겠지만 한편으로

Vocab.
offstage 무대 뒤에서의, 관객이 안 보이는 데서의 overflow (그릇 등에 가득 담겨) 넘치다[넘쳐흐르다] bashful 수줍어하는, 부끄러워하는

does feel fortunate that I didn't get hit by the proverbial bus. Cancer has given me the time to have these vital conversations with Jai that wouldn't be possible if my fate were a heart attack or a car accident.

What are we talking about?

For starters, we both try to remember that some of the best caregiving advice we've ever heard comes from flight attendants: "Put on your own oxygen mask before assisting others." Jai is such a giver that she often forgets to take care of herself. When we become physically or emotionally run down, we can't help anybody else, least of all small children. So there's nothing weak or selfish about taking some fraction of your day to be alone, recharging your batteries. In my experience as a parent, I've found it hard to recharge in the presence of small children. Jai knows that she'll have to give herself permission to make herself a priority.

I've also reminded her that she's going to make mistakes, and to just accept that. If I were able to live, we'd be making those mistakes together. Mistakes are part of the process of parenting, and she shouldn't attribute them all to the fact that she'll be raising the kids herself.

Some single parents fall into the trap of trying to compensate by giving the kids material things. Jai knows: No material possessions can make up for a missing parent, and they can actually do harm in establishing a kid's values.

It's possible that Jai, like many parents, will find the most challenging years to be when the kids become teenagers. Having been around students all my life, I'd like to think I would come into my own as a father of teens. I'd be tough, but I'd understand the mindset. So I'm sorry I won't be there to help Jai when the time comes.

The good news, though, is that other people—friends and family—

는 내가 버스에 치여 죽지 않았다는 것이 정말 행운처럼 여겨지는 것도 사실이다. 암은 나에게 만약 내 운명이 심장마비나 교통사고였다면 불가능했을 재이와 중요한 대화를 나눌 수 있는 시간을 주었다.

우리는 어떤 이야기를 하고 있었을까.

가장 먼저 비행기를 탈 때마다 승무원한테서 늘 듣는 말 "다른 사람들을 돕기 전에 먼저 자신의 산소마스크를 찾아서 쓰십시오."라는 멘트가 간병인한테는 최고의 조언이라는 사실을 둘 다 잊지 말자고 다짐한다. 재이는 너무나 베푸는 것에 익숙한 사람이라 종종 자신을 돌보기를 잊어버린다. 두 사람이 다 육체적 정신적으로 지쳐 있으면 아무도 도울 수 없게 된다. 무엇보다 아이들이 걸린다. 그러므로 하루 중 얼마 정도의 시간을 혼자 보내며 힘을 충전하는 일은 전혀 나약해 보이거나 이기적인 태도가 아니다. 부모가 되어 경험해보니 어린아이들에게 둘러싸여서는 재충전을 하기가 어렵다는 것을 알게 되었다. 자기 자신을 먼저 챙기는 것이 모두에게 도움이 된다는 것을 재이도 인정하고 있다.

살다보면 그녀도 실수를 하는 날이 있을 것이다. 그럴 때는 담담하게 받아들이고 넘어가면 된다고 격려하는 대화도 나눈다. 만약 내가 살아 있다면 우리는 함께 그 실수들을 경험할 것이었다. 실수는 아이를 키우는 과정의 일부일 뿐인데 혼자 키워서 이렇게 되었다는 식으로 자책하는 일은 절대 없어야 한다.

어떤 싱글 부모들은 아이들에게 물질적인 것으로 보상을 하려는 덫에 걸리기도 한다. 재이는 이미 알고 있다. 그 어떤 것도 부모의 빈자리를 대신할 수 없으며 오히려 그렇게 함으로 아이들 가치관 정립에 해를 입힐 수도 있다.

많은 부모들처럼 재이도 아이들이 10대가 되면 매우 힘든 시간을 보내게 될 가능성이 있다. 일생 동안 학생들 곁에 있어보았으니 할 수 있다면 나도 10대 아이의 아버지가 한번 되어보고 싶다. 엄하게 굴겠지만 그들의 마음은 이해할 것이다. 그런 때가 왔을 때 재이를 도우며 곁에 있어줄 수 없는 것이 정말 유감이다.

그래도 좋은 소식은 가족과 친구들도 돕고 싶어 할 것이고 재이는 마음을 열어

Vocab.
proverbial 속담의, 속담 투의 compensate 보상하다, 은혜를 갚다

Grammar
※ 이 문장에 나오는 that은 앞쪽의 conversations를 받아준다. 보통 선행사는 바로 앞에 있지만 이따금 몇 단어 더 앞에 있기도 하다. 반드시 해석으로 확인해야 한다.

will also want to help, and Jai plans to let them. All children need a fabric of people in their lives who love them, and that's especially true for kids who've lost a parent. I think back to my own parents. They knew they couldn't be the only crucial influences in my life. That's why my dad signed me up to play football with Jim Graham. Jai will be on the lookout for some Coach Grahams for our kids.

As for the obvious question, well, here's my answer:

Most of all, I want Jai to be happy in the years ahead. So if she finds happiness through remarriage, that will be great. If she finds happiness without remarrying, that also will be great.

Jai and I work hard at our marriage. We've gotten so much better at communicating, at sensing each other's needs and strengths, and at finding more things to love about each other. So it saddens us that we won't get to experience this richness in our marriage for the next thirty or forty years. We won't get to *amortize* the hard efforts we've put in so far. Still, we wouldn't trade our eight years of marriage for anything.

I know that so far, I've been handling my diagnosis pretty well. Jai has, too. As she says: "No one needs to cry for me." She means it. But we want to be honest, too. Though counseling has helped tremendously, we've had some tough times. We've cried together in bed, fallen back asleep, woken up and cried some more. We've gotten through in part by focusing on the tasks at hand. We can't fall to pieces. We've got to get some sleep, because one of us has to get up in the morning and give the kids breakfast. That person, for the record, is almost always Jai.

I recently celebrated my forty-seventh birthday, and Jai had to wrestle with the question: "What do you get the man you love for his last birthday?" She opted for a watch and a big-screen TV. Though

그들의 도움을 받으려 노력할 사람이라는 것이다. 모든 아이들은 그들의 인생에 사랑을 보여주는 사람들이 필요하며 많을수록 좋다. 특히나 부모 중 하나를 잃은 아이들은 더욱 그렇다. 나의 부모님도 그랬다. 그들은 자식의 인생에 결정적인 영향을 끼칠 사람이 부모밖에 없어선 곤란하다는 것을 알고 있었다. 때문에 아버지는 짐 그레이엄 밑에서 풋볼을 배우도록 나를 떠밀었다. 재이도 우리 아이들 인생을 코치할 또 다른 그레이엄을 찾아볼 것이다.

이제 모두가 궁금해 할 문제에 대해 대답해보겠다.

어떤 것보다 먼저 나는 앞으로 다가올 날에 재이가 행복하기를 원한다. 만약 그녀가 재혼을 통해 행복해질 수 있다면 그것은 정말 기쁜 일이다. 만약 그녀가 재혼하지 않고 살아도 행복하다면 그것 역시 좋은 일이다.

재이와 나는 원만한 결혼생활을 위해 많은 노력을 하고 있다. 우리는 서로 소통하는 것에, 상대방의 취약점과 강점을 감지하는 것에 그리고 더욱 사랑할 수밖에 없는 또 다른 이유들을 찾아내는 일에 예전보다 훨씬 발전했다. 앞으로 30년, 40년 동안 계속해서 이토록 풍요로운 결혼생활을 함께 경험할 수 없다는 사실이 우리를 슬프게 한다. 우리가 여태껏 쏟아부은 노력을 상환받을 수 없게 된 것 아닌가. 그럼에도 여전히 우리는 함께한 팔 년의 결혼생활을 그 무엇과도 바꾸고 싶지 않다고 생각한다.

시한부 암 환자라는 진단을 받았어도 지금까지는 상당히 잘 견뎌 왔다고 생각한다. 재이도 그랬다. 그녀는 이렇게 말했다. "아무도 나를 위해 울 필요는 없어요." 그녀는 진심으로 그렇게 생각한다. 그러나 조금은 솔직해지고도 싶다. 카운슬링이 정말 큰 도움이 되었지만 우리에게도 힘든 시간이 있었다. 우리는 자다가 문득 깨어나 같이 울었고 다시 잠을 청하고 또 깨어나 흐느껴 울었다. 우리는 당장 처리해야 하는 시급한 일에 몰두하는 것으로 조금씩 불안을 이겨냈다. 무너질 수 없었다. 둘 중 하나는 아침에 일어나 아이들에게 식사를 준비해줘야 하므로 조금이라도 더 자려고 노력했다. 참고가 될까 해서 하는 말인데 둘 중 하나는 거의 재이였다.

최근에 나는 마흔일곱 번째 생일을 맞았다. 덕분에 재이는 고민에 빠졌다. 사랑하는 남자의 마지막 생일 선물로 무엇이 적당할까? 결국 그녀는 시계와 대형 텔레

Vocab.
amortize (빚을) 분할 상환하다

I'm not a fan of TV—it's mankind's greatest time-waster—the gift was completely appropriate, since I'll be in bed so much at the end. TV will be one of my last links to the outside world.

There are days when Jai tells me things and there's little I can say in response. She has told me: "I can't imagine rolling over in bed and you're not there." And: "I can't picture myself taking the kids on vacation and you not being with us." And: "Randy, you're always the planner. Who's going to make the plans?"

I'm not worried. Jai will make the plans just fine.

* * *

I really had no idea what I would do or say after the audience sang "Happy Birthday" to Jai. But as I urged her onto the stage, and she came toward me, a natural impulse overtook me. Her, too, I guess. We embraced and we kissed, first on the lips, and then I kissed her cheek. The crowd kept applauding. We heard them, but it was like they were miles away.

As we held each other, Jai whispered something in my ear.

"Please don't die."

It sounds like Hollywood dialogue. But that's what she said. I just hugged her more tightly.

비전을 골랐다. 나는 텔레비전을 그리 좋아하지 않지만(인류 최대의 시간 낭비라고 생각한다) 막바지로 갈수록 대부분의 시간을 침대에서 보낼 것이므로 선물은 매우 적절했다. 텔레비전은 나를 세상과 연결시켜주는 마지막 고리 중 하나가 될 것이다.

가끔은 재이가 하는 말에 아무 대답도 할 수 없는 날이 있다. 그녀가 말한다. "침대에 누워 옆으로 몸을 굴렸을 때 당신이 거기 없는 것을 상상할 수가 없어요." 이런 질문은 또 어떤가. "아이들과 함께 가는 휴가에 당신이 빠진다는 것을 상상할 수가 없네요. 그런데 랜디 늘 당신이 휴가 계획을 짰잖아요. 이젠 누가 하지요?"

나는 염려하지 않는다. 재이도 훌륭한 계획을 만들어낼 것이다.

* * *

사람들과 함께 재이의 생일축하 노래를 부르고 난 후 난 이제 어떻게 해야 할지, 무슨 말을 해야 할지 몰랐다. 그러나 내가 그녀를 무대 위로 불러내고 그녀가 나를 향해 걸어오자 억누를 수 없는 충동에 휩싸이고 말았다. 그녀도 그랬던 것 같다. 우리는 서로를 끌어안은 채 키스를 나누었다. 처음에는 입술에 그다음엔 볼에. 청중은 계속해서 박수를 보냈다. 우리에게도 박수소리가 들렸지만 마치 그들이 어디 먼 곳에 있는 듯 여겨졌다.

서로에게 안겨 있던 그 순간 재이가 무언가 내 귀에 속삭였다.

"제발 죽지 말아요."

영화에서나 나옴직한 대사였다. 하지만 그게 그녀가 한 말이었다. 나는 그저 그녀를 더 세게 껴안을 뿐이었다.

61

The Dreams Will Come to You

FOR DAYS, I had worried that I'd be unable to get through the final lines of my lecture without choking up. So I had a contingency plan. I placed the last few sentences of the talk on four slides. If, in the moment on stage, I couldn't bring myself to say the words, my plan was to click silently through the slides, and then simply say "Thank you for coming today."

I had been on stage for just over an hour. Given the chemo side effects, the long stretch on my feet, and the emotions involved, I was truly feeling spent.

At the same time, I felt at peace and fulfilled. My life had come full circle. I had first made the list of my childhood dreams when I was eight years old. Now, thirty-eight years later, that very list had helped me say what I needed to say and carried me through.

Many cancer patients say their illness gives them a new and deeper appreciation for life. Some even say they are grateful for their disease. I have no such gratitude for my cancer, although I'm certainly grateful for having advance notice of my death. In addition to allowing me to prepare my family for the future, that time gave me the chance to go to Carnegie Mellon and give my last lecture. In a sense, it allowed me to "leave the field under my own power."

And my list of childhood dreams had continued to serve so many

61

꿈이 당신을 찾아갈 것이다

오랫동안 혹시 목이 메어 강의의 마지막 부분을 제대로 해낼 수 없을까 봐 걱정했다. 그래서 긴급 대책을 마련했다. 나는 강의의 마지막 몇 문장을 넉 장의 슬라이드로 만들었다. 우려했던 대로 그 순간 도저히 입이 떨어지지 않는다면 침묵 속에서 넉 장의 슬라이드를 천천히 보여주고 그다음 그냥 이렇게 말할 생각이었다. "이 자리에 와주셔서 감사합니다."

그날 나는 무대 위에 한 시간 넘게 서 있었다. 화학요법 치료의 부작용과 오랜 시간 서 있었던 것 그리고 북받치는 감정까지 더해져서 나는 정말 지친 상태였다.

그런가 하면 평화로웠고 만족감을 느꼈다. 내 인생은 이제 큰 원을 그렸다. 나는 여덟 살 때 처음으로 꿈을 목록으로 만들었다. 지금 38년이 지나 바로 그 목록이 내가 말하고자 하는 것을 말할 수 있게 도왔으며 나를 여기까지 살게 했다.

많은 암 환자들은 그들의 병이 인생에 대한 새롭고 깊이 있는 이해를 가져왔다고 말한다. 어떤 이들은 자신의 병에 감사한다고까지 말한다. 아직 나는 암에 대해 그런 식의 감사하는 마음은 느끼지 못한다. 그렇기는 해도 죽음에 대한 사전 통고가 있었다는 사실에서는 분명히 고맙게 생각한다. 나에게 가족의 미래를 준비할 시간을 주었고 더불어 카네기멜론대학으로 돌아가 마지막 강의를 할 수 있는 기회를 주었다. 어떻게 생각하면 '스스로의 힘으로 현장을 떠날 수 있게' 허락한 셈이었다.

내 어린 시절의 꿈 목록은 여러 가지 용도로 계속해서 나를 도와주고 있다. 그것

Vocab.
choke up ~을 질식시키다, ~을 말라죽게 하다, 감정이 격해 말이 나오지 않다

Grammar
※ given: ~을 고려해보면. 이런 뜻을 가지는 경우 given은 전치사나 접속사로 사용된다. 이 문장에서는 given 뒤에 the chemo side effects, the long stretch, and the emotions란 명사가 3개 걸리는 '전치사+명사' 구조이다.
★참고: given이 '주어진'이란 뜻의 단순형용사, 즉 p.p. 역할을 하는 경우도 있다.

purposes. Without it, who knows if I would have been able to thank all the people who deserved my thanks. Ultimately, that little list had allowed me to say goodbye to those who meant so much to me.

There's something else. As a high-tech guy, I never fully understood the artists and actors I've known and taught over the years. They would sometimes talk about the things inside them that "needed to come out." I thought that sounded self-indulgent. I should have been more empathetic. My hour on stage had taught me something. (At least I was still learning!) I did have things inside me that desperately needed to come out. I didn't give the lecture just because I *wanted* to. I gave the lecture because I had to.

I also knew why my closing lines would be so emotional for me. It was because the end of the talk had to be a distillation of how I felt about the end of my life.

As I wound down, I had taken a minute to review some of the key points of the lecture. And then I offered a summation, but with a twist; a surprise ending, if you will.

"So today's talk was about achieving childhood dreams," I said. "But did you figure out the head fake?"

I paused. The room was quiet.

"It's not about how to achieve your dreams. It's about how to lead your life. If you lead your life the right way, the karma will take care of itself. The dreams will come to you."

I clicked to the next slide, and a question filled the large screen: "Have you figured out the second head fake?"

I took a breath. I decided to speak at a slightly faster clip than I had before. Maybe if I just talked faster, I thought, I could get through it.

이 없었다면 많은 사람들에게 제대로 감사의 말을 전할 수 없게 되었을 것이다. 궁극적으로는 그 짧은 목록이 나에게 깊은 의미를 안겨준 사람들에게 마지막 작별인사를 하게 해주었다.

다른 것도 있다. 하이테크 분야에 종사하는 사람으로서 나는 그동안 알고 지내거나 가르쳤던 예술가 혹은 배우를 완전히 이해한 적이 없었다. 그들은 가끔씩 그들 속에 있는 것을 "꺼내놓을 필요가 있다"고 말한다. 나는 그게 너무 자아에만 몰두하는 것이라고 생각했다. 좀 더 그들을 이해했어야 했다. 강의를 위해 무대에 섰던 시간에 나는 무언가 배우게 되었다. (적어도 나는 아직도 배우고 있다!) 나에게도 필사적으로 꺼내놓아야 하는 무언가가 내 속에 자리 잡고 있었다. 단순히 '하고 싶어서' 마지막 강의를 한 것이 아니었다. 그래야만 했기 때문에 강의를 한 것이다.

내가 왜 강의의 마지막 부분에서 격한 감정에 휩싸일 것을 염려했는지 그 이유 역시 알고 있었다. 강의의 마무리는 당연히 내 인생의 마지막에 관한 여러 느낌의 결정체가 되어야 했기 때문이었다.

강의를 끝내면서 잠깐 동안 몇 가지 핵심주제를 정리했다. 그다음 조금 새로운 방식으로 강의를 마치고자 했다. 혹시 그렇게 느껴준다면 '특별한 엔딩'이라 할 수도 있을 것이다.

"자, 오늘 강의는 어린 시절의 꿈을 이루는 것에 관해서였습니다." 내가 말했다. "그런데 헤드 페이크는 찾아냈습니까?"

나는 말을 멈추었다. 방 안은 고요했다.

"이 강의는 어떻게 당신의 꿈을 달성하느냐에 관한 것이 아닙니다. 이 강의는 어떻게 당신의 인생을 이끌어갈 것이냐에 관한 것입니다. 만약 당신이 인생을 올바른 방식으로 이끌어간다면 그다음은 자연스럽게 운명이 해결해줄 것이고 꿈이 당신을 찾아갈 것입니다."

나는 다음 슬라이드로 넘겼다. 질문이 화면 가득 떠올랐다. "두 번째 헤드 페이크는 찾아냈습니까?"

나는 심호흡을 한번 했다. 그리고 지금까지보다는 조금 빠른 속도로 말하기로 결심했다. 말을 빠르게 해버린다면 어쩌면 끝까지 해낼 수 있을 거라고 생각했다.

Vocab.

self-indulgent 방종한, 제멋대로 하는   distillation 증류(법), 추출된 것   summation 덧셈, 합계, 요약, 최종변론

I repeated the words on screen.

"Have you figured out the second head fake?"

Then I told them: The talk wasn't just for those in the room. "It was for my kids."

I clicked to the very last slide, a photo of me standing by our swing set, holding a smiling Logan with my right arm and sweet Chloe with my left, Dylan sitting happily on my shoulders.

나는 슬라이드에 적힌 말을 다시 반복했다.
"두 번째 헤드 페이크는 찾아냈습니까?"
그리고 나는 그들에게 말했다. 이 강의는 여기 모인 사람들을 위한 것만은 아니었다고.
"오늘 이 마지막 강의는 내 아이들에게 남기는 것입니다."
마침내 마지막 슬라이드가 나타났다. 마당의 그네 옆에 서서 미소 짓는 로건은 오른팔에, 사랑스러운 클로이는 왼팔에 안고 딜런은 행복한 모습으로 내 어깨 위에 앉아 있는 사진이었다.

Acknowledgments

MY GREAT thanks to Bob Miller, David Black, and Gary Morris. I wish to especially thank our editor, Will Balliett, for his great kindness and integrity throughout, and Jeffrey Zaslow, for his incredible talent and professionalism.

* * *

The full set of people I must thank will not fit on this page. Fortunately, web pages scroll: please visit **www.thelastlecture.com** for a full list of acknowledgments and attributions. Video of my "last lecture" can also be viewed from that site.

* * *

My life will be lost to pancreatic cancer. Two organizations I have worked with that are dedicated to fighting this disease are:

The Pancreatic Cancer Action Network
www.pancan.org

The Lustgarten Foundation
www.lustgarten.org

감사의 말

밥 밀러 데이비드 블랙 그리고 게리 모리스에게 감사의 말을 전한다. 특별히 시종일관 대단한 친절함과 성실함을 보여준 우리의 편집장 윌 발리엣과 탁월한 재능과 직업정신을 보여준 제프리에게 감사한다.

* * *

내가 감사의 말을 전해야 하는 모든 사람들은 이 페이지에 다 들어가지 않을 것이다. 다행히도 웹페이지는 스크롤이 된다. www.thelastlecture.com에 들어가면 감사의 말 전문을 볼 수 있다. 나의 '마지막 강의' 동영상도 사이트를 통해 볼 수 있다.

* * *

나는 췌장암으로 목숨을 잃을 것이다. 아래는 이 병과 싸우는 데 전념하는 나도 같이 참여한 두 단체의 웹사이트 주소다.

The Pancreatic Cancer Action Network
www.pancan.org

The Lustgarten Foundation
www.lustgarten.org

The Last Lecture 마지막 강의 영한 대역

펴낸날	초판 1쇄 2011년 12월 19일
	초판 8쇄 2022년 11월 18일

지은이 **랜디 포시 · 제프리 재슬로**
옮긴이 **심은우**
감　수 **정상**
펴낸이 **심만수**
펴낸곳 **(주)살림출판사**
출판등록 1989년 11월 1일 제9-210호

주소　　경기도 파주시 광인사길 30
전화　　031-955-1350　팩스 031-624-1356
홈페이지 http://www.sallimbooks.com
이메일　book@sallimbooks.com

ISBN　978-89-522-1652-6　13740

※ 값은 뒤표지에 있습니다.
※ 잘못 만들어진 책은 구입하신 서점에서 바꾸어드립니다.